中等职业学校公共素质课系列规划教材

公共关系基础与实务

（第二版）

曲丹辉　主编

金丽娟　陈春明　副主编

科学出版社

北　京

内 容 简 介

本书以教学实际需要为前提，围绕公共关系意识的培养、公共关系能力的形成，从公共关系概论、公共关系职能、对象型公共关系、公共关系人员的素质、公共关系沟通技巧、公共关系危机管理、公共关系专题活动、公关策划案例等，系统、全面地介绍了公共关系原理和公共关系实务的基础知识。每个模块设有学习导读、学习目标，由典型案例导入。编者设计了体现应知应会要求的技能训练，目的是强化职业技能教学的可操作性，通过公共关系实例、模拟训练来提高学生运用所学知识进行公共关系活动设计和实际应急变通的能力。

本书可作为公关文秘专业教材、中等职业学校公共素质课必备教材，也可作为机关、公司文秘人员岗位培训教材，还可作为公关工作人员的参考用书。

图书在版编目（CIP）数据

公共关系基础与实务 / 曲丹辉主编．—2 版．— 北京：科学出版社，2016
（中等职业学校公共素质课系列规划教材）
ISBN 978-7-03-047558-9

Ⅰ．①公…　Ⅱ．①曲…　Ⅲ．①公共关系学－中等专业学校－教材
Ⅳ．①C912．3

中国版本图书馆CIP数据核字(2016)第044407号

责任编辑：谢晓绚 / 责任校对：王万红
责任印制：吕春珉 / 封面设计：艺和天下

科学出版社出版
北京东黄城根北街16号
邮政编码：100717
http://www.sciencep.com

三河市骏杰印刷有限公司印刷
科学出版社发行　各地新华书店经销

*

2007年9月第 一 版　开本：787 × 1092　1/16
2016年3月第 二 版　印张：12
2019年11月第六次印刷　字数：273 000

定价：30.00元

（如有印装质量问题，我社负责调换〈骏杰〉）
销售部电话 010-62136230　编辑部电话 010-62135763-2007（VL06）

前言

PREFACE

随着我国现代化步伐的加快，政治民主化、经济市场化、信息全球化以越来越强劲的势态影响着社会生活，而公共关系也将发挥越来越大的作用。有人将公共关系与资金、设备、人才并称为社会组织的四大支柱，还有人将以计算机为代表的科学技术水平、以旅游业为代表的物质生活水平、以公共关系为代表的经济管理效能并列为衡量一个国家发达水平的三大标志。由此可见，公共关系对社会生活的方方面面都有着深远的影响。中等职业学校的学生毕业后面临职业的挑战，面对不同社会组织的工作要求和岗位需要，学习公共关系知识，掌握一定的公共关系技能，具备相应的公共关系能力是十分必要的。

本书以介绍基本的公共关系原理和公共关系实务知识为主线，注重对公关意识、独立思考和策划能力的培养，力求达到课堂与社会相结合、理论与实践相结合。公共关系是综合性、艺术性、实用性很强的学科，因此采取案例教学更能提高学科的教学效果。编者在公共关系案例的选取上，以典型性、新颖性、示范性为原则，通过典型案例引入，举一反三，形成生动活泼的教学局面，达到教学目的。

本书由曲丹辉任主编，金丽娟、陈春明任副主编，参编人员有刘强、李宇峰、李华，具体编写分工如下：陈春明编写模块一和模块二，金丽娟编写模块三，刘强编写模块四和模块五，李宇峰编写模块六，曲丹辉编写模块七，李华编写附录。

编者在编写本书的过程中得到公共关系界同仁的协助，并引用了国内一些公共关系著作和有关报刊资料，在此谨向有关专家和编著者深表谢意。

由于编者水平有限，书中难免有不足之处，恳请专家和同人批评指正。

目 录
CONTENTS

模块一　公共关系概论

学习导读

在我们决定消费某种产品、接受某种服务、去某地生活、加入某家公司背后，公共关系在不露痕迹地影响着我们。在世界各国的外交斡旋中，在国家形象的塑造中，在世界性的重大活动中都要运用公共关系。公共关系越来越多地影响和改变着这个变化的世界，主导着这个沟通的世界。本模块介绍了公共关系的产生和发展，从不同角度阐述了公共关系的概念，介绍了公共关系的构成要素、基本特征和发展历史，为学生今后学习公共关系奠定了基础。

学习目标

1）了解公共关系的基本内涵。
2）明确公共关系构成的基本要素。
3）认识公共关系的基本特征。
4）了解公共关系发展演变的过程。

典型案例

美国约翰逊联营公司有段时间曾受到“泰莱诺尔”药物中毒事件的影响，导致很多消费者都不敢购买公司的产品。在查出事件与公司无关后，公司形象依然不被消费者接受。为消除人们的疑虑，公司决定推出更加坚固的三层密封包装的新型“泰莱诺尔”解痛胶囊。如何才能让公众接受新产品，重新树立公司的形象呢？公司决定采用公关手段，发挥新闻媒介的作用，加强与公众的沟通。因此，公司在纽约举行了规模盛大的记者招待会，有30个城市的媒体参加，通过卫星向全国播送实况。招待会获得了巨大成功，美国各大电台、电视台和报纸都对此进行了报道。

一年后，公司及其产品重新获得了公众的信任，“泰莱诺尔”镇痛胶囊重新获得了原有市场份额的95%。对此，美国的新闻媒介又进行了大量报道，《华尔街日报》刊登了以“迅速复原，‘泰莱诺尔’重新赢得市场上的领先地位，使厄运断言者们惊诧不已”为标题的文章，《时代周刊》刊登了以“‘泰莱诺尔’神奇般重返市场”为标题的文章。

约翰逊联营公司与新闻界通力合作，开展高透明化的宣传活动，不但走出了困境，还重新树立了良好的声誉，赢得了社会各界广泛的合作与支持，为公司开拓了更广阔的市场。

约翰逊联营公司利用公关的传播手段来化解本公司的危机，争取到更多公众的理解与支持，最终达到了重塑企业形象和扩大企业知名度的目的。

在现代社会中，没有公共关系意识的社会组织，不可能成为优秀的组织；没有公共关系能力的企业，很难赢得社会公众的信赖而取得市场竞争的主动权。随着社会主义市场经济的发展，公共关系学已经被越来越多的社会组织所接纳，公关已成为企业成功和社会和谐不可缺少的科学及艺术。

究竟什么是“公共关系”？它的构成要素与基本特征有哪些？通过学习本模块，学生可以对公共关系有一个总体的认识。

主题一　公共关系的内涵

一、公共关系的定义

“公共关系”这一名称起源于英文 public relations（简称 PR），public 意为公共的、公开的、公众的，relations 即关系之意。公共关系也可称为群众关系、公众关系，中文简称“公关”。据考证，公共关系一词出现于 1802 年，是美国第三任总统托马斯·杰斐逊在议会宣言中最早使用的。在长期使用的过程中，人们赋予了“公共关系”相当多的内涵。

> **公关语录**
>
> 企业管理过去是沟通，现在是沟通，未来还是沟通。
>
> ——松下幸之助

究竟什么是公共关系？由于人们的研究实践角度不同、理解不同，因此产生的定义也就不同。据说国内外学者对此提出的定义已有上千个，目前尚无统一的能为大家所一致接受的定义。对如此繁多的定义，我们不必详举，具有代表性的有以下几个。

（一）国外有代表性的关于公共关系定义的表述

国际公共关系协会提出的定义：“公共关系是一种管理职能，属于一种经常性与计划性的工作，无论公私机构还是组织，均通过它来保持与相关的公众的了解、同情和支持，亦即审度公众的意见，使本机构的政策与措施尽量与之配合，再运用有计划的大量资料，争取建设性地合作，而获得共同的利益。”

美国社会科学家、公共关系研究与教育基金会主席莱克斯·哈罗博士在 1976 年收集的 472 个定义中，通过征求 83 名公共关系领导人的意见，经分析提出：“公共关系是一种特殊的管理功能，它帮助一个组织与其公众之间建立和保持相互沟通、了解，是接受与合作的渠道；参与问题和纠纷的处理，将公众的意见传达给管理部门并做出反应；明确与加强为公众利益服务的管理责任；作为监视预警系统，帮助管理部门预先做好应变准备，与社会动向保持一致并有效地加以利用；用调查研究和正确并合乎道德的沟通技术作为其重要手段。”

1978 年，在墨西哥举行的第一次世界公共关系大会上，对公共关系概括的定义：“公共关系是一门艺术和社会科学。它分析发展趋势，预测结果，为组织领导者提供咨询服务，提供计划的行动方案，这种行动方案将服务于该组织和公众的共同利益。”

（二）国内部分专家学者关于公共关系定义的表述

1）公共关系是组织为加强同公众的联系而坚持诚信互利、协调沟通、塑造形象的现代管理职能。

2）公共关系是社会组织为了塑造组织形象，通过传播、沟通手段来影响公众的科学与艺术。

3）公共关系是社会组织运用各种信息传播手段，在其内部和外部形成双向的信息流通网络，从而不断地改善管理与经营，赢得公众的信任与支持，取得自身效益与社会整体效益完美统一的政策和行为。

李元授则认为：“公共关系是社会组织与其相关公众为了共同利益需要，通过双向的信息传播与沟通而结成的社会关系。”

上述国内外关于公共关系的定义，从不同角度揭示了公共关系的属性或特征。尽管说法不同，但有以下几个相同之处。

第一，主体、客体与媒体之间的关系。主体，指企业或组织；客体，指社会公众或用户；媒体，指新闻媒介，如电视、广播和报纸等。

第二，三体利害相关、一致，这是公关活动开展的基础。

第三，目的都是“内求凝聚，外求开拓，志在发展”。

第四，公关的内容是三体之间的关系，公关的核心是塑造主体形象，影响客体，达到共鸣的目的。

第五，公关是一种管理科学，是软性的外施艺术。

综上所述，对公共关系的定义有如下理解：公共关系是社会组织为了塑造良好的组织形象，运用现代传播沟通的手段来争取内外公众的理解与支持，以实现共同利益的一种“内求团结，外求发展”的管理科学和艺术。

二、公共关系与人际关系

（一）公共关系与人际关系的区别

公共关系与人际关系的区别如表 1-1 所示。此外，就目前社会而言，公共关系的活动范围更广泛，要处理的各类关系也远比人际关系处理的关系复杂；公共关系比人际关系对传播媒介的依赖性更强。

表 1-1　公共关系与人际关系的区别

项目	人际关系	公共关系
出发点	以个人之间的交往为出发点，包括血缘关系、地缘关系等	以社会组织与各类公众间的交往为出发点
目的	建立、调整、改善人们之间的关系	使社会组织在公众中树立良好的形象，为社会组织的生存、发展创造最佳的社会环境

2005年，中国的娱乐节目层出不穷，最为引人注目的就是湖南卫视的“第二届超级女声大赛”。湖南卫视举办的第一届超级女声大赛虽然产生了一定的影响力，但并没有引起社会大众太多的关注。可这一次达到了轰动全国的地步，男女老少都在为自己支持的偶像呐喊助威。除了早期的春节联欢晚会外，估计还没有哪一个电视节目会像“超级女声”这样，让那么多的中国家庭的电视机同时集中到一个电视台，让那么多媒体跟踪报道，成为人们日常的街头巷尾议论的话题。在这次大赛中，蒙牛集团做了冠名赞助，随着超女活动的进行，蒙牛的产品也随着电视转播被千家万户所熟知。一个栏目活动捧红了偶像明星，同样一个组织在公关赞助活动中大出风头，成功地把自己推销给全国的观众。

上述案例说明社会组织利用传播媒介广泛、快速地传播组织形象和声誉，这是人际关系做不到的。

（二）公共关系与人际关系的联系

1）二者的建立与发展，都必须遵循相互尊重、相互信任、平等互利的原则。

2）二者的建立与发展，都会采用相互交往或传递信息的方式进行沟通、联系。

3）社会组织之间的公共关系，有时也会通过个体关系或个人与组织间的交往实现。

三、公共关系与庸俗关系

庸俗关系是指日常生活或经济交往中，利用金钱或职权，“拉关系”“走后门”“套私情”，为个人谋取好处等不正当的人际交往活动。从表面上看，庸俗关系与公共关系的协调沟通是一致的，目的都是解决问题或获取利益。因此，有人一听说公共关系就联想到这种不正当的庸俗关系，认为公共关系就是教人花言巧语，做不正当之事。其实这是一种极大的误解，败坏了公共关系的名声。公共关系与庸俗关系有着本质上的区别，主要表现在以下几个方面。

（一）两者产生的基础不同

公共关系是商品经济高度发达、现代民主制度不断发展、信息手段十分先进条件下的产物。

庸俗关系则是市场经济发育不完善、社会秩序规范不健全条件下的产物，带有浓厚的血缘、地缘色彩。

（二）两者的理论依据不同

公共关系以现代科学理论为指导，按照正确的目标、科学的方式、规范的组织形式、严格的工作程序和道德准则来进行。

庸俗关系则建立在市侩经验的基础上，其采用的方法是险恶的权术，奉行的是“人不为己，天诛地灭”的信条。

（三）两者的活动方式不同

公共关系是社会组织与社会公众之间的正当联系，主要通过正式渠道，采取大众传播或人际传播等手段，公开地进行活动，其活动是正大光明的。

庸俗关系是个人与个人之间的不正当联系，是私人之间相互利用的一种不正当的活动。其参与者尽量掩盖其所作所为，进行幕后交易，如通过奉承、内外勾结、营私舞弊、行贿受贿等庸俗手段，进行暗中拉关系、谋私利的活动。这些活动不能在公众场合下公开进行，只能暗地进行。

（四）两者所要达到的目的不同

公共关系以建立良好的组织形象，提高知名度与美誉度，维护组织与公众双方的合理利益为目标，恪守公正诚实、信誉至上的原则，从而使组织取得较好的社会效益与经济效益。

庸俗关系则是通过各种卑劣手段，来达到满足个人私利的目的，如得到紧俏商品、购买便宜货、谋求特殊职务，在竞标中得到竞标项目等。

前者为公共利益而奋斗，后者只是为个人的私利而投机钻营。

（五）两者产生的效果不同

公共关系是通过有计划的一系列活动，使社会组织在与社会整体利益一致的前提下不断发展，其结果是组织、社会、国家和公众都受惠，为社会创造一种以诚相见、讲求信誉、提高声望的良好风气；有利于形成和谐、普惠、友善、正常、健康的人际关系；有利于提高社会文明程度，促进社会的发展。

庸俗关系则将人际交往商品化，使人们变得唯利是图、目光短浅，整个社会充满市侩气，个人中饱私囊，使国家和公众的利益遭到损害。

主题二　公共关系的要素

公共关系运作，是社会组织运用各种传播手段，来维持和发展组织与公众之间良好关系的过程。公共关系运作的构成要素有以下几个。了解公共关系运作要素的构成及其相互联系，是有效开展公关活动的前提。

一、公共关系的主体要素——社会组织

公共关系活动是一种组织活动，而不是个人行为。因此，组织是公共关系活动的主体，是公共关系的实施者、承担者。在理解公共关系时，不要把一些个人的行为也说成公共关系。例如，某公司总裁以个人名义向贫困山区捐款，这是个人行为，而不是公共关系；如果公司领导代表企业组织捐款，通过媒体告知公众，这就是一种旨在提高组织（公司）的知名度和美誉度、扩大组织影响的公共关系行为。

> **公关语录**
>
> 自始至终把人放在第一位，尊重员工是成功的关键。
>
> ——IBM 创始人托马斯·沃森

社会组织是人们根据社会分工的需要有计划、有组织地建立起来的一种社会机构。社会组织具有一定的组织形象。组织形象是指公众对于社会组织的总体评价和印象，是社会组织在公众心目中的反映。它本身是一个中性概念，一般由组织内在精神和组织外在风格构成。对其进行评价时采用知名度和美誉度两个指标。

不同类型的社会组织的性质、特点和任务不同，其工作目标也就各不相同。为了使公共关系活动的针对性更强，在公共关系学中，一般把组织分为以下四种类型。

（一）营利性组织

营利性组织是指以盈利为目的，追求经济利益的最大化的组织，如工商企业、旅游服务业、交通运输业、保险公司、金融机构等。这类组织在公共关系方面最重要的工作就是与股东、供应商、员工、消费者、政府、社区、新闻界、同行业其他组织建立良好的关系，争取各类公众的支持，以便不断增强自己的竞争力。

（二）服务性组织

服务性组织是指不以营利为目的，而以服务对象的利益为目的，为公众创造良好的工作条件和生活环境的组织，包括学校、医院、慈善机构、社会公用事业机构等非营利性的组织。它必须以特定服务对象的需要为目标，必须与特定赞助者和服务对象保持良好的关系。例如，学校的首要公众是学生，其目的是教书育人；慈善基金会的宗旨是更好地为社会弱势群体或需要帮助的特定公众提供服务。

（三）公共性组织

公共性组织通常是指为整个社会和一般公众服务的组织，如政府、军队、消防部门、治安机关等。这类组织的目标是保证社会安定，使其不受内部不良因素的影响和外来干涉，在公众心目中建立一个良好的领导者、管理者、服务者和保卫者的形象，为广大公众所拥护和支持，完成其政治职能。

（四）互益性组织

互益性组织是指为组织成员谋求共同目标和共同利益，追求组织内部成员之间的互惠互利的组织，如党派团体、宗教团体、群众全体、工会组织、职业团体（学会、协会、研究会）等。这类组织在公共关系方面的关键问题就是本身的凝聚力和组织内成员的归属感。它的公众首先是组织的内部成员及组织内的各部门、各分支机构，其次是政府、社会各界其他组织。

二、公共关系的客体要素——公众

公众是特指公共关系中工作对象的总称，即与公共关系主体有直接或潜在利益关系，与公共关系活动密切相关的个人、群体或组织的总和。

（一）公众的类型

1. 按组织的内外对象划分

1） 内部公众：组织内部的成员，包括员工和股东。这类公众与组织的关系最为直接和密切。

2）外部公众：组织内部公众以外的有利害关系的全部公众，包括组织的客户、竞争者、合作者、金融机构、新闻媒介、政府机构、社会团体、社区组织等众多关系。

2. 按公众对组织的重要程度划分

1）首要公众：对组织的生存、发展和信誉有着举足轻重影响的公众，是与组织联

系最密切、最频繁的一部分，对组织的现状和发展前途均有重要的制约力和影响力，包括股东、重要客户（原料供应者、代销商、批发商）、员工中的骨干等。首要公众是组织生存发展的“生命线”，是公共关系对象中最关键的公众，因此，公共关系人员对这部分公众需要投入最多的时间、人力和资金，以维护和改善组织与他们之间的关系。

2）次要公众：对组织的生存和发展具有一定影响力，但并不起决定性作用的公众，包括政府、社区、传播媒介、金融机构、组织的竞争者等。组织在保证首要公众利益的前提下，应适当兼顾次要公众，因为次要公众人数众多，在一定条件下会转化为首要公众。

3）边缘公众：与组织联系最不密切，对组织的存在与发展并不十分重要的一部分公众，包括一般社会大众、慈善团体、宗教团体、学校等。对这部分公众，公共关系人员不必投入很多时间、人力和资金来维持和改善组织与他们之间的关系。但要注意在发生某种变故或某些特殊情况下，这类公众中的一部分存在着转化为比较重要公众的可能性。

某水泥厂建在市郊，筹建期间，社区中居住的农民并未有任何异议，此时社区中居住的农民对于企业而言就是次要公众。可是，当水泥厂投产后，排出的废水对附近的农田造成了严重污染，农民利益受到极大损害，他们强烈要求该厂要么采取措施治理废水，要么搬迁，否则会对该厂的生产和销售进行阻止。这时，本来属于次要公众的农民就成了水泥厂能否在此处生存下去的首要公众。

某城市科研所对于这家水泥厂而言并不是水泥厂要维护的公众群体，只是企业组织的边缘公众。但当科研所开发了一项能改进水泥厂生产流程的新技术，水泥厂想从科研所引进这项技术时，科研所就由边缘公众变成首要公众。

3. 按公众对组织的态度划分

1）顺意公众：对组织的政策、行为和产品持赞成意向和支持的态度，推动组织积极发展的公众，是组织赖以生存的基本公众。顺意公众是组织的财富，应重点培养。公共关系人员在制订计划时，必须加强同他们的联系和沟通，避免由于社会情况变动或组织自身的变化引起这类公众态度逆转，避免他们被竞争对手争取过去，产生不利于组织的影响。

2）逆意公众：对组织的政策、行为和产品持否定意向和反对态度，甚至敌视态度的公众，是组织发展的障碍。一般来讲，公共关系人员必须主动与这部分公众进行有效的信息沟通和情感联系，不计较眼前的得失，争取对方的理解，促使他们转变态度。在公共关系中，如何争取逆意公众转变态度是一个难题。但对于组织而言，不能因为困难就放弃，否则会对组织产生很大的消极作用。

3）独立公众：对组织的政策和行为不明朗，持中间态度的公众，是组织需要争取的“大多数”，又称“中立公众”。独立公众的态度具有极强的可塑性。公共关系人员必须耐心、主动地做好这部分公众的工作，引导他们成为顺意公众。即便不能把独立公众改变为顺意公众，也要防止他们成为逆意公众。

4．按公众发展过程划分

1）非公众：处在某组织的影响范围之中，却与该组织无关，其观点、态度和行为不受组织的影响，也不对该组织产生作用的公众。一般条件下，划分出组织的非公众，可以减少工作的盲目性，避免不必要的资源浪费。但要注意，非公众也有可能发展成为潜在公众。

2）潜在公众：由于潜在的公共关系问题而形成的潜伏公众或未来公众，即还未发展为现实的公众对象。潜在公众是组织进行公共关系调查和预测的重要对象，要分析他们的发展态势，制订应对方案，积极引导事件向好的方向发展。

3）知晓公众：由潜在公众发展而来的，已明确意识到自己的权益与特定组织有关，并已考虑与该组织联系，但暂时还未付诸行动的公众对象。组织应积极主动地与之进行及时沟通，主动传播信息，满足公众渴望知晓的心理，使公众对组织产生信赖感，从而主动控制局势。

4）行动公众：由知晓公众发展来的，不仅意识到问题的存在，而且正采取实际行动与组织相互作用，对组织构成现实的行为压力的公众群体。行动公众的形成可能对组织的公共关系工作造成一定的困难，迫使组织采取相应的对策。这是组织必须全力以赴沟通的公众对象。

显然，组织应针对不同类型的公众划分，采取有针对性的公共关系策略，传递组织所希望公众接受的相关信息。由于各类公众对组织生存、发展和信誉具有不同的影响，同时对组织有不同的利益要求，因此，应根据公众各自不同的特点和利益要求，综合考虑公共关系计划，以保证公共关系工作取得成功。

（二）公众的基本特征

公众虽然与人民、群众、人群一样，是由一定数量的人构成的，但其概念的含义及应用有着特殊的规定和意义，可以从以下四个方面来认识。

第一，共同性。因某种共同利益、共同需求、共同兴趣或面临的共同问题，他们极易形成相似的态度和看法，并采取较一致的行为，这就使他们构成了组织所面临的一类公众。例如，表面上没有丝毫联系的个人和组织，面对某企业所生产的不合格产品时，他们的态度和行为会产生内在的联系，要求该企业组织做出一定的补偿，对企业组织施加行为压力和舆论压力。

第二，多样性。公众存在的形式是多样的，既可以是个人，也可以是群体，还可以是团体或组织。例如，一家餐厅的公众，既包括来这里就餐的个人，也包括来这里就餐的一群人，还包括工商、税务、消费者协会等部门和团体。

第三，可变性。公众的可变性一方面源于公众本身的变动，某些人或团体此时此地可能成为组织公共关系工作的公众，彼时彼地可能由于社会变动而不再是组织公共关系工作的公众；另一方面，更多的是由于组织的性质、任务的改变，而造成的组织公共关系工作对象的不同。例如，某超市的顾客公众以往可能只有几百人，消费者对超市评价一般，很多人只消费一次。超市改进服务质量后，口碑越来越好，来消费的顾客达到2000人次，很多顾客成为超市的首要公众；组织内部的人事变动会造成新员

工进来、老员工离开，内部员工公众会发生变化；生产同类产品的两个组织本是竞争对手，但签订合作协议之后，则变成了协作关系，公共关系在性质上发生了变化。显然，公众是处在不断发展变化之中的。

第四，相关性。公众总是相对一定的公共关系主体而存在的。公众态度和行为对特定组织的存在和发展具有实际或潜在的影响力，甚至会决定组织的成败。同样，特定组织的决策和行为也对公众具有实际或潜在的作用力，制约着公众利益的实现、需求的满足、问题的解决等。也就是说，组织可以从公众那里获益，公众也可以从组织那里获益，正是以此为基础，才形成了组织与公众之间的公共关系活动。例如，顾客对商场服务态度、商品质量及商场竞争对手的评价，都会对这家商场的生存与发展产生影响；而商场采取的措施，如打折销售、微笑服务，又会对公众的行为产生影响。因此，商场要得到顾客公众的接受和认可，开展公共关系活动就变得十分必要。

任何组织都有其特定公众，而公共关系便是组织主动地与公众建立和维护良好关系的过程。但这并不意味着作为客体和对象的公众是完全被动的、随意受摆布的，公众随时都可以表达自己的意志和要求，主动地对公关主体的政策和行为做出积极反应，从而对公关主体形成舆论压力和外部动力。公众还有一个最有效的权力——“用脚投票”。当公众因为不满意而使用这一权力时，他们可能不会当面抗议，也不会大吵大闹，但他们会抛售股票，不再光顾某一商店、某一银行、某一饭店、某一旅游点等。因此，组织在计划和实施自己的公关工作时，必须认清自己的公众对象，分析并研究自己的公众对象，并根据公众对象的特点及变化趋势制定和调整公关政策及行动。

三、公共关系的中介要素——传播

传播是社会组织利用各种媒介，有计划地与公众进行信息传递与共享的过程。公共关系中的传播是指社会组织利用各种媒介向公众进行信息、思想或观点的传递、交流和分享的过程。其目的是通过双向的交流和沟通，促进公共关系的主体和客体（社会组织和公众）之间的了解、共识、好感和合作。

（一）传播的类型

传播有四种基本类型，即大众传播、群体传播、人际传播、自身传播。

大众传播是一种信息传播方式，是社会组织利用报纸、杂志、书籍、广播、电影、电视等大众传播媒介向社会大众传播消息、知识的过程。群体传播是群体成员间进行信息交流，从而将共同目标和协作意愿加以连接和实现的过程。这是一个介于大众传播与人际传播之间的信息交流层次。人际传播指个人与个人之间的信息交流。人际传播的形式可以是两个人面对面的直接传播，也可以是以媒体为中介的间接传播。自身传播也称内向传播、内在传播或自我传播，是个人接受信息并在人体内部进行信息处理的活动。其中，大众传播具有最大的传播规模和包容能力，自身传播是一切传播形式的基础。

（二）主要大众传播媒介

主要大众传播媒介有以下几种，如表 1-2 所示。

1）印刷媒介，包括报纸、杂志等。

2）电子媒介，主要有广播、电视等。

表 1-2　主要大众传播媒介的优势与局限性比较分析

传播媒介		优势	局限性
印刷媒介	报纸	① 便于选择，保存； ② 信息量大； ③ 制作成本低	① 阅读受到文化水平的限制； ② 信息相对滞后
	杂志	① 读者群较稳定； ② 内容丰富，安排灵活； ③ 印刷精良，吸引力大； ④ 易携带	① 对读者文化水平的要求较高； ② 出版周期较长
电子媒介	广播	① 传播迅速，覆盖面广； ② 收听对象广泛，机动性强； ③ 制作成本低廉	① 稍纵即逝，不便保存； ② 听众只能按一定顺序收听节目
	电视	① 真实感强； ② 实效性强； ③ 娱乐性强； ④ 最容易被人们所理解、接受	① 节目制作成本昂贵； ② 传播效果稍纵即逝； ③ 节目受时间顺序限制

另外，随着传播媒介的不断发展，网络传播已成为众多媒介的主力军。网络传播方式的出现，动摇了传统大众传播媒介的地位，也改变了传播者在大众传播中的地位，使公众不仅仅只是被动地接收信息，更具有了传播的主动性。网络传播在传播方式上的最大特点是信息传播的双向交互性。在网络传播的过程中，传播者和受传者不仅完全处于平等的地位，而且可以意义互换，受传者可以成为传播者，传播者也可以是受传者。

网络传播省略了传统媒体的印刷、制作、运输、发行等中间环节，发布的信息能在瞬间传递给受众，而且网络传播的内容可以方便地实现刷新，在内容上具有极强的时效性。互联网络实现了在线资源共享，任何资料库内的信息资源只要联网，就会成为公众的共享资源。网络中传播的信息可以复制或打印，成为个人信息。同时由于网络信息传播的开放性，任何组织或个人都可以传递自己的信息。

总之，公共关系的社会组织、公众和传播的内容是公共关系的重要内容，了解三者的内涵，明确三者的关系，是做好公共关系工作的重点。

三者的相互关系可以用图 1-1 表示。

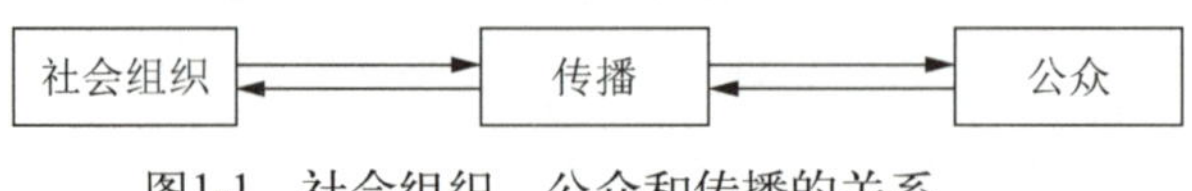

图1-1　社会组织、公众和传播的关系

主题三 公共关系的正确认识及基本特征

一、对公共关系活动的正确认识

理解公共关系作为社会组织对公众的一种传播沟通活动，需要端正对公共关系活动的认识。公共关系是社会关系的一种表现形态，它不同于一般的人际关系，作为一种传播过程，它又与其他传播形式如宣传、广告等有着本质的区别。

（一）公共关系活动不等同于宣传活动

筹划宣传并考虑宣传的效果是公共关系活动的一个重要内容，它与宣传活动在性质、内容和方法上都有较大的区别。

> **公关语录**
>
> 对员工忠诚，员工反过来就会对你忠诚；对员工负责，员工反过来就会对你负责。

1）公共关系中的宣传只是公共关系活动的内容之一，是工作的一种手段。

2）公共关系中的宣传不仅要求实事求是，对公众负责，而且也要求组织通过宣传来争取公众理解和合作，扩大透明度，而一般的宣传主要通过劝说活动来影响和控制他人的行为。

3）公共关系中的宣传注重双向传播和双向沟通，既要求及时、准确地向公众传播和公开组织的相关信息，又注重了解和搜集公众的有关信息，并根据这些信息来调整组织的活动。而一般的宣传则基本上是单向灌输式的传播。

（二）公共关系活动不等同于广告活动

公共关系活动经常要借助广告来扩大影响力，但它又与广告活动有着明显的区别。

1）公共关系活动中仅仅把广告作为一种树立组织形象的手段和工具之一。

2）公共关系活动中运用的广告“不是要大家买我，而是要大家爱我”，而一般的广告则以促销为目的，为推销产品和劳务服务。

3）公共关系活动中运用广告的原则是说实话、讲实情，而一般广告的原则是引人注目，激发顾客购买欲望。

4）公共关系活动中的广告是公益性的，内容主要是劝导和祝愿公众进行有益社会、有益健康的活动，而一般的广告内容则着重宣传有关产品和劳务的特点。

有人问我：一条公益广告的播出，能不能改变我们生活中的那些陋习呢？我的回答是否定的。公益广告也许不可能根除社会中的不文明的现象，但是我相信，一条公益广告就好像是一盏灯，灯光亮一些，我们身边的黑暗就会少一些。并且我相信，每个人的心灵都像是一扇窗，窗户打开，光亮就会进来。我相信，文明就在我们身边，离我们很近很近，近得触手可及。有时候，文明离我们只不过有 10 厘米的距离，有时候，也许只是几十厘米的宽度，也有时候，可能只是一张纸的厚度，我相信，其实文明就在我们心中，我们会在生活中不经意地流露着。有时，多一个手势，对别人来说，就是多一份体谅；有时，多一点耐心的等待，对别人来说就是一种关爱；有时，多一点点分享，对别人来说，就是多一份温暖。我们每个人迈出一小步，就会使社会迈出一大步。所以我发现，文明是一种力量，就好像奥运火炬传递一样，在每个人手中传递，也能够汇聚所有人的热情。我相信你，相信屏幕前的你，更多地来发现、来释放自己文明的热情。文明的中国盼奥运，迎奥运，讲文明，树新风。

二、公共关系的基本特征

科学形态的公共关系有其独特的个性，概括起来它的基本特征有以下六个方面。

（一）以公众为对象

公共关系是一定的社会组织与其相关的社会公众之间的相互关系。社会组织必须着眼自己的公众，才能生存和发展。公共关系活动的策划者和实施者必须始终坚持以公众利益为导向，将公众当作自己的“上帝”。

（二）以美誉为目标

在公众中树立组织的美好形象是公共关系活动的根本目的。组织形象的基本目标有两个，即知名度和美誉度。知名度是指组织被公众知道、了解的程度，以及社会影响的广度和深度。美誉度是指组织获得公众信任、赞美的程度，以及社会影响的美、丑、好、坏。塑造形象、提高组织的美誉度，是公共关系的核心问题，也是公共关系活动追求的效果。

2007年3月19日起，50余万辆雅阁、奥德赛和飞度轿车被广州本田汽车有限公司实施召回。本次召回包括2003年1月7日～2006年12月21日生产的各款雅阁轿车共419 613辆，召回范围内车辆在长期使用过程中，助力转向油管可能出现渗漏。情况严重时，可能出现转向操纵力增加，方向盘转动沉重。本次召回还包括2005年2月22日～2007年2月14日生产的奥德赛轿车共68 993辆，2005年8月1日～2005年9月30日生产的雅阁、奥德赛和飞度轿车共39 800辆。本田汽车有限公司不惜代价将对这些车辆进行修复，保证清除安全隐患，采取这些措施的目的在于努力维护产品形象，不让顾客失望。

组织的美誉度是组织发展最宝贵的无形财富。组织必须对公众负责，才能维护声誉，才能获得长久的发展。信誉是企业的灵魂。企业组织在公关时应该接受并重视“信誉管理”这一概念。

（三）以互惠为原则

公共关系不是以血缘、地缘为基础的，而是以一定的利益关系为基础的。社会组织在发展过程中要得到相关组织和公众的长久支持与合作，就要奉行互惠原则，既要实现本组织目标，又要让公众受益。因此，社会组织要生存与发展，必须得到公众的支持，而要想持久地赢得公众的支持，就必须做到与公众互利互惠、共同发展，最终实现双赢的目标。

龟兔赛跑的故事中，乌龟的特长是专注、持久，兔子的特长是速度、热情。当某

一天龟兔赛跑要经过一条小河时，兔子跑得非常快，很快就到了河边，但是它无法过河，因为它不会游泳，只能站在河边干着急。而乌龟因为爬得很慢，爬了很长时间才爬到河边，天已经黑了，它也筋疲力尽，再也无力游过去。比赛的结果自然是没有赢家。假设龟兔能调整思路，刚开始时由跑得快的兔子背着会游泳的乌龟跑，它们两个就会很快到达河边，这时会游泳的乌龟发挥自己的长处，驮着兔子游到对岸，这样它们既跑得快，又能过河。这种合作对于龟兔来讲显然是双赢的，这就是竞合。

"寸有所长，尺有所短。"任何一个企业都有自己的长处和弱点。"一山不容二虎"的日子已经一去不复返了，当我们不能够"独步天下"时，就选择和对手携手共进，就像奔驰和宝马、麦当劳和肯德基一样，大家在竞争中互相提升自己的实力，在竞争中甩开和其他对手的差距，使双方在竞争格局中赢得先机。从更大视野来看，商业世界其实更应该是一种共赢文化，只有共同把蛋糕做大，才能实现多赢。"小成功靠朋友，大成功靠对手。"

（四）以长远为方针

社会组织要想给公众留下不可磨灭的组织形象，不是一朝一夕之功所能及的，必须经过长期的、有计划、有目的的艰苦努力。认为公共关系会像商品广告那样立竿见影是公共关系活动的大忌。如果说，广告和推销考虑眼前的效果，那么，公共关系则主要着眼于长远效果，需要日复一日、年复一年的辛勤劳动。因此，在公共关系工作中，公共关系组织和公共关系人员应不计较得失，要着眼于长远利益，只要持续不断地努力，付出总有回报。

（五）以真诚为信条

社会组织必须为自己塑造一个诚实的形象，才能取信于公众。社会组织在对公众进行信息传播和沟通时，消息必须是真实的，传播的态度必须是真诚的，组织的相关活动必须是真心实意的。精诚所至，金石为开，真诚能产生强大的说服力。唯有真诚，才能赢得合作。现代社会，信息及传媒手段空前发达，这使得任何组织都无法长期封锁消息、控制消息，以隐瞒真相，欺骗公众。追求真实是现代公共关系工作的基本原则，所以争取公众选择和支持的最好方式就是真诚相告，向公众提供真实信息，以取得公众的信任和理解。

英国航空公所属波音 747 客机 008 号班机准备从伦敦飞往日本东京时，因未排除机械故障，推迟起飞 20 小时。

时间在一分一秒过去，十几个小时后，依然没有排除飞机故障，为了不使在东京候此班机回伦敦的乘客耽误行程，英国航空公司决定及时帮助这些乘客换乘其他公司的飞机。

换机的决定出来后，机场工作人员马上安排人员换机，在订票的 191 名乘客中，共 190 名乘客接受了英航公司的安排，分别改乘别的班机飞往伦敦。但有一位老太太坚持要乘英航公司的 008 号班机。此时飞机终于排除了故障，原拟另有飞行安排的 008 号班机只好照旧飞回伦敦。

一个罕见的情景出现在人们面前：东京—伦敦，航程达 13 000 公里，可是英国航空公司的 008 号班机上只载着一名旅客，就是那位老太太。她一人独享该机的 353 个飞机座席及 6 位机组人员和 15 位服务人员的周到服务。有人估计，这次只有一名乘客的国际航班使英国航空公司至少损失 10 万美元。

（六）以沟通为手段

信息的传播沟通在公共关系中具有一种独特的作用，没有沟通，主客体之间的关系就不会存在，社会组织的良好形象也无从产生，互惠互利也不可能实现。以传播沟通为工作方法或手段，既是公共关系区别于一般管理职能的重要方面，也是它与单纯的宣传、广告的不同之处。在组织与公众之间，一方面组织应策动对外传播，使公众认识、了解自己；另一方面，它又要吸取民意以调整、改善自身。只有达成有效的双向意见沟通，才能使组织与公众在交流沟通、共享信息的基础上增进了解、理解和合作。

主题四　现代公共关系的兴起和发展

一、现代公共关系在美国的兴起

公共关系作为一种全新的思想，作为一门学科、一种职业，形成科学而系统的理论，起源于 19 世纪末 20 世纪初的美国，而美国的公共关系则起源于美国的独立战争。特别是在美国内战期间，南北双方的政治集团和军事集团都把争取公众作为自己工作的重点。

公关语录

我们不是“居安思危”，而是“居危思进”。

同时，利用公关宣传来筹措资金，促进事业的发展，助长商业冒险，出售土地，以及为名人捧场等，在美国也有较长的历史。美国独立战争时期公共关系所取得的成功，成为现代公共关系在美国产生和发展的直接原因。此后，现代公共关系的兴起经历了以下四个不同的历史阶段。

（一）单向吹嘘式的公共关系时期

单向吹嘘式的公共关系时期，又称“巴纳姆时期”和“欺骗、愚弄公众的时期”。当过马戏团老板的菲尔斯·巴纳姆的信条是“公众就是用来愚弄的”。他为了达到赚钱的目的，通过无中生有，制造奇闻怪事，以哗众取宠而闻名于世。这一时期最具有代表性的是本杰明·戴伊率先创办了第一张面向公众的通俗化报纸《纽约太阳报》，从而掀起了以普通公众为对象的“便士报运动”，即一便士就可以买到一份报纸。该报由于价格低廉、关切公众而使发行量大增。一些急需宣传自己的公司为节省广告费，便乘机雇用人制造新闻甚至“神话”来达到扩大影响的目的。于是在当时便出现了一场“报刊宣传活动”。

这一时期的公关活动，虽然巴纳姆等人不顾公众利益，欺骗公众、愚弄公众，滥用现代传播手段，但这在客观上一方面促进了传播事业的发展，另一方面也催生了公众意识的觉醒，促进了现代公共关系的产生。

巴纳姆“制造”了关于海斯的神话。有一天，他在便士报上刊登新闻说，自己发现一位160岁高龄的黑人女奴海斯，在100年前就为美国第一位总统乔治·华盛顿做过奶妈。这一新闻立即在美国引起轰动。巴纳姆趁势带着手下的人，使用不同的笔名向便士报频频发去读者来信，制造更大的轰动效应，后来竟然带着一群人主动参与报纸的讨论。爱好新奇的美国人都纷纷来到巴纳姆的马戏团一睹海斯的风采，听海斯讲华盛顿的故事。

巴纳姆因此大发横财，每周会获得1500美元的门票收入。一年后，海斯不幸病逝，好奇的人们对她的尸体进行了解剖，结果发现海斯只不过80岁左右，并非巴纳姆所说的161岁。骗局被揭穿，巴纳姆竟然厚颜无耻地表示震惊，一再辩称自己也“受骗了”。

巴纳姆还“制造”了一个“拇指将军”。1844年，他在美国康涅狄格州的布里奇码头遇到一个身高64厘米、体重只有8公斤的人。他灵机一动，雇用了他，把他带到纽约，为他取名为“汤姆·布斯将军”，并为其编造了一段神奇的经历。因为将军的个头太小，他也被称为“拇指将军”。各地的便士报都成了巴纳姆的宣传阵地，在一个星期内，就有3万多来自美国各地好奇的人们排队一睹将军之容。

（二）单向传播式的公共关系时期

单向传播式的公共关系时期又称“揭丑运动时期”和“说真话时期”，面对垄断寡头在宣传广告上的欺骗，一大批新闻工作者以追求社会公正和平等为信念，自诩为“清垃圾者”，专门搜集和报道垄断寡头的不法行径和不道德行为，并予以揭露，这就是美国传播史上有名的“揭丑运动”（史称“扒粪运动”）。“揭丑运动”给不法资本家造成了经济上的巨大损失，于是一些开明的资本家开始认识到社会舆论的威力，认识到建立组织的良好形象是现代经营的重要因素，而建立组织良好形象的有效方法是以“说实话”“讲真情”来获得公众的信任。

在这一背景下，一个新的职业诞生了，开创这一职业先河的是被誉为现代公共关系之父的艾维·李。他认为，单纯地揭露丑闻是一种消极的方法，应想办法帮助企业与公众沟通，以此来争取公众对组织的信任，其指导思想是“公众必须被告之”。1903年，艾维·李创办了第一家公共关系事务所，成为第一个向客户收取佣金的职业公关人员。这标志着公共关系职业和公共关系事业的诞生。由于时代的局限，艾维·李的公共关系主要还是凭经验进行，缺乏对公众舆论进行严密、大量的科学调查，但艾维·李作为公关职业的先驱，其地位是无可争议的。

1914年春，洛克菲勒旗下的科罗拉多燃料和钢铁公司的工人举行大罢工，警卫队悍然开火，使11名儿童和2名妇女在棚户区内遇害。洛克菲勒家族立刻陷入一场重大危机。社会舆论纷纷谴责洛克菲勒家族，使其声名狼藉，被称为“强盗大王”“强盗男爵”，与公众之间的矛盾异常尖锐。为平息工人的罢工怒潮，化解这桩事件造成的恶劣影响，改变自身的形象，洛克菲勒聘请艾维·李为其提供公共关系服务。

针对当时的舆论环境，艾维·李很快做出反应，并在报纸上刊登文章为这一行为进行辩解。他辩称，这种针对罢工行动的反击，是在维护“工业自由”。由于其出色的表现，危机事件得到控制，舆论开始向有利于洛克菲勒家族的方向转变。同时，艾维·李果敢地采取了一系列措施：聘请有威望的劳资关系专家来核实导致这次事故的具体原因，并公布于众；聘请劳工领袖参与解决这次劳资纠纷；建议洛克菲勒广泛进行慈善捐赠，创建基金会、“施舍亮晶晶的硬币”；增加工资、方便儿童度假、救贫济困等。艾维·李采取了灵活多样的公关办法，鼓励洛克菲勒为各个基金会提供大笔赠款，与受助团体进行沟通，并发表个人声明，公之于众。艾维·李还编写出洛克菲勒这位大富翁怎样到教堂、怎样与邻居相处等一系列特写报道。

经过艾维·李的指点，洛克菲勒的形象脱胎换骨——由冷酷无情的“强盗男爵”成功转换成一个心地善良、慈祥温和的人。洛氏家族至今仍以慈善家的风范为世人敬重。

（三）双向沟通式的公共关系时期

双向沟通式的公共关系时期即“伯内斯时期”和“投公众所好时期”。双向沟通式的公共关系使公共关系科学化、系统化、规范化，其代表人物是被誉为公共关系泰斗的爱德华·伯内斯，他是美国第一批接受公共关系实践的学者。1913 年，他被聘为福特汽车公司的公共关系部经理，开创了“企业承担社会责任”的先河，后来又在政府的公共关系部门任职。1919 年，他创办了公共关系公司，1923 年，出版了论述公共关系理论的著作《舆论明鉴》，同时，在纽约大学讲授“公共关系”，成为在大学传播公共关系的第一人，标志着公共关系作为一门学科而产生。1928 年，他出版了《舆论》，1952 年，又撰写了《公共关系学》教科书，从而使公共关系的原理和方法成为一个较完整的体系。1947 年，波士顿大学成立了第一所公共关系学院，培养专门的公关人才，开始授予公共关系的硕士和博士学位，公关教育在美国逐步开展。伯内斯成为公共关系史上具有划时代意义的人物。

为了庆祝爱迪生发明灯泡 15 周年，伯内斯组织了举世瞩目的“灯光佳节”活动。1929 年 10 月 21 日，世界上许多公用事业公司同时切断一切电源，熄灯 1 分钟以示对爱迪生的纪念。美国前总统胡佛和许多名流要人出席了这次盛宴，使这个庆祝活动达到了高潮。这件事促使美国邮电部门专门为此发行了一枚两分的纪念邮票。社会学家伦纳德·杜布认为这个活动是“和平时期美国所进行的最盛况空前的宣传活动之一”。

（四）双向对称式的公共关系时期

双向对称式的公共关系时期，又称“现代时期”的“高级阶段”。随着 1947 年美国公共关系学会的成立和 1955 年国际公共关系协会在英国伦敦的成立，以卡特李普、森特和杰夫金斯为代表的一大批公共关系专家和大师，在理论和实践上又把公共关系推向了一个新的历史发展阶段，即双向对称式的公共关系时期。1952 年，卡特李普和森特出版的专著《有效公共关系》论述了“双向对称”模式：在公共关系的目标上将组织和公众的利益放在同等重要的位置，这是目的上的“双向对称”；在方法上坚持组织和公众之间的双向传播和沟通，这是传播手段上的“双向对称”。此后，该书多次再版，被誉为公共关系的“圣经”。

如图 1-2 所示，由于各国政治、经济和社会发展的需要，公共关系自 20 世纪 60 年代以来在世界范围内发展起来，公共关系行业也成为当今世界发展最快的行业之一。

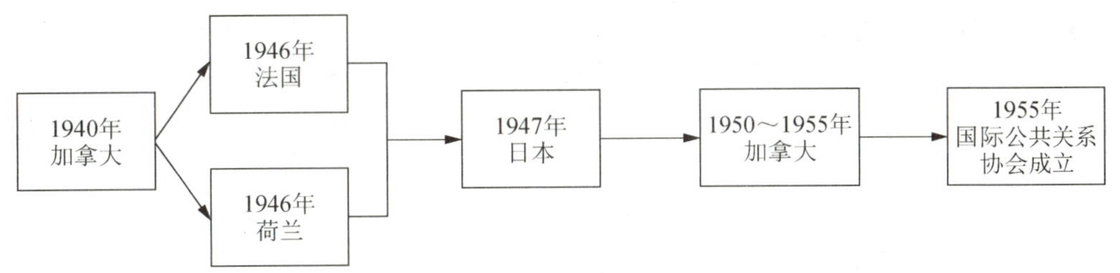

图1-2 现代公共关系在世界主要国家的兴起时间

二、现代公共关系在中国的发展

早在新中国成立之前，我国民族工商企业和慈善机构就很关注公共关系活动，尽管缺乏系统性，却也有成功的做法和经验及鲜明的宗旨。

但在经济战线上，特别是市场经济的商品大潮中，建立公关意识，开展公共关系的工作是在20世纪80年代。现代公共关系在中国的发展经历了以下四个发展时期。

（一）引进酝酿时期（20世纪70年代末至80年代初）

现代公关概念被引入中国是在20世纪80年代初。北京、深圳、广州、珠海三资企业中的宾馆、酒店参照母公司的管理模式设立了公共关系部，配备了公关人员，开展了公共关系业务，引进了公共关系职能，广州的白天鹅宾馆、北京长城饭店可以说是20世纪80年代早期中国公关的典范。

为解决长城人流过多，北京市政府决定修复慕田峪长城，在即将面向游客开放之际，长城饭店不失时机地向慕田峪长城管理处提出：举办一次招待中外记者的活动，由长城饭店承担一切费用。慕田峪长城管理处认为这是求之不得的好事，双方立即达成协议，安排好时间。

中外记者游长城那天，长城饭店在慕田峪长城脚下准备了一批小毛驴，供愿意骑驴的记者骑，还可以在毛驴背上驮饮料和食品。当记者陆续来到山顶后，工作人员从毛驴背上取下香槟酒，在长城上开香槟，太富有诗意了。长城、毛驴、香槟、外国游客，记者觉得这个镜头对比鲜明新颖，纷纷举起相机。照片发回编辑部，也使编辑甚为满意。

（二）知识传播期（20世纪80年代中期至80年代末）

1984年11月，广州白云山制药总厂率先在国内挂出了第一块国有企业公共关系部的招牌，并注资120万元开展公共关系活动。同年10月，世界第二大公共关系公司——美国希尔与诺顿公司在北京设立了办事处，当时美国之音的报道称“中国是一块肥沃的公关市场”。同年年底，《经济日报》发表有关公共关系方面的社论和文章，在全国反响很大，公共关系事业很快从南向北推广。1985年8月，世界最大的公共关系公司——美国博雅公共关系有限公司与中国新闻发展公司达成一项协议，共同为在中国从事外贸的外国机构提供公共关系服务。为此，1986年7月在北京设立了第一家公共关系公司——中国环球公共关系公司。

（三）专业实践期（20世纪90年代初至90年代中期）

随着国际公关公司纷纷进入中国市场，一批中资专业公关公司开始涌现。它们从最初为客户提供宣传品制作服务和咨询服务开始，逐步发展了会务管理、媒介关系、市场调研等公关业务，20 世纪 90 年代初，中国第一代职业公关人诞生。这些人接受了国际公关公司专业公关的熏陶，并经历了市场竞争的严峻考验，成为当前中国公关业的骨干力量。

（四）职业发展期（20 世纪 90 年代中期至今）

1985 年，深圳大学传播系开办了中国第一个公共关系专业。到 1987 年，国家教育委员会（现为教育部）正式把公共关系列入行政管理、工业经济、新闻学等专业的必修课。1986 年 11 月，中国社会科学院新闻研究所公关课题组编著了我国第一部公共关系专著《公共关系概论》，由科学普及出版社出版。1986 年 1 月，中山大学在广州成立了第一个公共关系研究会。1987 年 6 月 22 日，中国公共关系协会在北京成立。1988 年，国际公共关系协会中国分会成立。这些都标志着公共关系在中国得到了正式确认和接受，标志着当代中国公共关系的兴起，并已初步进入国际公关市场。

1991 年 4 月 26 日，中国国际公共关系协会在北京成立，并且获得了 2008 年世界公共关系大会（号称世界公关业“奥林匹克”）的承办权。到 1992 年，专业性的公关报刊已发展到 29 种。目前，中国已有 1000 多所高校开设了公共关系课程，几十所高校开设了公共关系专业。

我国的公共关系事业正在迅猛发展，公共关系已成为一个引人注目的职业。这一切标志着中国公关业的职业化、专业化的地位被正式确认。1999 年 5 月，国家劳动和社会保障部（现为人力资源和社会保障部）把公关作为职业正式列入《中华人民共和国职业分类大典》，标志着中国政府正式承认了“公共关系”这一职业。2000 年 3 月，《国家劳动和社会保障部第 6 号令》将“公关员”列入 90 个持证上岗职业之一，并于 2000 年 7 月 1 日起开始实施。1999 年 12 月 29 日，广州举行了国内首次公关员职业资格全国统一鉴定。2003 年，举行首届公关节。

随着现代公共关系在中国的不断发展，公共关系在激烈的市场竞争中扮演着越来越重要的角色。公共关系正逐渐被中国企业、非营利组织乃至各级政府所接受，在提升组织竞争力、促进经济、社会协调发展等方面发挥着越来越重要的作用。

技 能 训 练

训练一

训练目的：培养学生对理论知识的综合运用能力，提高学生的公关意识。

训练内容：分析下列词句，理解其中蕴含的公关理念。

1）己所不欲，勿施于人。

2）攻城为下，攻心为上。

3）我为人人，人人为我。

4）天时不如地利，地利不如人和。

训练要求： 把学生分成四组，分别对上面四句话进行分析，然后结合对本模块内容的学习，谈谈对这些话的理解。

成绩评定： 可根据学生对公共关系的含义、特征的正确理解程度和语言表达程度来评分。

训练二

训练目的： 考查学生对案例的综合分析能力，培养学生的团结合作精神，提高学生的语言表达能力。

训练内容：

【案例】 一天，一位顾客走进美国花旗银行营业大厅，仅要求换一张崭新的100美元钞票，准备当天下午作为礼品。银行职员微笑着听完他的要求之后，立即在一沓沓钞票中寻找，又拨打了2个电话，15分钟后终于找到了一张这样的钞票，并把它放进一个小盒子里递给这位顾客，同时附上一张名片，上面写着“谢谢您想到了我们银行”。不久后，这位偶然光顾的顾客在这家银行开设了账户，在以后的几个月中，这位顾客所在的那家律师事务所在花旗银行存款达25万美元。

训练要求： 认真阅读训练内容，然后分成若干组进行讨论，最后每组选派一名学生代表回答下列问题。

1）本案例中的主体要素和客体要素分别是什么？

2）该案例体现了公共关系怎样的基本特征？

3）结合本模块学习内容，你从该案例中受到哪些启发？

成绩评定： 本次练习成绩可由两部分组成。理论知识的综合运用情况占50%，综合分析与语言表达情况占50%。可根据学生的语言是否流畅、准确，知识点把握是否准确，以及对公共关系的认识是否恰当等方面来评分。

训练三

训练目的： 培养学生对理论知识的综合运用能力，提高学生对公共关系的理解和认识。

训练内容： 结合社会实践，寻找企业忽视或违背公共关系的实例，开展“我骄傲，我是公关人”的讨论或演讲。

训练要求： 学生能够根据本模块所学内容，正确分析和判断出公共关系在企业中的作用，并总结出公共关系运作的客观规律。

成绩评定： 可根据学生对公共关系的含义、特征的正确理解程度和语言表达程度来评分。

训练四

训练目的： 提高学生的沟通能力及语言表达能力。

训练内容： 公共关系人员要善于自我推销，当面对一个新的环境时，要自信并艺术地做好自我介绍。由教师组织一个“自报家门，展示自己”的活动。

训练要求：学生按座次或学号依次介绍自己，要求语言简练、有特色。可以通过比喻、谐音、模拟等技巧吸引听众。力求艺术性、趣味性与独创性相统一，达到较好的效果，甚至产生轰动效应。全体学生都要热情鼓掌，以示鼓励，使发言人增强信心，敢于展示自己。

成绩评定：表达流畅占30%，观众接受效果好占30%，有个人特点占20%，态势语运用得当占20%。

模块二 公共关系职能

学习导读

公共关系可以为社会组织塑造良好的组织形象，促进组织与公众的沟通，提升组织的社会美誉度。同时也促使社会环境优化，促进社会和谐。本模块介绍了公共关系的具体职能，包括信息职能、宣传职能、沟通协调职能、塑造形象职能、咨询决策职能，为深入了解公关在社会组织中的作用、今后开展具体公关工作做了准备。

学习目标

1）了解公共关系的基本职能。

2）明确公共关系职能涵盖的工作范围。

3）运用公关职能，开展简单公关工作。

4）提升公关意识。

典型案例

美国亨氏集团与我国合资在广州建立了婴幼儿食品厂。为了准确把握市场需求，工厂刚建立时，企业就派出大批公关调查人员深入街道、机关、学校召开“母亲座谈会”，听取人们对婴儿食品的要求和意见，然后根据母亲的意见试生产了样品，让母亲给婴儿试用，观察婴儿的情况。之后，又将样品免费提供给幼儿园和家庭试用，并进行跟踪调查，收集反馈信息。最后根据各方面的意见确定了适合中国儿童生长特点的“亨氏婴儿营养米粉”和“亨氏高蛋白营养米粉”的配方、规格和价格。结果产品一上市就受到广大顾客的欢迎，迅速占领了市场。

公共关系以塑造良好的组织形象为工作目标，围绕这一目标所开展的具体活动和工作形成了它的职能范围。公共关系是“内求团结，外求发展”的艺术，在我国的经济建设、对外交往、企业发展、产品竞争、树立名牌战略等诸多方面起到很好的催化剂作用，促进了社会组织的壮大。

公关语录

什么叫做不简单？能够把简单的事情做好，就是不简单；什么叫做不容易？大家公认的、非常容易的事情，非常认真地做好它，就是不容易。

主题一　信 息 职 能

公共关系在社会组织运行中，通过策划设计开展各种公共关系活动，塑造组织良好形象，赢得其他组织、公众的信任与支持，在沟通开展工作中，取得双赢的效果。公共关系在组织沟通中显现了独特的功能，社会组织通过收集信息、分析信息，为组织的发展提供决策依据，为组织的发展带来活力。组织只有通过对信息的不断获取和传播，才能达到信息交流的目的，使组织在决策中目标清楚、方向明确，避免盲目决策造成的失误。现代组织应该学会把握信息，使组织知己知彼、扬长避短，在竞争中处于优势。

长城饭店之所以能在激烈的竞争中立于不败之地，成为京城饭店的佼佼者之一，除了出色的推销工作和优质服务外，信息发挥了重要作用。围绕为客人服务的日常公关工作，长城饭店做了周密系统的信息收集工作。长城饭店日常的调查研究通常由以下几个方面组成。

1．日常调查

1）问卷调查。每天将表放在客房内，表中的项目包括客人对饭店的总体评价，对十几个类别的服务质量评价，对服务员服务态度评价，以及是否加入喜来登俱乐部和客人的游历情况等。

2）接待投诉。客务经理 24 小时轮班在大厅内接待客人，随时帮助客人解决困难、受理投诉、解答各种问题。

2．月调查

1）顾客态度调查。每天向客人发送喜来登集团在全球统一使用的调查问卷，每日收回，月底集中寄到喜来登集团总部，进行全球性综合分析，并在全球范围内进行季度评比。根据量化分析，对全球最好的饭店和进步最快的饭店给予奖励。

2）市场调查。前台经理与在京各大饭店的前台经理每月交流一次游客情况，互通情报，共同分析本地区的形势。

3．半年调查

喜来登总部每半年召开一次世界范围内的全球旅游情况会，其所属的各饭店的销售经理从世界各地带来大量的信息，相互交流、研究，使每个饭店都能了解世界旅游形势，站在全球的角度商议经营方针。

这种系统的全方位调研制度，宏观上可以使饭店决策者高瞻远瞩地了解全世界旅游业的形势，进而可以了解本地区的行情；微观上可以了解本店每个岗位、每项服务及每个员工工作的情况，从而使他们的决策有的放矢。

一、信息的含义

信息是指包含新知识、新内容并可以进行传递的消息。公共关系信息，是为了塑

造组织形象而采集、传播的各种消息，具体内容包括：介绍本组织基本情况的详尽材料；有关组织的新情况、新动向的新闻报道，新闻动向；组织为自己塑造的风格和形象信息；各类公众心目中的产品形象和组织形象信息；公众的需求信息等。

任何组织都在一定的社会关系中存在和活动。及时准确地沟通信息，了解社会环境信息，是组织洞悉问题、获得反馈、评价成果、进行决策的必要前提，并有助于组织自身形象的改善，从而保证组织的生存和正常发展。作为组织的监测系统，公共关系运用各种调查研究的方法，帮助组织收集信息、分析情报、监测环境、反馈舆论、预测趋势、评估效果，从而使组织面对复杂的公众环境及其变化保持高度的敏感性，维持组织与整个社会组织之间的动态平衡。

二、信息的分类

（一）根据信息的传递方式划分

根据信息的传递方式划分，可以分为口头信息和书面信息。

口头信息是指人们在交谈时所交流的信息，这是一种直接、迅速进行传递的信息。在口头信息的传递中，参与交谈的双方都可以得到对方的回应，有助于相互理解、消除分歧、促进合作。但口头信息有时会失真，获取的口头信息需要随时鉴别，因此应谨慎把握此类信息。

书面信息是指记录在各种物质载体上的信息。这种信息的优点是能保持信息内容的符号不变，长期存储，便于查阅。

（二）根据信息的内容性质划分

根据信息的内容性质划分，可以分为固定信息和流动信息。

固定信息包括三个：一是标准信息，主要指指标、目标、定额等；二是计划信息，指在计划期内已规定的任务所反映的各项指标；三是查询信息，指在较长时间内很少变更的信息，如档案资料、政策法规等。这几种信息都是相对稳定的，故称为固定信息。

流动信息是指随时间推移不断变化的信息，如生产进度、作业统计、计划完成、市场变化、公众需求情况等。

（三）根据信息的来源划分

根据信息的来源划分，可以分为内部信息和外部信息。

内部信息指组织自身活动过程中的信息，如企业经营管理方面的信息，即生产量、销量、利润、成本、人员构成、设备等。

外部信息是指来自组织外部，即组织所处社会环境中的信息，如国内外市场行情，竞争对手情况，金融市场行情，国家的方针、政策，公众法律法规等情况。

三、信息收集的内容

公共关系人员在收集信息中，要收集与组织业务有直接关系的信息内容，还要关注社会的政治、经济、文化、科技、军事、民俗等全方位的资料信息。具体说来，包括以下几个方面。

（一）与组织形象有关的信息

公共关系人员首先要注意收集与本组织的形象评价有关的各种信息。这些信息往往涉及公众对组织的政策、产品、行为、人员等方面的印象和态度，主要分为以下两个方面。

1. 产品形象信息

产品形象是公众对组织形成印象的基础。只有组织的产品在公众中被接受、被认可，组织的形象才可以树立起来，组织的知名度才会得到提高，美誉才会被公众传播，组织的其他产品和服务才会被公众更好地认知和接受。公众对产品的评价是多方面的，如质量、性能、功能、价格、款式、包装、售后服务等方面。

2. 组织形象信息

公众对社会组织在运行中所显示的行为特征和精神面貌的反应就是组织形象信息。组织形象的好坏，将影响组织的未来和发展。而组织在管理者自身心目中的形象和公众心目中的形象往往相距甚远。了解组织在公众中的形象，及时加以改造和完善，是公关工作的内容之一。组织形象信息包括：公众对本组织机构的评价；公众对本组织管理水平的评价；公众对组织员工的评价；公众对组织文化、精神风貌的评价。

（二）公众需求信息

公众需求是组织生存发展的依据和动力，又是公众利益和兴趣的具体体现。组织只有了解公众需求，重视公众需求，满足公众的合理需求，才能赢得公众。公众的需求是多方面的、多层次的，一般来说，可以分为物质需求、现实需求、精神需求、未来需求四个方面。满足公众的物质需求、现实需求，主要通过提供优质产品和良好的售后服务来实现。公众的精神需求，可以通过开展各种方式的活动等形式来加深组织与公众的情感交流。公众的未来需求是促使组织开发新产品、提供新服务，增强组织的竞争力而开展的有效手段。犹如高明的棋手，走一步，要想到后面的几步。只有随时收集这类信息，监测预知公众的需求，组织才能长久健康地发展。

（三）同行竞争者的信息

现代社会瞬息万变、竞争激烈，组织要在竞争中生存，就必须了解对手的情况，做到扬长避短，使组织在竞争中处于优势地位。了解竞争对手的情况包括对方的技术力量、管理方式、产品特色、服务水平、生产规模、发展趋势、产值利润等方面的信息。

（四）组织运行环境及发展趋势的各种信息

社会组织在一定的自然社会环境中生存，同样受各种环境的影响。组织要把握自身环境的变化情况，了解组织所处的政治、经济、文化、科技等方面的变化，并对自身的发展趋势做好调整。因为这些信息影响组织目标的实现。例如，国际石油、粮食价格的变化，已经影响到我国产业链的变化，各组织所处链条的环节也随之发生变化，所以组织要适时做好调整。

四、信息搜集的原则和方法

（一）信息搜集的原则

1. 准确性原则

收集的信息一定要准确。准确性是指信息的正确性，这是收集信息材料的基础。收集信息时特别要注意材料中的时间、地点、人名、数字和引文等特别容易出现问题的“关键点”，对这些地方要认真加以核实，以免出错，干扰公司的正常业务。

在信息的收集中，最容易出现问题的是数字，因为将数字从最初的信息源收集起来，为了使其具有最大的可用性，中间要经过一系列分类、汇总过程，这个过程中常常会出现问题以至于最后得到的是不准确的数字信息，这也是一种很常见的情形，所以对这类信息一定要特别注意。要将收集到的信息与原来的数据进行检查、校对，确保不让未经核实的信息成为所收集的信息的一部分，从而使决策层能根据材料，做出有利于公司的正确决策。

1972 年，美国总统尼克松要访问中国，在美国国内到处寻找出访的礼物。有一家专门生产瓷雕艺术品的公司得知这一消息后，觉得这是提升公司形象的机会，于是他们通过各种途径向总统游说。他们选择了一件 7 米长、装潢精致的鹅群瓷雕送给尼克松总统，作为出访的礼品。这件瓷雕之所以能中选，正是契合了英文中的瓷器是China，而中国是瓷器的发源地，包含双重意义，令人赞叹。

通过国际卫星通信网，全球公众在电视屏幕上看到了这一历史性场面，并通过电视、广播等新闻媒介向公众展示。尼克松总统代表美国人民将这一件精美绝伦的瓷器作为礼物赠给中国。关于瓷器的新闻报道、专题特写、新闻照片占满了各国的各种报刊版面。该公司利用这个绝好的机会，刊登各种宣传广告，在美国内外掀起了顾客购买该公司产品的热潮。

2. 真实性原则

真实性原则指所收集的信息是真正反映客观实际的。这里就要区分事实和看法。例如，“公司的食堂很受员工欢迎”，如果这句话符合员工在食堂就餐的实际情况并建立在由员工完成的问卷的信息基础上，这就是事实。没有任何支持性的信息，某些说法就只能代表一种观点。

信息的真实性是非常重要的。收集信息的方式往往对信息的真实性有很大的影响。例如，就公司内一个敏感的话题用问卷的形式收集相关的信息，由于人们对问卷这种收集信息的形式不信任，并不愿将他们对这个敏感的话题的真实观点写在纸上。这样得到的信息真实性肯定大打折扣。但是如果由一个中介组织来设计、分发问卷，并由它来进行最后的汇总提炼工作，人们的戒备心会降低，可能会将其内心比较真实的想法写下来，这样信息的真实性就有了保证。

3. 时效性原则

时效性，即所引用的信息材料应该是从最新的信息源得到的。很多信息在时间的延续中失去了价值，通常信息所反映的机会是稍纵即逝的。不及时把握，机会就已经溜掉或留给了竞争对手。所以在收集信息时，要对信息保持敏感度，在第一时间，把与组织发展有关的消息收集起来。另外，统计资料也要保证来自最新的信息源，如果要查人口数字，就要查年度人口统计的最新数字。

4. 相关性原则

信息材料的收集都是有目的的，如老板出差、商业谈判等。相关性即围绕一个问题或某项业务活动而收集到的所有信息材料都要与此问题或业务活动相关。

在实际工作中，并非所有的材料都与问题或业务活动相关，太多的信息往往会扰乱人的思维，干扰正常的工作进程。因此，必须学会面对要解决的问题做出决断：哪些应该留存，哪些应该剔除。

（二）信息搜集的方法

信息对组织的发展至关重要，采取有效的方式方法收集到有利于组织发展的信息才能对组织的发展起到保障作用。公共关系信息搜集的方法主要有以下几种。

1. 观察法

观察法是信息收集人员亲自到活动现场或借助一定的设备对信息收集对象的活动进行观察并如实记录的收集方法。这种方法既可以用来收集消费者信息，也可以了解竞争对手。

比较适合观察法收集的信息主要是：对准确性要求比较高的信息；不需要深入分析的信息（如购物习惯、购买量、购买者性别等）；收集对象不愿意透露的信息；不需要大量数据就能进行分析的信息等。

2. 调查法

通过与信息收集对象进行直接交流来获取信息的方法被称为调查法。在市场研究中，调查法是使用较为普遍的一种信息收集方法。该方法主要用于了解观念性或概念性的信息。根据交流方式的不同，调查法可以分为访谈调查和问卷调查两大类。访谈调查主要用于收集需要深入了解的信息。问卷调查是通过让被调查者填写问卷的方式来收集信息。这种方法的程序简单，对调查人员的要求不高。

3. 实验法

实验法主要用于对因果关系的判断，在消费行为研究中得到了广泛应用。试销就是一种使用较多的实验法。在产品大规模进入市场前对消费者的购买意愿、感兴趣的内容、购买方式等信息通过试销进行测试，可以为企业确定市场规模和制定适当的营销方案提供依据。

主题二 宣 传 职 能

一、公共关系宣传的含义和特点

（一）公共关系宣传的含义

公共关系宣传与一般意义上的宣传不同。公共关系宣传属于公共关系管理的范畴。

它必须结合组织的经营管理和行政管理来进行，其宣传目的主要是与内外公众沟通，体现的是公共关系的管理功能与艺术。因此，公共关系的宣传重点在于创造、强化和引导公众舆论，从而在公众的心目中树立组织的良好社会形象。

公关语录

公关的秘诀在于以真诚之道打动人心。

1979年夏季，美国克莱斯勒汽车公司的经济状况越来越坏，亏损严重。公司向政府提出了10亿美元的贷款保证计划。为了取得政府的支持，克莱斯勒汽车公司展开了一系列的公关活动。首先，展开宣传攻势，争取舆论的支持。他们反复重申一个观念："我们既不要求施舍，也不是索取礼物，而是正申请一项贷款保证，并将向政府偿还每一元钱及利息。"他们强调企业发展对国家发展的影响，阐述挽救公司可以避免公司的工人、汽车商和材料商共60万人失业，以唤起政府部门的同情心。公司总经理艾柯卡在为此举行的听证会上向委员会强调公司在今后5年规划的健全性；分析了公司陷入困境的原因；列举出公司会改变市场占有率的优势；公司倒闭，将会对议员的选举产生何种结果。为了使公众相信克莱斯勒汽车公司是一家可靠的公司，他们又针对社会公众特别是政府公众展开了一场公关广告宣传活动，促使国会以二比一的多数票通过了"贷款法案"。公司终于摆脱了困境，把握了东山再起的良机。显然，这得益于公司富于引导性的宣传。

公共关系宣传在组织的发展中起到了重要作用。组织利用有效的公关手段开展宣传，可树立组织形象，提高组织的知名度，甚至达到化危为安的效果。

（二）公共关系宣传的特点

一般来说，公共关系宣传除了具有新闻媒介传播时效性强、传播面广的特点之外，还有以下几方面的特点。

1. 目标明确

公共关系宣传功能发挥得如何，关键是宣传目标的制订。为了使宣传有效果，就需要明确的目标。明确的目标是组织依据自身的总体目标和近期的实际情况而制定的。所以，每次宣传都应当有较强的针对性。目标明确了，宣传才能做到有的放矢，才能有效果。宣传组织的产品优势，就要把有关质量的保证、满足消费者的诉求点说清楚，有重点地宣传，这样才能达到宣传的目的。

在中国市场历经多年的成长，奥妙品牌这一出自国际知名企业联合利华集团的荣誉产品，已为相当多的社会公众所熟知。它具有以下四个特点。

1）聪明能干——奥妙洗衣粉独特的污渍搜索因子，能深入衣物纤维，主动搜索，准确瞄准；更有污渍灭绝粒子，能强力铲除各种污渍。

2）友善亲和——奥妙洗衣粉的价格非常实惠，"只要3.5元"吸引着众多消费者购买。

3）值得信赖——作为洗衣专家，奥妙洗衣粉拥有非同一般的洁净能力，能彻底洗净各种污渍。

4）积极进取——面对不断变化的市场，奥妙品牌不断致力于创新研发，不时推出新产品。

结合奥妙产品的这四个特点，公司专业人员在策划时，充分运用拟人化的手法，形象地为“奥妙贤内助”制定了聪明能干、友善亲和、值得信赖、积极进取四条标准，以此来对本次活动的参赛选手进行评判。这种把产品特点和比赛标准融为一体的方法，既确立了现代社会“贤内助”的新标准，又凸显了奥妙品牌形象，从而能够达到社会效益和企业效益双赢的目的。

2. 事先策划

公共关系的宣传是组织一项专门性的公共关系活动。每开展一次活动，事先都应做好市场调查，精心地策划，有针对性地选择目标公众。

例如，某三星级酒店想通过宣传招徕顾客，必须在宣传中找到自己的与众不同的优势，一定是其他的三星级酒店所不具备的，又是消费者满意的优势。这样有针对性地宣传才会打动消费者，做到事半功倍、效果显著。只有计划周密、符合实际，宣传活动才能有条不紊地进行，组织才能实现既定的目标。

以石英技术闻名于世界的日本“西铁城”手表最初进入澳大利亚市场时并不畅销。为了让澳大利亚人了解“西铁城”，生产厂家策划出一个绝妙的办法：在报纸上发出一条消息，说有一架飞机将于某时在某地抛下若干世界上最精美的手表，谁捡到就归谁。很多凑热闹的人们纷纷集聚在抛表地点，届时果然有一架飞机出现在天空，闪光晶亮的手表从天而降，人们兴奋地拾起从百米高空飞下来的“西铁城”表，发现它走时仍然准确无误，于是开始向周围人宣传此手表。“西铁城”手表从此在澳大利亚畅销，一个广阔的市场就这样被打开了。

3. 积极主动

组织利用传播媒介施展公共关系宣传的功能，为传播媒介提供有新闻宣传价值的新闻事件。组织掌握了新闻宣传的重点和热点也就获得了宣传的机会。为了发挥新闻媒介宣传的效能，组织不仅要紧紧抓住新闻宣传的特性——客观、真实、全面、公正，而且要保持宣传内容具有新鲜性、重要性、接近性、娱乐性、需求性等特点。组织公关宣传工作的重点不是等待宣传机会的到来，而是发现机会，争取条件创造和利用机会。积极主动的态度则是为组织赢得更多报道机会的重要保障。

在中国，可口可乐公司系列产品在软饮料市场的占有率达33%，81%的中国消费者知道可口可乐品牌。在整个中国地区，可口可乐雇用了大约1.5万名员工，从董事长到工人都是中国人。

2003年2月18日，可口可乐（中国）饮料公司对外界宣布：正式更换包装、启用新标识。这是可口可乐公司自1979年进入中国市场以来首次改用中文新标识，目的是使它更贴近中国消费者的生活。

可口可乐公司非常重视对社会的回馈，在教育方面捐赠了很多资金。可口可乐公司在中国各地兴建了50多所希望小学，为贫困地区的100多所农村小学捐赠了一套希望书库。1998年洪灾，可口可乐还捐赠了帐篷希望小学。1998年3月，可口可乐公司前董事长格拉斯·艾华士访华，宣布向“希望工程”捐赠人民币500万元，专门用于资助失学儿童。1999年，在中国青年基金会的发起下，可口可乐（中国）饮料有限公司设立了“可口可乐第一代乡村大学生奖学金”，资助55所大学在内的近700名大学生完成学业。

可口可乐公司的这些持续性的公关行为，使其在中国消费者心目中树立了良好的形象，赢得了公众的信赖。

4. 抓住对象

公共关系工作的出发点是“公众第一”，以公众为对象的宣传活动自然不会例外。为了抓住公众，组织应当根据公众的特点来选择传播手段和方式。大众传播、组织传播、群众传播、人际传播各有特点，报纸、杂志、广播、电视各有作用。不同的公众对传播方式和媒介有不同的偏好。所以，组织在进行公共关系宣传之前，要针对其宣传对象进行综合的分析和研究。然后，根据不同的公众需求采取相应的传播手段和方式。这样组织的宣传便会对公众产生极大的吸引力。抓住了对象，就容易达到宣传的目的。

5. 自然温馨

公共关系宣传不同于一般的政策宣传，没有行政命令的意味，而是通过宣传，千方百计地为树立组织形象营造一个有利的舆论环境，并在此基础上达到公关宣传的目的。因此，公关宣传的出发点是温暖公众的心，使公众喜欢并接受，而毫无强制命令的意思。公关宣传的语言风格、遣词造句也充满了“人情味”，具有浓厚的生活气息，令人感到自然温馨，如“益达洁白笑出彩色人生”“时尚风情、浪漫追求”“时尚传情，鼓舞青春”等。

二、公共关系宣传的方式

公共关系的宣传方式很多，既与宣传的目标和内容有关，也与宣传的媒介和条件有关，但关键是宣传的对象。宣传所针对的公众对象不同，则采用方式不同。综合以上因素，公共关系宣传概括起来有对外宣传和对内宣传两种方式。

（一）对外宣传

对外宣传的对象是与组织机构有关的一切外部公众。宣传的主要目的在于提高组织的知名度和美誉度，塑造和强化组织的整体形象。宣传的内容侧重于组织的方针政策、创新意识、经营项目、营销策略、管理经验、经济效益及对社会的贡献等。对外宣传的具体形式有以下两种。

1. 大众传播媒介的宣传

这是借助大众传播媒介的宣传，是公共关系对外宣传的主要形式，具体有以下两种做法。

（1）发布公共关系广告

公共关系广告即以广告的形式出现、把企业的形象塑造作为广告的中心内容。它并不直接劝说人们购买某种商品，而是唤起公众对企业的注意、兴趣、信赖和合作，引导公众接受某种观念，使公众对组织产生好感，增强信任感，从而与组织建立相互支持、相互合作的良好关系。公共关系广告有利于扩大组织的影响，提高组织的声誉。公共关系广告一旦在社会上产生影响，其效果将是长远的，也是难以估量的。成功的公共关系广告不仅可以为企业创造良好的外部环境，还有助于提高组织内部员工的士气，增进公众对企业或组织总体性的了解，提高自己的知名度和美誉度，从而使其所组织的活动得到公众的信任与支持。公共关系广告着重宣传的是企业或组织的信誉和形象。例如，在中国代表团申奥成功的那一刻，海尔集团在全国人民都沉浸在喜悦中时，第一时间在电视直播的屏幕中打出“热烈祝贺中国代表团申奥成功！”这条祝贺性公关广告让全国人民在同一时间再一次记住了海尔。

一般讲，公共关系广告的总体目标有以下几个。

第一，谋求赞许。公共关系广告主要传播企业和组织的概念、实力、善意、声誉和整体形象，以增进社会公众对其整体了解，从而获得社会公众的信任和赞许。

第二，消除误会。企业遇到的质量等问题很多，有时是由于他人责任而使公众对企业产生误会，从而产生有偏见的舆论。开展致歉型公共关系广告活动，欲进先退、欲扬先抑，可以消除误会，争取或增进信任。

第三，提供信息。公共关系广告的目标还在于向投资者报告股息情况；向员工报告企业的方针、政策、计划和业绩；为顾客提供有关商品信息；使社区公众了解企业的社区福利事业的贡献等；争取股东、员工、消费者、社区公众的信任、理解与合作。

（2）制造有价值的新闻事件

制造新闻，是指社会组织有意识、有目的、有计划地根据新闻事件的特点，有效展开宣传组织形象的活动，以便引起新闻媒介的广泛报道，产生重大的社会影响。

获得新闻媒介的关注和报道的机会并不容易，不是任何组织机构都可以享受到这种最优厚的“待遇”的。所以，组织需要脚踏实地，认真对待经营质量和自身信誉，还必须利用条件创造有价值的新闻，争取机会，吸引新闻媒介的注意，并掌握这种机会的主动权，用客观的条件来促成大众传播媒介为自己服务。

某公司为宣传其新型保险柜的功能，登出一则广告：

“10 万美元寻找主人！本公司展厅保险柜里存放有 10 万美元，在不弄响警报器的前提下，各路豪杰可用任何手段拿出享用！”

广告一出，引起了全城轰动。前往一试的人有工人、学生、工程师、警察和侦探，甚至还有小偷，但没有人能够打开保险柜。各大报纸连续几天都为此事进行免费报道，这家公司的保险柜的声誉随之大增。

2. 非大众传播媒介的宣传

这是不借助大众传播媒介的宣传，即以组织机构本身为主进行宣传活动，如通过举办展览会、经验交流会、技术表演会、现场展示会、各类联谊会等；或根据组织长期目标和近期利益的需要编印宣传资料、企业手册、图像照片、购物指南等。非大众传播媒介的宣传以一种“零敲碎打”、机动灵活的方式长期宣传，是一种有韧性而长效的宣传。

（二）对内宣传

对内宣传的对象是组织的内部公众。其宣传目的主要是提高组织经营管理决策的透明度，增强员工的主人翁责任感和凝聚力，实现“全员 PR”的公共关系状态，使他

们真正能与组织荣辱与共，形成“命运共同体”，从而激发员工的积极性、主动性和创造性。全员 PR，又称全员 PR 管理，是指通过全员教育与培训，增强全员的公关意识，提高全员公关的自觉性，加强整体的公关配合与协调，全面发动全员的公关努力，形成浓厚的组织公关文化气氛。

对内宣传的主要内容包括组织的经营方针、管理决策，组织发展的成绩和困难，社会公众对组织的评价，改革与发展的新举措，组织发展的前景等。

对内宣传是组织公共关系人员经常进行的工作之一。常用的具体形式有组织内部报刊、工作总结、工作业绩报告、职工手册、黑板报宣传栏、闭路电视、演讲会、座谈讨论会等，其中内部报刊是组织对内宣传的典型形式。有一定规模的社会组织都可以组织创办面向员工发行的定期或不定期刊物，并以此作为组织团结内部员工的强有力的信息纽带，作为员工之间沟通感情、交流思想的联络桥梁。

社会组织在宣传中还应注意的是，当组织形象不佳时，公关宣传应根据具体的原因，或者诚恳地向公众道歉和解释，争取公众的谅解；或者澄清事实真相，纠正舆论误解，扭转被动局面，恢复组织的声誉。

主题三　沟通协调职能

公共关系活动的过程，就是组织与公众之间进行信息传播与沟通协调的过程。组织与其公众之间通过信息沟通，对内提高组织的向心力和凝聚力，对外争取公众的好感与支持，为组织的生存和发展创造一个“人和”的环境。协调沟通是连接组织与公众的桥梁，是公共关系的核心职能。

一、沟通协调的含义和作用

（一）沟通协调的含义

沟通协调是指公关人员在收集信息的基础上，通过促成组织与公众之间有效的双向信息交流，使组织和公众之间形成和保持一种互利互惠、平等和谐、共同发展的协调关系。

公关语录

等待机会是守株待兔，主动寻找机会是“扛着枪去打猎”。

（二）沟通协调的作用

在现代社会里，组织在复杂的社会关系网络中不可避免地与其他社会组织形成横向或纵向联系。面对众多的公众群体，组织必须谨慎处理各种社会关系和利益关系，尽可能减少、化解、避免各种摩擦和冲突，实现组织环境的和谐，获得组织生存和发展的最佳环境，保证组织目标的实现。公共关系的协调作用表现在以下几个方面。

1. 协调组织内部关系，增强组织凝聚力

内求团结是外求发展的前提和保证。组织机构为了提高自身的向心力和凝聚力，必须为创造良好的内部人事气氛而努力。因此，公共关系要重视内部协调、沟通的任务，即通过建立和完善组织内部的各种传播沟通渠道及协调机制，促进组织内部的信息交流，以便做到上情下达、下情上传、横向联络、分享信息。为了真正实现“全员 PR”状态，使组织内部包括管理阶层与全体员工的关系、组织内部各个职能部门之间的关系，在充分的信息交流与分享的基础上保持和谐的状态，以促成组织内全体人员思想上的认同和行为上的一致。这就如同一个人握紧了拳头，比起张开的手指，其力度和坚实度要大得多，自然，向外的冲击力就大得多。

2. 开展社会沟通，建立和谐的社会环境

外求发展是当今任何一个组织机构所面临的实际而迫切的问题，没有发展就不可能生存，而任何组织的发展都离不开社会各方面的配合与支持。所以，在对外交往方面，公共关系承担着繁重的组织外交任务。如何为组织开拓关系、广结人缘，创造和谐的公众环境，则要求公共关系工作人员运用各种交际手段和沟通方式，积极地对外联络，为组织的生存和发展减少各种社会障碍，以增加各种有利的机会开展社会沟通，从而为组织营造一个有利发展的公众环境。

二、组织协调沟通的关系内容

组织的环境纷繁复杂，如何在组织的发展建设中建立有效的社会关系，赢得适合自身发展的社会环境是组织面临的重要课题。沟通协调也要找准目标。

那么，组织所面对的是哪些方面的社会关系？

（一）各类直接的业务往来关系

作为组织机构，首先要处理好各类直接的业务来往关系，如顾客与用户关系、原材料与能源供应关系、产品的销售网络关系、运输部门的关系、银行信贷及投资人的关系、生产经营的协作者关系、教育及科技部门关系等。这些社会关系直接关系到组织机构的工作内容、经营主体和生存命脉，绝不可忽视。处理不好随时可能引发危机，造成严重的后果。

（二）各种权力制约部门的关系

社会组织都生存在一定的地域和社会环境中，这就要求组织处理好与政府各种权力制约部门之间的关系，如工商管理局、税务局、审计局、物价局、商检局、环保局、城监局、市政局、公安局、司法部门及海关，还有目前体制下存在的各业务主管部门等。争取这些职能管理部门的理解和支持，是组织健康发展的必要前提与条件。

（三）各种非业务性的社会关系

组织还应主动建立和发展各种非业务性的社会关系，如社区关系、新闻界关系、社会名流关系、社会团体关系等。这些社会关系虽不直接涉及组织机构的经营命脉，却是营造组织“人和”环境的必要力量与条件。发展好这些关系可以为组织创造一个良好的发展软环境。

公共关系的一项重要任务就是努力和社会各界保持友好的交往，并尽可能地扩大组织的公共关系网络，联络感情，发展友谊；有了矛盾时主动进行协调，妥善处理，消除敌意，化解冲突。通过争取公众的好感和支持，为组织的生存和发展奠定“人和”的基础。

三、沟通协调的类型

公共关系的沟通协调一般分为组织内部沟通协调和外部沟通协调。

（一）内部沟通协调

组织内部关系是组织生存和发展的基础。组织内部形成了团结一致的融洽关系，就能激发员工的士气和工作热情。一个内耗严重的组织，既不会有活力，也不会有出色的表现。因此，管理要从内部做起。

美国 IBM 公司每年都要举行一次规模隆重的庆功会，对在一年中做出突出贡献的销售人员进行表彰。这种活动常常是在风光旖旎的地方，如百慕大或马霍卡岛等地进行。对 3% 做出突出贡献的人所进行的表彰，称作“金环庆典”。在庆典中，IBM 公司的最高层管理人员始终在场，并主持盛大、庄重的颁奖酒宴，然后放映由公司制作的反映做出突出贡献的销售人员的工作情况、家庭生活，乃至业务爱好的影片。在被邀请参加庆典的人中，不仅有股东代表、工人代表、社会名流，还有做出突出贡献的销售人员的家属和亲友。整个庆典活动被录制成电视（或电影）片，然后到 IBM 公司的每一个单位去放映。

IBM 公司每年一度的“金环庆典”活动，一方面是表彰有功人员，另一方面也是同企业职工联络感情、增进友情的一种手段。在这种庆典活动中，公司的主管同常年忙碌、难得一见的销售人员聚集在一起，彼此毫无拘束地聊天，在交流中，无形地加深了心灵的沟通，尤其是公司主管的表示关心的语言，常常能使在第一线工作的销售人员“受宠若惊”。在这个过程中，销售人员更增强了对企业的“亲密感”和责任感。

内部关系的协调包括以下两个内容。

首先，要协调内部人际关系，包括领导层之间的关系、员工之间的关系和上下级之间的关系。公关部门要努力协调好组织内的各种关系，保持良好的团体精神和高昂的士气，产生有效的协同作用；要经常向上级反映员工的情况、意见和要求，并协助领导制定有关措施；同时积极做好上情下达工作，及时向员工介绍宣传组织的目标、方针和政策，以弥补或消除可能产生的误解或摩擦。

其次，要协调组织内部各管理部门之间的关系。公关部门要通过沟通信息渠道加强部门之间的联系，产生一种相互信任、相互支持、相互谅解和团结合作的气氛，实现各部门的协同发展。避免造成矛盾和误解，产生不融洽、不和谐的气氛，影响组织的发展和建设。

河南信心药业集团有限公司的前身是郑州市中药制药厂，由于内部矛盾激化，经营管理不善，在 1996 年宣告破产，被河南花园集团整体收购。花园集团面对职工的疑虑、猜测甚至不信任，聘请专家协助实施“信心文化工程”，开展了一系列的公关活动。

专家带着厂领导调查分析情况，深入厂子的每一个环节，同新老领导座谈，访谈中层干部，并到职工家访谈，同老劳模和已转行其他工作的员工面谈。积极鼓励科技人员研制新产品，设定企业的近期、中期、长期目标，宣传企业的理念“心正药精”，“以药为基点，以健康为半径，圆幸福生活之梦”。甚至在企业经费极度紧张时，还筹措经费在中秋节和国庆节时为职工送去月饼和苹果，这在职工中引起极大的反响。

企业快速地走出了困境，产值比两年前翻一番。

（二）外部沟通协调

外部关系的沟通与协调，是指沟通与协调组织及外部公众和外部环境之间的关系。任何组织在发展过程中，都必然与外部组织和公众产生这样或那样的矛盾，进而影响组织目标的实现。

壳牌（中国）有限公司以环保为主题，开展全方位企业形象公关，其举措包括“壳牌美境行动”、在北京密云县认养“壳牌林”、赞助出版全国第一本《儿童环保行为规范》、支持中国科学探险学会等。其中“壳牌美境行动”是其中的旗舰，实施两年来获得了各方面的好评。通过亲身参与，增强中小学生的动手能力，建立“我能够做到”的信心，变环保意识为环保行动；以孩子影响家长、教师以至更广泛的大众，倡导“人人动手搞环保”；壳牌在北京、上海和广州分别与当地教委合作，一方面保证了活动的广泛性，另一方面也使“美境行动”的开展有了充足的人力资源保障。在北京，“自然之友”也参加了该活动；1998 年 6 月初，在三地同时举行启动仪式，参加者包括教委和环保局官员、民间环保团体的代表、媒体和壳牌公司代表。京、沪、穗三地共有 2 万余名中小学生参与“壳牌美境行动”，提交环保方案 1 000 余个，共有 234 个方案获奖。宣传教育效应，在直接层面上，三地共有近四百所学校参加了“美境行动”，其中广州市还提出将实施该项目的成果纳入对学校和教师工作业绩的评定之中。另外，2 万名孩子的参与还意味着 2 万个家庭的参与；在间接层面上，众多媒体关注“美境行动”，对其进行了专题报道。再加上成果展览、网上宣传和小台历，可以说“美境行动”影响了几十万甚至更多的人。在实施该活动后，壳牌（中国）有限公司就经常收到各种环保方案的策划书，显示了公关在塑造形象、赢得公众支持方面的强大作用。

外部关系的协调包括以下几个内容。

第一，要协调业务往来关系，如顾客与用户关系、原材料与能源供应关系、产品与销售网络关系、物流与运输关系、信贷及投资关系等，以保证组织业务关系的正常开展。

第二，要协调组织与管理部门之间的关系，如工商、税务、审计、商检、海关、环保、市政、公安及司法部门等，争取这些管理部门的理解和支持。

第三，要协调好媒介、社区关系，以争取有利的社会舆论，树立良好的组织形象。

第四，要协调组织与新闻媒介间的关系。社会组织应开展各类活动，争取新闻舆论的报道和支持，避免产生负面报道，造成不良的影响。

第五，要协调组织与消费者之间的关系，妥善处理与消费者产生的纠纷。组织要向消费者提供高质量的产品和服务，减少摩擦，避免投诉，建立融洽的关系。可以说，赢得消费者的支持才会为组织带来真正的利润。

四、组织发展的不同时期沟通协调的任务

沟通协调是一项艺术性很强的工作，在组织发展的不同时期、不同情况下，其任务和内容重点也极为不同。

（一）组织初创时期沟通协调的任务

组织初创时期沟通协调的主要任务是，争取公众对组织有良好的第一印象，为其进一步发展创造条件。其工作重点是造声势，创牌子，显示组织特色，扩大组织知名度。

美国肯德基有限公司在中国各大城市经营快餐，生意兴隆，仅北京肯德基分店，1988 年建立之初的营业额就达 1 700 多万元，跃居该公司全球 7 000 多家分店之首。这与该公司的公关传播与沟通是密不可分的。该公司在北京建店开始，就造成大规模的宣传声势。例如，举行中外记者招待会大力宣传，花 10 万美元租用通信卫星向全世界传播，同时在北京前门前肯德基炸鸡店门口，树立起肯德基快餐业创始人的塑像。这些公关宣传使肯德基快餐业在中国迅速发展，今天在全国各大城市都能见到肯德基的快餐和正在进餐的人群。

（二）组织发展时期沟通协调的任务

组织发展时期沟通协调的主要任务是，维护组织在公众心目中的形象和声誉，巩固现有形象，树立良好的声誉，并在此基础上进一步扩大影响。其工作重点是居安思危、着眼未来，为推动组织的今后发展而努力。社会组织把传播与沟通工作延伸到组织发展一帆风顺时期具有重要意义。组织形象作为公众的主观评价，将随时间的推移而淡化，如不采取相应措施加以巩固，组织形象就会在公众心目中流失。因此，形象建树如逆水行舟，不进则退，即使风平浪静，也需要不断努力，保持其良好的发展势头。

广州中国大酒店开业一年期间发展很顺利，营业额迅速上升。在酒店发展的顺利时期，公关部并没有自满自足，而是利用酒店开业一周年之机进行扩大宣传。在周年庆典的前 2 个月，他们就收集资料，将其加工整理成系统的新闻稿，于纪念活动期间提供给国内外新闻记者。新闻媒介的传播与报道，拉近了组织和公众的距离，使酒店的知名度和美誉度都得到了进一步的提高。

（三）组织危难时期

组织危难时期沟通协调的主要任务是，消除误解，争取信任，扭转形象，重振名誉。其工作应注意分析原因，力争消除危机，挽回影响。

20 世纪 60 年代末的一个感恩节前夕，一起意外的事件震惊了全美国：美国卫生教育福利部部长费莱明突然宣布，当年的克兰梅（感恩节必备的深红色酸果）作物由于受农药的污染，在实验室内老鼠身上做实验后，产生癌变反应。费莱明同时强调，虽然没有证明这种果实会在人身上产生癌变，但他劝告公众酌情处理。

在大众传播媒介如此发达的美国，这消息无疑如晴天霹雳，“克兰梅致癌”的消息传遍全国，使“克兰梅”成了凶神的象征。生产商美国海洋浪花公司一下子被推到了破产边缘。

负责公共关系指导的美国某广告公司公共关系部，凭借非凡的组织协调才能，终于挽救了厄运面前的海洋浪花公司。

第一步，通过新闻界进行宣传。公司次日举行记者招待会，并在全国广播公司“今日新闻”电视节目中，安排专访节目，借助传播力量来澄清事实。

第二步，安排食品杂货制造商会议，让副总裁有机会将真相告诉公众。

第三步，积极活动于政界。公共关系人员特别邀请了当时打算竞选总统的尼克松和肯尼迪上电视，让他们在电视观众面前分别吃下克兰梅和喝下克兰梅汁。

第四步，沟通卫生教育部和海洋浪花公司，一方面要求卫生教育部部长立即采取有效措施，挽回由于他的言论而造成的无法估计的损失；另一方面努力寻找摆脱危机的有效方法，同时避免引起关系恶化，带来更严重的后果。

第五步，对这批克兰梅是否有害人体进行化学试验，并及时向公众宣布试验结果。严谨而行之有效的公共关系活动终于挽救了濒临破产的海洋浪花公司。

社会组织的沟通协调工作做好了，关系理顺了，组织的发展才会健康，才会有良好的环境，为组织赢得广泛的支持。

主题四　塑造形象职能

组织形象是组织发展的无形资产。有人说过，如果可口可乐公司遍及世界各地的工厂都在一夜之间被大火烧光，那么，第二天的头条新闻将是“各国银行巨头争先恐后向它贷款”。因为，可口可乐公司通过公共关系在公众中建立了良好的信誉和形象——世界“第一饮料”。可口可乐公司所代表的是一种形象，而这是最重要的无形资产，是大火烧不尽的。

美国周刊的一篇文章写道：“在一个富足的社会里，人们已不太斤斤计较价格，产品的相似之处又多于不同之处。因此，商标和公司形象变得比产品的价格更重要。”这句话可以解释为什么现在人们在选择商品时更加关注品牌形象，而不再单纯地追求价廉，在任何国家，树立企业组织在公众心中的良好形象都具有重要意义。

信誉形象是影响组织发展的重要环境因素。在激烈的市场竞争中，通过科学的、有计划的、有步骤的公共关系活动，树立良好的组织信誉，塑造最佳的组织形象，是公共关系的主要职能之一。

一、组织形象的含义

对于组织来说，产品的信誉形象至关重要。公众对于组织的认识首先来源于对其产品及其服务的评价，组织要在公众中塑造最佳形象，首先要建立产品信誉。但产品信誉尚属较低层次的信誉。组织要稳定地占领市场，必须树立以消费者为导向的市场观念，建立起一种较高层次的组织信誉。组织信誉是组织外部公众对组织的信赖关系。由于组织信誉体现着公众的整体利益和长远利益，因此，公关人员的工作任务就是帮助组织提高知名度和

> **公关语录**
>
> 企业家只有两只眼睛不行，必须有第三只眼睛。要用一只眼睛盯住内部管理，最大限度地调动员工积极性；另一只眼睛盯住市场变化，策划创新行为；第三只眼睛用来盯住国家宏观调控政策，以便抓住机遇，超前发展。

信誉度，让公众了解和感受到组织的政策和行动对他们有益，从而争取各类公众对组织发展的支持。

组织形象是指社会公众和组织内部员工对组织的整体印象和总体评价。它包括三层含义：第一，组织形象由社会公众来确定，公众是组织形象的评定者；第二，组织形象是一种总体评价，是各种具体评价的总和；第三，组织形象来源于社会组织的表现，是社会组织的表现与特征在公众心目中的反映。

组织的信誉是同一定的形象相联系的。组织形象就是组织在公众脑海中的印象。这种印象，不仅来自于有形的、看得见摸得着的外在事物，也出自长期为公众所感知和记忆的组织行为及所表现的精神物质。例如，一提到海尔，我们的头脑中马上闪现“真诚到永远”的标识语和海尔良好的组织形象；一提到沃尔玛，就会联想到低价而物美、服务优良的大型超市等。这些组织的信誉是通过全体员工的自觉行动及各个部门的共同合作，经过长期努力建立的。在建立组织信誉的过程中，必须通过公共关系进行协调和组织。组织开展的众多的行为活动为公众刻下了鲜明的烙印，在强化中建立了自己的信誉，就会在公众脑海中树立组织良好的形象。

二、组织形象的基本标志

组织形象比产品信誉、组织信誉有着更广泛的内容，是通过员工形象、机构形象、管理形象及社会文化形象等具体形象来体现的。

（一）组织的员工形象

组织员工的文化修养、工作能力、公共道德水准都从不同侧面反映出组织的具体形象。倘若部分员工在服务中缺乏修养、言语粗俗、举止不文明，就会给公众留下不好的印象，从而有损组织的形象。如果组织的员工都训练有素，在服务中热情周到，及时有效地提供优良的服务，就容易赢得公众的信赖和支持，赢得良好的组织形象。

要成为东京迪士尼乐园的清洁工，需要经过系统的3天培训。

第一天，上午学习如何扫地，客人在15米内时不能扫，开门时不能扫，关门时不能扫，吃饭的时候不能扫，三种扫帚的使用方法。下午学习世界上各种先进照相机的使用方法，如果客人要求你帮他们拍照，你不能不会。

第二天，上午学习为小孩换尿片，如何照顾孩子、抱孩子。下午学习辨别方向，记住各个地方的位置，吃、喝、购物地点都要明确。

第三天，学习如何与客人沟通。无论从事什么职位，都要学会在门口迎接客人，向客人鞠躬。

还有很多规定：所有的员工在和小孩讲话的时候，都要蹲下来，不要让未来的顾客抬头和你说话；小孩在丢失的时候是不广播的，否则会吓到家长，而是将其快速送到托儿中心，在各种的信息中快速地做出判断，在网上快速寻找孩子的父母。在该乐园，顾客看不到送货人员，送物品一定要在墙外送，送货走地下通道，然后用电梯送上去。

所有的客人看到的员工一定都是素质最好的，去了一次下次还会来。员工的训练成功，才能引客回头。员工比经理重要，客户比员工更重要。

顾客走进肯德基、麦当劳和进入一般的快餐店感受是不一样的，他们统一的着装、礼貌快捷的服务、甜美的微笑、悉心的照料让顾客体验到的是真正“上帝”应有的感觉。这源于员工的统一服务、优良的整体素质形象。

（二）组织的机构形象

公众与组织的交往通常是与某一机构进行的。在公众与某机构交往的过程中，往往由此形成对组织的印象。例如，组织为了树立良好的产品信誉而设立产品售后服务机构，该机构在公众心目中就代表着组织形象。倘若该机构真正把消费者的利益放在第一位，想消费者之所想，急消费者之所急，真正为消费者服务。这样，消费者对该机构的信赖就会上升为对组织的信任，从而树立良好的组织形象。反之，如果该机构办事拖拉、手续烦琐，不能及时为消费者排忧解难，消费者就会对其不满，倘若该机构官僚作风严重，甚至认为消费者有求于己，打官腔，摆架子，那样就会导致消费者产生厌恶感，以致对组织产生反感，这样就为组织树立了一个反面形象。因此，组织全体员工及每一个机构都应有强烈的公关意识、信誉感和责任感，从而塑造最佳的组织形象。

海尔员工在接到客户反映海尔的洗衣机经常排水不畅，被泥水堵上的电话时，马上进行调查。调查的结果是用户用洗衣机洗红薯。这原本是使用不当造成的，但海尔认为这是自己的错误，于是设法改进洗衣机的构造，使它成为可以用来洗红薯的洗衣机。心里装着顾客的组织自然会让顾客记住。

（三）组织的管理形象

管理形象是组织形象的核心，组织的经营决策是否符合社会实际情况，分工协作是否协调、合理，生产节奏是否紧凑，对市场变化的反应是否灵敏，干部任用是否“任人唯贤”，对员工能否赏罚分明，公众将会通过对上述几方面的考察来确定对企业的态度和相应的行动。管理水平直接影响产品的质量、组织的健康发展、企业的竞争力，是组织形象的展示。

（四）组织的社会文化形象

组织的社会文化形象主要指企业对社会的责任感，企业有无协同意识、合作精神，企业领导有无创新精神，员工对企业有无责任感、自豪感，企业是否建立了自己的企业文化，企业的理念在所有成员中是否被理解并在行动中很好地体现等。当组织的员工和顾客都知道组织优秀的地方、组织的经营理念和奋斗目标，有了强烈的亲近感、归属感，企业的文化也就深入人心了。

三、组织形象的塑造方法

任何组织形象形成的基础是企业本身及其行为活动。塑造形象是公共关系职能工作的核心，也是公关工作的长期任务。公关人员必须通过长期不懈的努力，充分运用公共关系活动，自觉维护和改善组织形象。塑造形象的公共关系活动主要有以下几个方面。

（一）应用象征性标志

标志构成组织的外部形象，能促使公众对其产生良好的心理效应。公共关系工作的一项重要内容就是要设计出引人注目、易于识别的厂名和商标。商标的设计要具有个性、有鲜明的特征，易于引起公众对商标与组织形象的联想。例如，见到对号就会想到耐克，见到飘扬的旗子就想到李宁，见到M就想到麦当劳，好的商标和牌子会说话。

不少企业花重金购买设计商标，就是由于企业一旦建立起商标信誉，其价值是不可估量的，在激烈的市场竞争和价格竞争中，组织信誉形象对产品和组织起着重要的保护作用。此外，厂徽、厂服、厂歌等也是塑造组织形象的重要标志，这些标志不仅能加深外部公众对组织的印象，也能增进内部员工的责任感和荣誉感，使其能处处意识到自己作为组织整体形象的代表，负有塑造最佳组织形象的责任。

（二）突出组织特色

组织特色包括产品特色、外观特色、人员特色、服务特色、管理特色等，关键在于组织如何发掘和建立自己的特点。例如，老企业有悠久的历史；新企业有强盛的科技实力；地方企业有自己的地域特色；新兴企业有鲜明的时代特点等。在塑造组织形象时应力求与众不同、独树一帜。如果组织的产品先进，就突出自己的产品优势，建立自身是生产优质产品的企业组织；如果自己的服务优良，就尽力宣传自己的服务；如果自己的某项功能突出，就塑造自己的功能特色。通过宣传和强化来突出本组织的风格特色。例如，“海尔”强调它的服务，“沃尔玛”强调它的物美价廉，“平安保险”强调它的保障，“敦豪快递”强调它的快捷，“安利”强调它的天然，这些公司都形成了产品和组织的特色。

（三）开展专门性活动

组织为表现其经营宗旨，显示组织实力和信心而发动、组织或参与具有广泛群众基础的社会活动，有利于树立组织的形象，如赞助文化体育活动或社会福利事业等。这类活动的影响强度较大，可以对组织的信誉、形象产生巨大的影响，因而在公关工作中占有重要地位。例如，蒙牛赞助超级女声，也提高了自己的知名度；李宁在中央电视台的赞助，让我们每次看电视节目时都能看到李宁品牌的服饰，极大地提升了自己的品牌影响力和价值。众多的企业组织还在赞助和支持各类教育科研福利事业中提高了自己的知名度和社会声誉。公共关系人员应寻求有利时机策划最好的活动方式，以期用最少的代价取得最佳的效果。

2005年8月，“益达洁白，笑出彩色人生”大型笑容征集活动在全国宣布启动。活动广告在22个重点城市投放，一夜之间，人们在路牌、车体、地铁站、楼宇液晶电视、电子屏幕、电视、明信片、网络上等都能看到这样的广告：“我的笑容是洁白的，我的浪漫是红色的；我的笑容是洁白的，我的希望是绿色的；我的笑容是洁白的，我的热情是橙色的；我的笑容是洁白的，我的梦想是蓝色的。”洁白的牙齿、灿烂的笑容，在这个闷热的夏天如清凉的风拂过，在动人的笑容里，使益达的产品形象引起了消费者的关注，从而提高了益达的市场份额。

四、组织形象的塑造原则

组织形象的塑造是一项复杂的系统工程，并不是一朝一夕就能建立起来的，而是要依据组织自身的特点和需求，在周密的调查策划前提下，通过有效的实施，赢得公众的信任和支持。它的建立需要遵守以下几个原则。

（一）整体性原则

树立组织形象是一项全方位的工作，它需要组织的各个部门协调分工，而且公共关系活动应该系统化、整体化，使得各个部门的工作相互促进、相辅相成。每个公关活动要和自己的组织目标和理念相吻合，背离宗旨的形象塑造只会使公众误解，不会取得有效的形象回报。社会组织绝不能今天强调管理，明天强调质量，后天就强调服务形象。目标方向很多，就没有重点和有效的步骤，这样的形象追求是不会取得成效的。

（二）亲善性原则

在现代社会，正确处理好组织与消费者的关系，对消费者加大感情投资力度，在实践中增强亲善意识，对于企业的生存发展至关重要。这种亲善性不是组织刻意去讨好公众，而是诚心诚意地为公众着想，赢得公众的好感。很多企业组织开始意识到服务要带有更多的人情味。例如，肯德基绝不是只因为口味好才拥有忠实顾客的，更多的是由于它的服务在快捷中拉近了与公众的关系，让公众有了一种心理上的满意和认同。

（三）长期性原则

塑造组织形象是一项长期性的任务，非一朝一夕之功，只有进行持之以恒的公关活动才能树立组织的良好形象。追求片面的短期效应是不会给公众留下深刻印象的。例如，前几年在中央电视台广告黄金段投放的广告标王，宣传投资和力度很大，但由于自己的实力有限，没有持续有效地巩固自己的形象，造成宣传和实际情况脱节，最终不能建立有效的形象。组织在公众心目中的良好形象和声誉，是公共关系工作不断累积的结果。

美的集团一直强化宣传的理念是“美的，生活可以更美的”。美的集团的电饭煲、电磁炉、电压力锅、饮水机作为小家电行业的领导品牌，国内市场占有率超过1/3。2006年7月，美的集团联合中央电视一套《天天饮食》开展“巧厨娘，美的生活新主张”的海选活动，成为首个家电企业涉足娱乐营销的品牌。“巧厨娘”作为一次大型的公关活动，凭借渗透式的公关战略，有效联合终端，使得美的集团的小家电销售大幅提升，“生活可以更美的”品牌理念长期地坚持、贴近生活的宣传，进一步强化了美的集团的形象。

在竞争不断激烈的市场环境中，企业组织打造好自己的组织形象才会在市场中占据一席之地。不注重建立自己的良好形象，就会被公众忽略、淡忘，最终失去市场。优秀的组织将为自己建立良好稳固的组织形象而不断努力。

主题五 咨询决策职能

由于公众在组织生存与发展中起着很大的作用，公众是否会接受组织提出的决策是组织决策时必须考虑的重要因素。因此，公共关系部门必须就有关组织环境问题、公共关系问题向组织决策机构提供咨询，参与组织决策的全过程。这就是公共关系的咨询决策职能。

一、公共关系对组织决策的作用

（一）提供信息服务

信息采集的一个基本目的就是及时地向决策者提供信息服务。公关人员要根据组织的需要，主动地向决策者提供各方面的信息，如环境信息、组织信息、公众信息等内容，并向组织的决策层通报。这类咨询常为社会组织中长期战略规划的制定和变更提供可靠的依据。

> **公关语录**
>
> 三流的点子加一流的执行力，永远比一流的点子加三流的执行力更好。
>
> ——孙正义

（二）进行形象定位

帮助组织进行形象定位，就是规划组织及其产品的各种要素，为组织及其产品在公众心目中和市场上选择一个合适的位置，为组织确定一个具有个性和统一的形象。公关人员要努力使组织及其产品的角色鲜明，富有社会吸引力。在组织的社会形象不太清晰的情况下，公关人员要善于为组织界定角色、明确定位。因此，公关人员在公关活动中要统筹安排形象标识的设计、制作、宣传等环节，使组织的形象清晰，给公众留下深刻的印象。

（三）开展形象传播策划

传播是公共关系活动的基本内容和基本手段，是联系公共关系主题与客体的桥梁。根据传播的方式和内容及传播受众的范围的大小，可以将传播分为人际传播、组织传播、群体传播、大众传播等几种形式。在实际工作中，公关人员应根据公共关系的具体要求、传播对象的特点和传播信息的内容，以及经济合理的原则，来选择和运用不同的传播媒介，以谋求最佳的传播效果，达到公共关系的预期目标。

（四）参与制定决策

公共关系咨询决策的最高层次是参与制定决策方案。公关人员掌握了组织和公众及环境的大量信息，能够客观公正地为组织设计适应环境变化的决策方案，确定社会组织运行的具体目标及实现目标的方法和步骤。在参与组织决策的过程中，公关人员还应该注意站在公众的立场上发现决策问题，在决策中必须考虑公众的利益，然后确立公共关系的目标。

二、咨询建议的内容

公共关系咨询建议的内容很多，主要体现在以下几个方面。

（一）关于组织形象的咨询

组织形象的咨询在于“诊断”组织本身存在的问题，为塑造组织形象提出合理化建议。组织形象的好坏是组织生存的一个重要因素。如果组织机构具有较高的知名度和较好的美誉度，那么就容易被社会公众所理解和支持；反之，则不易为社会公众所接受，甚至面临破产的危险。因此，公共关系人员要全面地收集公众对组织形象的信息，并加以慎重地分析，以及时向组织决策层提供参考，从而使组织做出正确决策。特别是当组织形象受损时，公共关系人员更要及时反映现状，提出意见，改善组织形象。

某家饭店开业了一段时间，但客人寥寥无几。经理和员工十分纳闷，不知道为什么设备如此好的饭店却不能招来顾客。于是，他们请来一位公共关系专家进行咨询。但是，没等他们向专家讨教，那位专家首先向他们提了三个问题：

“你们这家饭店的公众大约有多少？”

“在你们饭店周围或附近还有多少家类似的饭店？”

“哪家饭店经营得最好？为什么？”

结果，面对这些问题，他们都回答不出。于是，那位公共关系专家说：“现在，我知道你们的饭店为何经营不善了！”

面对瞬息万变的信息市场，不了解自己组织所处的公共关系状态到底如何，不努力提高知名度和美誉度，自然不会成功。那位专家所提出的问题，对这家饭店来说既是提醒也是建议，还是公共关系咨询建议的主要内容之一。

（二）关于产品形象的咨询

产品的质量是企业组织的生命。组织是通过产品与顾客发生联系的。只有产品被广大顾客接受，组织才能得到社会的欢迎和认可，从而实现组织自身存在的价值。因此，公共关系人员要利用自己与公众之间的广泛联系，从不同渠道收集有关产品的评价信息，进行综合分析，提供给组织有关部门参考，以保证产品的优化与畅销。

20 世纪 40 年代初，速溶咖啡刚刚上市。但是并没有受到美国家庭主妇的认可，尽管这些主妇并不能真正区分出速溶咖啡与咖啡豆煮出来的咖啡二者的味道有何不同，却始终称速溶咖啡没有后者味道好。那么原因何在呢？

经过公共关系部门的调查，生产厂家起初打的广告过于强调速溶咖啡的味道如何好，忽视了对速溶咖啡特征的宣传。不愿意购买速溶咖啡的家庭主妇一方面出于对传统工艺的习惯性怀恋，另一方面出于自信，因此便从心理上抵触速溶咖啡。因为用咖啡豆煮咖啡一直是美国家庭主妇的一项公认的持家本领。掌握了这一信息后，生产厂家便改变了广告宣传的策略，他们把宣传的重点放在一个“速”字上，着重介绍现代社会中时间的宝贵，强调节约时间是现代的生活方式，由此近一步推出“喝速溶咖啡是现代生活方式”这一核心观念。于是，随着宣传的不断扩大与深入，广大消费者放下了对速溶咖啡的偏见，纷纷购买速溶咖啡。

由此可见，即使生产出好的商品，也需要有准确的广告宣传。然而，要想使商品的宣传恰如其分，则必须时刻重视对产品形象的咨询。

（三）关于市场动态和公众意向的预测咨询

对于企业来说，市场是充满活力的新大陆。在商品经济日益发达的现代社会，市场变化极快。能否迅速预测和把握市场变化的趋势，决定着组织或企业是否能在动荡变化的市场中站住脚。为此，公共关系人员要凭借自己丰富的经验和广泛的活动，根据已获得的大量信息进行综合分析；预测市场变化趋势、公众的心理及意向，向决策部门提出建议咨询，从而影响市场趋势向有利于自己的一方发展，及时推出自己的新产品，使自己的产品占有一席之地。

日本松屋百货公司一度因经营不善而不大景气，于是求助于咨询公司。咨询公司经过调查研究，发现松屋百货公司的顾客大多数为年轻人。他们根据年轻人爱美求新的心理，建议松屋百货公司对重点销售场所加以美化，摆上新鲜蔬果和鲜花以招徕年轻人，同时特别设计出一种精美的包装纸，以使得买东西送礼的顾客满意。咨询公司又进一步为松屋公司设计各种各样的新奇广告，使松屋百货公司的名声大振，生意也随之蒸蒸日上。

（四）关于不同情况下的建议性咨询

在瞬息万变的市场经济中，在激烈竞争的社会大环境之中，组织机构常常会遇到各种各样的问题。组织为了求生存和发展，就必须在信息灵通的前提下，开通建议性咨询的渠道，从而使组织机构在前进的道路上减少摩擦，增加能量，最大限度地发挥生产与服务的效能。

当组织与公众之间发生问题而导致关系紧张，并出现摩擦时，需要及时调整组织结构、优化产品、完善方针和政策等，以适应公众的要求。因此，公共关系人员要以积极的态度和进取的精神，为组织出谋划策，提供防御性建议，帮助有关部门协调各方面关系，以防失误，使组织形象受损。

当组织与外部环境，如消费者、政府有关部门等发生冲突时，公共关系人员要抓住有利时机和条件，以积极主动的方式向决策层提供进攻性建议，以改变组织对原有社会环境的依赖关系，不断拓展新的市场和产品，塑造组织新的形象。

三、咨询建议的形式

（一）帮助组织选择决策方案和把握时机

公关的咨询作用表现在运用公关手段，为决策者评价、选择和实施有关的决策方案提供服务，特别应关注决策方案在经济效益和社会效益方面的统一及协调，提醒决策者重视决策行为的社会影响和社会效果；广泛征询各类公众对象的意见，促进决策者决策过程的民主化和科学化。

组织要提高知名度，就必须开展各种各样的公关活动，如举办记者招待会、商品展销会、博览会，策划新闻稿件等。公关人员可根据自己的实践经验，为组织选择恰当的时间、地点和方式参与这些活动。通过活动，使组织树立形象，提高声誉。

（二）参与决策

从事公关工作的人员不仅要向组织提出一般的咨询建议，还要尽可能参与决策，为领导决策提供必要的信息建议，直接影响决策过程，这是公关咨询建议的最高形式。从事公关工作的人员要努力开展工作，在决策之前，广泛征询公众的意见，获取全面信息，提供给决策者参考，使决策方案具有较强的社会适应性和应变弹性，并争取在决策方案中能够较完整地反映出工作人员的工作成绩及其思想，从而引起领导层的重视，为更多地参与决策活动奠定基础。

公共关系工作者或部门在企业中虽然不是决策者，但是决策的建议者或参谋。从公共关系方面考虑，公共关系人员比较容易站在公众与社会的立场看待、评估企业的方针和政策。所以，对考虑不周、有损公众利益的方针政策提出看法与建议，以避免引起公众的不满和反对，防止破坏组织形象的事件发生，应是公共关系的咨询职能之一。

咨询建议，是指组织的公共关系人员向决策管理部门提供有关公共关系方面的情况和意见。公关人员是组织的社会问题顾问与参谋。

公共关系的咨询建议与信息沟通是紧密相连的。没有充分的信息沟通，咨询和建议便无从谈起，因此获取信息是咨询建议的基础和前提。而且信息沟通也只有通过向组织提供咨询和建议，才能实现其价值，发挥其参谋功能。所以二者是相辅相成的。

公共关系参与下的决策过程，能够促使决策者从公众的角度发现决策中一系列不可忽视的问题。以公共关系为思路发现问题、提出问题和解决问题，即以整个社会的准则为指导，以树立本组织的良好形象为出发点，自觉地站在广大公众认同的立场上，谋求公众利益的实现。而且，能够把公众的利益和需求作为对决策具有限制作用的最关键的因素之一，努力使决策目标与公众利益和环境因素相容。

技 能 训 练

训练一

训练目的：培养学生对信息的关注，提高学生的信息收集能力。

训练内容：我们每天都能看到大量的广告，有很多广告成为影响我们生活的重要因素，并且在广告中，大量的商品都采用了明星代言的方式，无论是影视明星还是体育界明星，知名度越高，代言的产品影响力也就越大。

训练要求：运用上文中学到的知识，解答以下问题。

1）列举五个以上的明星代言的商品。

2）列举三个以上明星代言的饮料类产品，并分析这类产品代言人的共同特点。

3）把这一周你所听到、看到的广告进行分类，分析哪几类是做广告频率最高的，都是哪些类别的产品，并思考这几类做广告的机会最高的原因。

成绩评定：列举的产品代言具有很高的知名度占 20%，代言人符合产品的特点占 30%，原因分析恰当、准确占 30%，表述详尽、细致占 20%。

训练二

训练目的：培养学生具备良好的宣传意识，提高策划宣传的能力。

训练内容：

【案例】2006 年春节过后，民生药业推出民生小金维他，主要用于 3 ～ 14 岁儿童补充维生素和矿物质。这是继民生 21 金维他之后，被寄予厚望的一款产品，也是民生为了从竞争激烈的成人维生素市场向儿童维生素市场延伸的战略性产品。为了更快、更好地打开产品的市场局面，民生药业在征求了咨询公司的意见之后与湖南卫视联手打造了“阳光伙伴”大型儿童励志类栏目。

民生小金维他作为保健品要想合理规避有诸多宣传规定的现场，就更需要一个坚定的理念。于是在充分分析了“阳光伙伴”活动和民生小金维他产品之后，咨询公司认为“阳光伙伴”强调的是励志、团队作业，是对小学生意志、品质的锻炼，因此它能够陶冶和磨砺儿童的精神力量，打造精神健康。而民生小金维他通过为儿童补充维生素和矿物质，保证了儿童的身体健康。仅有健康的身体不行，有健康的精神而没有强健的体魄也不行。只有身体、精神双重健康，才是儿童最完美的状态。

因此，民生小金维他阳光伙伴“打造精神、身体的完美健康”的理念应运而生。一句充分体现理念并且便于流传的广告语“阳光活力就要他”也被推出。

训练要求：以上训练内容介绍了企业的要求，为达到预期的效果，思考应设计哪些具体活动来达到宣传的目的，使小金维他深入人心，建立一整套全面公关体系，深入地强化民生小金维他产品和品牌。

成绩评定：计划制订合理占 30%，计划设计完整、翔实占 30%，宣传形式新颖、特点鲜明占 20%，宣传有公关意识占 20%。

训练三

训练目的：培养学生对组织形象的关注意识，使其学会塑造组织的良好形象。

训练内容：

【案例】某公司的业务员去拜访客户，在敲门两声后，就推门走了进去。他看见李经理正在签署材料，就直接走过去伸出手握手，还热情地说：“第一次来，见到你可真不容易，没想到你在这里。你好，你好。”他转身坐在椅子上，还点了一支烟，接着又说：“连个烟灰缸都没有啊，你们应该备一个，这样对客户很不礼貌。”不久，业务员就失望地走了，业务自然也没谈成。

训练要求：分析上文中的案例，解答以下问题。

1）该业务员在见客户时，哪些细节做得不恰当？

2）如果你是业务员，你应该如何去做？

3）业务员的这次行为对公司造成什么影响？给了我们什么教训？

成绩评定：指出错误，清楚地说明原因占50%；说明中有良好的形象意识占50%。

训练四

训练目的：培养学生具备塑造组织形象的意识，提高学生的辨识能力。

训练内容：

【案例】2003年，是中国乳品业的多事之秋，几家企业被曝光、几家企业被收购，却始终有一个品牌独树一帜，它就是蒙牛企业集团。其2003年品牌宣传的轨迹如下：蒙牛集团与中央电视台协商建立了一个应对突发新闻事件的快速反应机制，以确保蒙牛集团的广告能在第一时间赢得商机；“非典”期间，很多企业纷纷撤出广告，蒙牛集团不但没有撤出广告，反而加大投放力度，并增加了公益广告的宣传力度，“非典”过后，马上得到了市场的回报；10月，蒙牛集团又利用获得“航天员专用牛奶”称号这一机会，进行大规模“举起你的右手，为中国喝彩”的公关活动；11月，蒙牛集团则一举夺得中央电视台的广告标王，再次成为社会关注的焦点。

训练要求：分析上文中的案例，解答以下问题。

1）你所在的组织开展了哪些活动来塑造自己的组织形象？

2）同样是广告标王，有的企业失败了，有的企业却借机会崛起了，试分析其原因。

3）蒙牛集团在企业塑造形象中给我们提供了哪些经验？面对今天激烈的市场竞争，要使蒙牛集团获得更大的发展，你有哪些建议？

成绩评定：表达清楚自己所在组织开展的活动占30%，原因分析准确、全面占30%，活动建议得当、有实施价值占20%，结合企业说明合理、恰当占20%。

模块三 对象型公共关系

学习导读

对象型公共关系是根据公共关系的客体即公众的不同类型而确定的。按照公众与社会关系所属领域划分，可分为内部公众与外部公众。外部公众又可划分为顾客公众、政府公众、社区公众、媒介公众、竞争者等。因此，对象型公共关系可划分为内部公共关系（员工关系、股东关系等）、顾客公共关系、政府公共关系、社区公共关系、媒介公共关系、竞争对象公共关系等。

学习目标

1) 掌握处理不同公共关系对象的技巧和方法。

2) 学会针对不同公共关系对象采取不同的策略。

典型案例

牛根生作为蒙牛集团的前董事长，他有一条维系企业生命的重要理论，就是“财聚人散，财散人聚”。

2005年年初，一条消息在报纸、网络等媒体上迅速传播，它改变了很多人对中国企业家的看法，也让蒙牛集团再次成为事件的中心。这条消息就是当时蒙牛董事长、蒙牛最大的自然人股东牛根生要将自己持有的约10%的蒙牛股份全部捐献出来，创立保障蒙牛集团百年发展的“老牛专项基金”。

具体的操作分为两步：第一步，在牛根生有生之年，将股份红利的51%转为“老牛专项基金”，其余49%的红利依旧由牛根生自己支配，在牛根生卸任董事长之后，表决权授予继任者；第二步，牛根生百年之后，股份全部捐给“老牛专项基金”，家人不享有继承权，妻子、儿女只领取不低于北京、上海、广州三地平均工资的收入，作为生活费。

牛根生成为全球捐股第一人。蒙牛集团“散财”给企业的职工，为企业职工解决了后顾之忧，让他们可以安心在蒙牛集团工作，继续创造蒙牛集团的辉煌。

这一事件充分表明，蒙牛集团及牛根生的经营理论，是以不断建立良好的内部公共关系为基础的。只有让企业从内部产生合力，才能奠定企业发展的基础，才能使蒙牛集团在短短的几年内做出巨大成就。

主题一　内部公共关系

组织内部公共关系主要包括内部员工关系和股东关系两大类。内部员工是社会组织的首要公众，是整个公共关系活动的起点，而且是其他公众关系的基础与前提。相比较而言，因为股东不直接参与组织的具体运作过程，对组织的影响力主要是在资金供应上，因此可以说，组织内部公共关系实质上就是内部员工关系。员工是企业的财富，必须牢记这一基本观点。

一、员工关系的含义

组织内部员工通常包括决策人员、一般管理人员和基层职工三个层次。员工关系是指组织内部层次员工及其相互间的关系。协调员工关系，培养员工对企业的认同感和归属感，增强向心力和凝聚力，是企业内部公共关系的重要目标。

> **公关语录**
>
> 真正善于沟通的人不以自己的标准要求别人。

二、处理好员工关系的重要性

员工是企业赖以生存的细胞，是与企业的目标和利益具有最密切联系的公众。企业的一切经营活动，只有在充分调动广大员工的积极性、主动性和创造性的基础上，取得员工理解和合作，才能树立和维护组织的良好形象，才能付诸实施并取得良好的效果。

员工不仅是企业最接近的公众，而且是企业与外部公众接触最广泛的媒介。对企业来说，每个成员的言行都会对其形象产生积极或消极的影响。职工作为社会成员，要与自己的亲属、朋友及各行各业的人打交道，如果他们在企业外唱反调，不仅使公共关系的成果抵消殆尽，还会给人留下企业内部离心离德的印象，减弱外界公众对该企业的信任。

酒店管理业巨子袁伟明的经营哲学就是“员工第一”，他认为优质服务和产品是酒店成功之要素。而服务和产品是由员工提供的，所以员工就是酒店最宝贵的财富。应把员工放在第一位，尊重他们的劳动和尊严，使他们处处感到自己是“主人翁”。根据这一思想，他制订出一系列协调员工关系、激励员工士气的措施。例如，将每月固定一天设为员工日，届时酒店高层管理者一起下厨为员工炒几道拿手菜；酒店公关部定期召开“酒店与员工家属座谈会”，征询他们对酒店的意见，争取得到他们的理解和支持；如果一位员工做出很大的成绩，总经理就会签发嘉奖信；每位员工过生日的当天，都会收到总经理的生日贺卡；酒店还设立意见奖，最高管理层对有建设性的意见保证在3天内答复，并给予奖励等。凡此种种公关手段，在这位精通公关技巧的总经理上任仅半年的时间内，就使酒店的形象地位和效益得到很大的提高。

综上所述，员工关系的重要性主要体现在以下三个方面。

第一，员工是构成组织力量的主体。组织政策的实施、任务的落实、目标的实现、组织的凝聚力的形式、组织文化的创造等均有赖于员工配合与努力。员工是组织的主体，而组织又是公共关系的主体，搞好公共关系需要充分发挥组织的主导作用。这就必须注意员工关系，搞好内部团结，融洽内部关系，提高员工素质，培养全员公关意识，这样才能提高组织整体公关工作的功效。

第二，员工是组织“创一流”产品或服务的主力军。员工是组织中最主要、最活跃的生产力。产品质量的好坏取决于员工的素质、责任心和敬业精神。员工是组织中最基层的实践者，工作繁忙而辛苦。关心他们的工作和生活，高标准、严要求，有利于创造出一流产品和服务。

第三，员工是塑造和推销组织形象的积极因素。员工处在对外公共关系的第一线，他们与社会的各个层面都有广泛的接触，他们的言行、仪表随时随地都在传播组织的有关信息，若员工在社会上到处散布对组织的不满，其对组织形象的影响是不言而喻的。

三、处理员工关系的方法

（一）了解员工心理，把握员工需求

美国著名管理学家马斯洛将人的需要总结为五个层次，从低到高可分为生理需要、安全需要、社交需要、尊重需要、自我实现的需要。其中，生理需要和安全需要归为物质需要，其他为精神需要。

物质条件是人类生存最基本的条件。古人云：“衣食足而后知荣辱。”只有在物质需要得到适当满足的情况下，员工才有可能无后顾之忧，“安居乐业”，“以厂为家、以店为家”。当然，人的需要与协调好组织财力的有限性、制度的规定性和员工需求无限性之间存在矛盾。

精神需要包括赞扬、尊重、情感交流、参与等。精神需要是较高层次的需要，因为人是“社会人”而不是“经济人”。精神的力量是无穷的，精神需要得到相对满足，员工会表现出更高的积极性，所以很多组织非常重视精神方面的激励作用。

（二）发挥激励的作用

激励的本质是激发、鼓励，是努力调动人的积极性的过程。在对员工的激励方面，要把握三个要求：第一，要坚持物质利益原则，给员工以物质利益，调动员工的积极性；第二，不断调整和发展决策目标，一个鼓舞人心的奋斗目标，不仅可以激发人的动机，而且可以强化人的行为，每个时期都有总目标和子目标，应逐步加以完成；第三，创造激励条件，即要树正气、立榜样、明奖励，避免消极因素。

（三）建立畅通的沟通渠道

重视员工的合理化建议，发挥组织内部自控传播媒介的作用，定期进行民意测验，召开“对话”会等，使内部沟通渠道畅通，使员工能及时获悉和掌握组织的相关信息。

（四）培养组织内部融洽的团队氛围

每个人都有物质、精神不同层面的内在需求，如果员工感到生活在社会组织集体

中如同身处温暖的家庭之中，就会产生强大的动力，工作上干劲会更足。在这方面，日本企业值得称道。例如，第二次世界大战后，日本将欧美先进的科学技术与本民族优秀的文化传统结合，创造出一条“儒家资本主义”式的现代化发展道路；日本的企业家非常重视企业的家庭氛围，他们声称要将企业办成一个“大团体”“大家庭”，因而很注重员工方面的情感投资；日本麦当劳的社长藤田在其所著的畅销书《我是最会赚钱的人物》中，将他的所有投资进行分类研究，发现感情投资是所有投资中花费最少、回报率最高的。所以他把员工的生日定为个人的公休日，让员工在自己生日当天和家人一同庆祝，这种做法深受员工的欢迎。

（五）重视非正式的群体的作用

社会组织中存在着两种组织形式，一种为正式群体，另一种为非正式群体。正式群体是按照特定的结构、权力、任务、职能组合的关系；非正式群体是以感情、观念或利益关系的统一而构成的关系。

非正式组织中有自己的核心人物和领袖，有大家共同遵循的观念、价值标准、行为准则和道德规范等。非正式组织与正式组织中，则以感情逻辑为其行为规范，如果管理人员只是根据效益逻辑来管理，而忽略了工人的感情逻辑，必然会引起冲突，影响企业生产率的提高和目标的实现。因此，管理者必须重视非正式组织的作用，注意与正式组织的感情逻辑之间保持平衡，以便管理人员与工人之间能够充分协作处理和非正式群体的关系。

主题二　顾客公共关系

一、顾客关系的含义

顾客关系又称消费者关系，它是组织外部公共关系中最重要的一种关系。这里的顾客既包括生活资料的消费者，也包括生产资料的消费者，还包括精神产品的消费者。任何社会组织的效益都是由顾客的消费来实现的，在很大程度上顾客决定着企业的“生死存亡”。

二、顾客关系的意义

建立良好顾客关系的目的，是促使顾客形成对组织及其产品的良好印象和评价，提高组织及产品的知名度和美誉度，增加市场的影响力和吸引力，为实现组织和顾客公众的共同利益服务。早在20世纪50年代，市场营销理论就开始从以生产者为中心转向以消费者需求为中心。到20世纪70年代，消费者关系上升到直接影响组织生存的核心层次。20世纪90年代，“让顾客满意”（customer satisfaction，CS）活动在全球兴起，成为现代经营意识的核心。处理好顾客关系的意义在于以下两点。

公关语录

不要轻易否定别人，不要当面否定别人。要学会总体肯定、局部否定，要学会对事不对人。

(一) 良好的顾客关系能够为组织带来直接的利益

组织的存在价值，很大程度上在于其产品或服务能够得到顾客的接受和欢迎。组织的效益需要在市场上实现，而顾客就是市场，有了顾客才有市场。良好的顾客关系有利于企业组织的市场销售关系，能够给企业带来直接的利益。

(二) 良好的顾客关系体现了企业组织正确的经营观念和行为

组织，尤其是工商企业和服务性行业的成功必须以顾客的利益和要求为导向。这既是商品经济性质和组织公共关系原则的必然结果，也已经为许多社会组织的实践所充分证明。“顾客就是上帝”是商品经济社会中的真理。反过来，我们也可根据这一经营观念在社会上真正被接受、被实施的程度，来测试社会商品经济的发达程度。

三、处理顾客关系的方法

(一) 收集顾客信息，做好双向沟通

1. 组织要了解顾客

组织要有针对性地处理好顾客关系，必须以全面而准确地了解顾客的需要或意向为前提。用日本企业家松下幸之助的话说便是 “我们每天都要测量顾客的体温”。松下电器公司有关管理人员和业务人员必须提交和生产单位一样精确的顾客统计名单，随时把握顾客的要求和想法。这样做的结果是松下电器产品在国内外始终保持很高的市场占有率。

组织收集顾客的信息的方法有很多，对内，如设立来访接待室、召开客户座谈会、安排客户到企业参观等；对外可以散发或邮寄印刷品，有针对性地进行市场调查等，准确把握顾客的诸种特点。顾客调查的内容包括：顾客的年龄、性别、职业、爱好等背景情况；顾客对产品的性能、种类、质量、包装及价格要求等方面的产品情况；顾客对于组织职工的服务态度、服务信誉及售后服务等方面的看法和评价；顾客对于组织的整体形象的了解和评价等。组织应该全面收集、分类研究，找出其中的共同性，具体分析问题。例如，美国 P&G 公司为加强与顾客沟通，首创“顾客免费服务电话”，用公司支持电话费的方式收集顾客意见，一年达 20 多万次。公司对顾客的电话有问必回复，且每月将电话内容加以综合分类研究，结果产生了许多产品改进的新颖构思，促进了公司的发展。

2. 组织也要使顾客了解组织

组织应通过各种有效的传播途径，开展与顾客的信息交流，沟通感情。诸如组织的宗旨、政策和历史，产品的性能、规格和销售方式，售后服务的标准和方法等方面的信息都应迅速准确地传递给顾客，以使顾客对组织及其产品有正确的了解，加强彼此间的合作。

(二) 树立“顾客第一”的思想，热心为顾客服务

“顾客第一”“顾客至上”，这是社会组织最重要的经营管理思想，也是处理顾客关系基本的和首要的原则。一个成功的企业，从产品设计、经营思想到服务项目、

服务方式，都必须从顾客出发，这是企业声誉提升、生意兴隆的有效手段和有力措施。日本三越公司有一句名言：“顾客是第一主人，商品只不过是主人（顾客）的暂存物。”因此，该公司对顾客十分尊重：每天开业时，各分公司经理要率领商品部主任和部分售货员在商店门口分列两行向顾客致迎宾礼；每次成交后，都要向顾客表示“谢谢”、“欢迎您再来”。

一个组织，上至高级领导，下至每个员工，都要树立“顾客至上”的观念，对每位顾客都真诚相待，急顾客之所急，想顾客之所想。对于出现的问题，也要采取积极措施，挽回已造成的不良影响，即使处在产品供不应求、顾客众多时，也仍需强调并实施优质服务。

经营化妆品的日本资生堂集团在顾客第一次购买公司的商品时，都会发给顾客一张顾客卡，并盖上一次印章，表示你已经首次购物，自动加入该公司的消费者系列“花椿会”，每年购物达到一定的次数，公司就会赠送纪念品。平时，公司常组织“花椿会”的部分会员举行联谊会、座谈会，发放对外刊物《花椿》。“花椿会”的会员多达数百万人，使资生堂的产品具有很高的市场占有率。

（三）提高产品的质量和优质的服务

“以产品求生存，以质量求发展”，就是要针对不同顾客的具体要求提供优质合格的产品。组织必须以质量求发展，没有顾客满意的优质产品，绝对不可能有良好的顾客关系。企业发展的基础就是产品质量。

海尔集团在十几年的经营实践中，形成了独特的管理模式——OEC，其主要内涵是“日事日毕，日清日高”，即在企业的生产过程中实行严细管理，切实把“质量是企业的生命”的价值观落实到每个员工身上和每个生产环节中。经过长期的努力和积累，海尔集团通过了多个国家的质量认证，并成为中国家电行业率先通过 ISO 9001 国际质量认证的企业集团，荣获中国家电行业的“第一品牌”的称号，其产品赢得无数顾客的信赖和钟爱。

有的企业在销售商品时会贴出公告：“商品售出，概不退换。”其结果一是使人怀疑商品的质量，因为过硬的商品不怕退换，也不会退换；二是使一些抱着试一试心理的顾客打消了念头，结果失去许多成交的机会。

顾客对商品的质量有要求，对服务质量的要求也是具体的。可以说优质的服务也是形成良好顾客关系的重要保证。为此，组织的每名员工在与顾客打交道时必须彬彬有礼、热情周到。因为顾客往往是从组织员工的言谈举止来评价该组织的社会形象的。

一家商店明确要求无论出现什么情况，售货员都必须尊重顾客。一次，一位老年顾客来买鞋，当时柜台业务很忙，女售货员拿出鞋，对老者说：“请你去试。”老人不由怒火中烧，抓起鞋就扔向售货员。原来，他听成了“请你去死”。售货员虽然感到很委屈，但是还是在众目睽睽下忍住了。商店管理员将老者请进接待室，耐心地将事情解释清楚，老年顾客深感歉意，以后他逢人便夸该店的优良服务，成了商店的义务宣传员。商店以自己对顾客的热情周到服务，赢得了社会的广泛称赞。

组织向顾客提供的完善服务还包括优良的售后服务。全美国销量第一的汽车经销

商吉拉德总结他成功的经营之道，重要之处就在于坚持认为销售真正始于售后。他的顾客还没有走出店门，他的商店已经写好了“鸣谢惠顾”的短笺。买车的是顾客，但是由他代表顾客与服务修理部门打交道。逢年过节，他的商店会给顾客寄上各式精美的贺卡。正是这种优良的售后服务，使吉拉德经营的企业始终保持稳定的发展。

（四）及时处理顾客投诉和纠纷

正如同组织与其他公众的关系一样，顾客关系的处理总会有不尽如人意之处，出现差错或纠纷是在所难免的。及时处理好顾客的投诉、质询、批评和纠纷，做好善后工作同样也是组织经营管理中的重要环节。

公众投诉是有很多原因的，如借口、偏见或成见、真诚的意见，社会组织的工作人员首先要善于分析公众投诉的原因，同时对于来自顾客的任何实际纠纷，组织的公共关系人员都必须持积极、慎重、耐心和诚恳的态度予以处理。有问题时要争取迅速答复，有实际问题时要争取及时解决。

1）要从保护顾客利益的立场出发，控制顾客情绪。

一位顾客在喝酸奶时从中吸出一小块碎玻璃。他生气地去牛奶公司投诉，心里想着把对方狠狠责备一通，因为他觉得自己是为全市人民负责。如果牛奶公司不承认，就到报社或消费委员会投诉。于是他一开口就咄咄逼人：“你们难道就只顾赚钱，置别人的健康于不顾？你们考虑过这块碎玻璃足以致命吗……”

接待投诉的公关人员并不因此而恼怒。他耐心地听完投诉，然后问：“那块碎玻璃伤着您没有？舌头、喉咙有没有问题？用不用去医院检查一下？”当知道顾客并未受伤之后，他才转忧为喜：“那真是不幸中之万幸。要是老人，特别是小孩吃到，后果可就不堪设想了！”

话语不多，却句句为顾客着想，令紧张的气氛缓和下来。接着，公关人员又认真听取了顾客对牛奶公司的建议。双方就如何采取措施保证不再出现类似事故讨论起来，越谈越融洽，竟然很快达成了一致意见。

由此可见，能否设身处地为顾客着想，对于顾客纠纷的化解确实很重要。顾客的纠纷有的是出于误解，不管意见正确还是误解，他都会感到自己的权益受到损害，是怒气难抑有备而来的。仅仅就事论事，稍有不慎就可能火上加油，即使是火上浇水，也远不如釜底抽薪迅速和稳妥。保护顾客利益就是抽出釜底之“薪”。

2）及时迅速解决顾客提出的实际问题。

IBM有一项规定：对于任何顾客的抱怨和疑难，必须在24小时内给予解决。有一次，美国一家公司使用的IBM计算机出现故障，在几小时之内，IBM公司就派出8位专家前去维修检查，其中4位来自欧洲、一位来自拉丁美洲，还有一位来自加拿大。这种积极、及时的负责精神，不仅能平息顾客的不满，而且为组织树立了良好形象，使双方关系变得融洽。

主题三　政府公共关系

一、政府关系的含义

> **公关语录**
> 挑剔不是能力，适应才是水平。

政府是国家权力的执行机关，是国家对社会进行统一管理的机构，包括中央及省、市、县、乡各级人民政府，公安、司法、海关、工商、劳动保障、卫生防疫等部门。任何社会组织都必须无条件处在这种管辖与被管辖关系之中，它们还存在着一种相互了解、相互沟通的关系，这就是政府公共关系。

二、政府公共关系的意义

组织与政府保持良好沟通的目的是，争取政府及各职能部门对本组织的了解、信任和支持，从而为组织的生存和发展提供良好的政策环境、法律保障、行政支持和社会政治条件。政府公共关系的意义有以下两点。

（一）政府的认可和支持是具有高度权威性和影响力的

政府掌握着制定政策、执行法律、管理社会的权力职能，具有强大的宏观调控力量，代表公众的意志来协调各种关系。组织的政策、行为和产品如果能够得到政府的认可和支持，会对社会各方面产生重大影响，甚至使组织的各种沟通渠道畅通无阻。为此，应该把握一切有利时机，扩大本组织在政府部门中的信誉和影响，使政府了解本组织对社会、对国家的贡献和成就。

（二）与政府建立良好关系能够为组织提供有利的政策、法律和社会管理环境

政府的政策、法律和管理条例是组织决策和活动的依据及基本规范，组织的一切行为都必须保持在政策法规许可的范围之内。通过良好的政府关系，组织能够及时了解有关政策变动，能够较方便地争取到政策性优惠或支持，能够对有关本组织的问题在进入法律程序或管理程序之前参与意见，使之对组织的发展有利。

三、处理与政府关系的方法

（一）及时了解国家的相关政策方针

社会组织要及时、全面、准确地了解国家与地方的相关法令、法规、方针、政策等，从宏观上自觉接受政府的控制和指导。

（二）在具体的生产经营中遵纪守法

组织在日常经营中应遵纪守法、照章纳税。例如，企业对开展公关活动的各项支出都要做出预算，并按财政规定入账支出；绝不能采取不正当手段吸引顾客，或使政府部门工作人员做出有利于本企业而损害国家整体利益的决策。

（三）主动与政府部门进行沟通

要建立良好的政府关系，就必须采取主动与合作的态度，主动向政府部门提供信息、通报情况。例如，主动向统计部门提供经济活动的各项数据；向审计部门提供企业各项资金的运行情况；向财政、税务部门上报企业盈亏情况；此外，还有经营业绩、发展规划、对社会的贡献等。

柯达公司与富士胶片公司曾经都是世界上知名的胶卷生产企业。同是较早进入中国市场的外国企业，多年来，两大企业在中国上演了一幕幕明争暗斗的“公共关系大战”。而在近年的公共关系大战中，柯达公司给了富士胶片公司一记闷棍，着实让富士胶片公司懵了好长一段时间。

几年前，柯达公司与中国政府签订了“九八协议”。该协议规定，柯达公司总计投入 12 亿美元，以控股的方式与厦门、无锡、汕头等感光企业组建合资公司，上海、天津、辽源三家企业在合资公司三年基建期内不能与其他外商合资合作，柯达公司为此向中方支付资产转让费 3.75 亿美元。这意味着三年内中国政府将不允许其他外商在国内投资胶卷企业。而这个外商主要是针对富士胶片公司的。另外，柯达公司必须在国内建立一个原料厂，目的是帮助乐凯掌握胶片制造中的核心技术。这一协定带来的直接后果就是柯达在中国处于绝对的垄断地位，占据 60% 的份额，而富士胶片公司只占据 30%。

主题四　社区公共关系

一、社区关系的含义

> **公关语录**
>
> 大事讲原则，小事会变通。

社区是一个社会学的范畴，指人们共同活动的一定区域，如村落、城镇、区、街道等。社区关系也叫区域关系，即组织与它所在的地方的行政主管机构、社会团体、其他组织及当地居民之间的睦邻关系。良好的社区关系可以加强社区公众对组织的了解、理解和支持，为组织创造一个稳定的生存环境，这一关系的好坏亦会在一定程度上影响组织的生存和发展。

二、社区关系的特点

（一）社区关系具有客观性

社区是客观存在的，因而社区关系也是客观存在的，这种关系是不以人的意志转移的。承认和正确地把握及处理好社区关系，使自己在社区中置于合适位置，扮演社区中的合适角色，就能在社区中树立良好形象，从而得到社区各方各界的支持和拥戴。否认这种社区关系的客观性，就否认了社会关系的客观性、内在本质，就不可能把握其规律，就会在一定社区中失去自身的地位，严格地说也就不可能有效地进行社会关系的实践。

（二）社区关系具有动态性

因为任何事物都在运动、变化和发展，一定社区的界限、社区的文化、社区的行为规范和社区中的群体及居民都处在各种各样的变化之中。社区关系的动态性就要求我们用变化的、历史的观点来分析、理解和把握。处理各种社区关系，要求社区关系的观念随着经济、政治、文化和社会心态的变化而变化。

（三）社区关系具有相对稳定性

社区中的人群和社会组织总是保持自身在一定时期中的相对稳定，否则就谈不上一定社区中会自然形成相对稳定的社会心理、行为规范和区域界限。承认社区关系的相对稳定性，才能把握社会关系的客观性和系统性。当然这并不排斥社区关系的动态性。

社区关系的上述特点，使得我们有可能正确认识社区关系，但是呈现在社会组织面前的社区关系仍然是极其复杂的，任何疏忽都有可能给组织自身造成麻烦。

三、社区关系的重要性

在美国有一家小型化工厂，属于波士顿的“神秘胶带”公司。虽然“神秘胶带”公司一直非常注意生产过程的工业污染问题，但仍不能有效地控制生产过程中排放出来的臭气含量。在工厂对面，有一所由公司捐助兴建的中学，学生常常抱怨该厂排放的臭气污染了环境，致使他们常感到呼吸不适。学生的抱怨自然引起了家长和社区居民的强烈不满。他们要求该厂尽快解决臭气排放问题，否则，将诉诸法律。

为了缓解与社区的关系，“神秘胶带”公司积极地开展了一系列的公关活动。

首先，公司投资建造了一座焚化炉，用于处理产生臭气的废料，使其达到无害、无臭味。还邀请社会各界人士参加焚化炉的安装仪式，并请他们参观焚化表演。

其次，公司对社区公众的意见和态度进行了调查，并根据社区公众的要求制定了改进措施。他们还将本厂产品的性能和作用，以及工厂对社区做出的贡献，编印成小册子，寄发给社区的每位公众和新闻媒体，以加深社区公众对工厂的了解和认识。

最后，“神秘胶带”公司还派高级主管轮流到该中学进行演讲，向学生介绍该厂和学校之间友好关系的历史。同时，宣布在这所中学设置“优秀学生奖”，成绩优秀的学生能拿到该公司颁发的奖金。

通过上述一系列的公关活动，“神秘胶带”公司取得了社区公众的谅解，在社区公众中的形象日益提高。

社区是社会组织的所在地，是社会组织据以“立足”和“扎根”的地方。我们经常说：“天时不如地利，地利不如人和。”地利、人和在很大程度上都来自于良好的社区关系。当然，不同的社会组织所拥有的社区是不同的。例如，企业社区可由企业办公地点和厂房的分布范围、企业销售连锁店的分布范围、企业日常活动的区域、企业所属的地方行政部门的管辖范围、企业经常联系的其他企业或社会组织的分布范围等因素决定。但是，任何一个社会组织所面临的社区关系都具有某种共同性，即千丝万缕的复杂网络。社区的复杂网络制约着组织的生存和发展，或者说，社会组织的生存与发展，其诸多条件是由社区提供保障的。

1）人员保障。想要在社区立足，往往需要从所在社区选拔组织人员。其原因在于：第一，它是社区对组织的希望和要求，社区的劳动可以得到安排，对于新征土地的社区尤其如此；第二，它也符合组织发展中经济高效益的原则，比较从外地雇佣员工，雇佣当地人员至少可以节省组织在住宿、伙食及车旅等方面的费用，而且，当地人员熟悉情况，容易开展工作。一般社区对组织的人员保障是提供各类技术人才和管理人员。

2）后勤服务保障。社会组织如企业所需的材料，有许多是由社区提供的，至少诸如水、电、交通等方面的服务是必须由社区提供的。

3）社会保障。组织所在社区的治安状况、税法制度建设和实行状况，社区对组织的关系状况，都直接影响、控制着组织工作的正常运行。

4）生活保障。组织的员工身处社区之中，社区为之提供物质与精神文化等各方面的生活条件。

5）消费保障。社区的公众往往是组织产品最直接或最重要的消费对象。

“顾客就是上帝”，对于企业来说，最稳定的“上帝”往往就是社区的居民，他们对该企业及其产品的评价又显然有着特殊的权威性。

在上述意义上，我们或许可以说，社会组织所面临的关系，实质上是组织所面临的诸种关系的汇聚和折射。社区关系的重要性是显而易见的。

四、建立良好社区关系的方法

（一）为社区服务

社会组织可以利用自己的各方面资源优势，为社区提供力所能及的服务，如捐助或修建公共设施、维护社区治安、提供义务性的专业服务等。这样做，不仅能服务于社区居民、社区组织，同时也可以提升自己的社会形象。

（二）经常与社区沟通

在公共关系领域，沟通具有重要性。在社区关系处理上，应同样重视与社区的沟通。组织在运行中的一些做法，可能会引起社区公众的不理解和不满。这时，组织一方面应设法让公众了解其有关政策和行动，借以消除误解；另一方面应及时改进不符合公众利益的做法，以满足公众的需求。

（三）尽可能减少或避免自身活动对社区的负面影响

如做好废水、废烟、废气“三废”的控制与处理，减少噪声，注重安全生产等，使社区成为一个安全的、环境优美的活动区域。

主题五 媒介公共关系

一、媒介关系的含义

公关语录

小胜以术，大胜以智。

媒介一般指社会上的新闻工具，包括报纸、杂志、广播、电视、通讯社、网络等，还指报社、杂志社、电台等新闻机构。媒介关系又称新闻界关系，是指组织与新闻传播机构及其工作人员的相互关系。媒介关系具有双重作用：一方面，新闻媒介是社会组织必须尽力争取的一类基本公众；另一方面，新闻媒介是组织与公众实现广泛、有效沟通的必经渠道，具有工具性。

二、媒介关系的重要性

媒体的最大特点是能在同一时间内把某一个信息传播给许多人，以求同时与为数众多的人建立联系或留下印象，因为新闻界是公众舆论的代表，立场比较客观。通过媒体，公共关系的传播，甚至会比组织或企业本身的公关人员向公众直接传播更为有效。

从历史上看，社会组织（尤其是企业）的公共关系本身便与新闻界有着不解之缘。最早的公关人员往往都有在新闻单位工作的历史。时至今日，新闻媒介仍是现代公共关系实务中最重要的沟通工具，也是所有公共关系媒介中影响最为广泛的媒介。首先，新闻传播媒介能加速社会组织与公众之间的信息沟通。其次，社会组织通过新闻媒介能够对广泛的公众施加影响，与他们保持紧密的联系。所以，社会组织如能处理好与新闻界的关系，经常同新闻记者、编辑等接触，便能在争取新闻界对自己的了解和支持的同时，争取社会公众的了解和支持。

新闻媒介是社会组织与其他公众联系的最主要渠道，影响力大，威望度高，覆盖面广，信息传播速度快且准确。西方很多国家将新闻媒介看成立法、司法、行政这三大权力之外的“第四权力机构”或“第四部门”。它无论对政治、军事、经济、国际交往，还是对文化艺术、意识形态，都产生着巨大的影响力。所以，任何一个组织机构、任何人都不敢轻视新闻媒介的作用。新闻媒介发出的舆论可以使一个好组织名闻天下，也可以使一个有问题的组织臭名远扬。

跨国公司进入中国后，比较头疼的一个问题就是中国的媒体环境和媒体行与西方的差距巨大。所以，在很多时候，由于跨国公司对中国媒体的不理解或者处理不当，往往引发危机。

对于跨国公司进入中国这件事情，我国的媒体一开始认为他们是“天使”，但随着时间的推移，逐渐认识到这些跨国公司的“另一面”，媒体对于跨国公司的报道也逐渐从宣传到“揭幕”，承担起向公众披露真相的重要职责。而部分跨国公司又对自身的不合法行为与灰色行为在媒体面前遮掩，不肯说明事情的来龙去脉，不主动与媒体公众沟通。我国的媒体由于市场化的需要，在新闻报道的时候自身的角色已经发生了变化。社会公众与企业的信息不对称的关系使得公众受媒体舆论的影响很大，所以跨国公司的公共关系活动在很大程度上就是要考虑如何对媒体做公共关系工作。

三、社会组织与媒介沟通的原则

“成也媒体，败也媒体。”这话具有一定道理。组织要想树立良好的社会形象，必须与媒体处理好关系，尽量让他们多做正面的、客观的报道；出现问题时，要及时、坦诚地进行沟通。社会组织与媒介沟通时应该遵循以下几个原则。

（一）掌握新闻热点，积极为媒介服务

社会组织要通过媒体提高自身的知名度，新闻界也把社会组织看作获取新闻报道材料的重要渠道。组织应当定期地向新闻机构寄发各种资料、新闻简报或新闻线索，供记者和编辑参考。组织还要本着热情友好、实事求是、一视同仁、以诚相待的原则，对记者的来访提供必要的支持和帮助，积极为媒介服务。

（二）主动“制造新闻事件”，争取新闻界的注意

要搞好媒介关系，公共关系人员还应该通过“制造新闻”去争取新闻界的注意。“制造新闻”就是由组织以健康正当的手段，有意识地采取既对自己有利，又使社会和公众受惠的行动，引起公众和新闻界的注意。因为具有新闻价值的事件往往是大众传播媒介追踪的目标，符合它的报道意图，事后很容易引起大众传播媒介的注意，得到它的配合。

需要指出的是，首先，“制造新闻”不能捏造不存在的事件或夸大事实，必须是真实的。其实，为了吸引媒介的注意，公关人员必须精心策划；最后，还要具备新闻学方面的知识，知道哪一类新闻事件具有新闻价值，能够使媒介注意。

（三）经常保持接触，加强信息沟通

社会组织应把同新闻界建立良好关系作为自身发展的需要，从而成为自己的自觉行动，主动地、经常地和新闻界保持接触，不放过任何能和新闻界接触的机会，以促进彼此信息的沟通，切不可临时抱佛脚。如想要新闻界人士对社会组织抱有好感，应让他们对社会组织多一些了解。需要明确的是，平时保持同记者接触，并不一定要求记者对社会组织发展的情况都予以报道，而是让他们对社会组织的情况和发展心中有数。从另一个意义上说，这也是一种感情投资。只要新闻界人士对社会组织有感情，那么，在社会组织真正出现大新闻时，或者是社会组织发生某种困难和危机时，新闻记者就能够及时以公正、客观的立场来采访和报道。

（四）公开事实真相，正确对待媒介的批评报道

当社会组织内部发生不光彩的事情时，掩盖、隐瞒、拒绝采访的做法是不明智的。正确的做法应该是，主动和新闻单位联系，向记者介绍事情的来龙去脉，并表明自己对此事的看法或有关处理意见，以及组织内部对此事的分析和吸取教训的情况，杜绝今后发生类似情况。

当媒介发表了不利于组织形象的批评报道后，组织应虚心接受并及时采取补救措施，挽回不良影响，切不可对媒介的批评报道置若罔闻，甚至反唇相讥。如果媒介的批评有失实之处，亦应该诚恳地向媒介提供真实情况，澄清事实真相，切不可兴师问罪，或得理不饶人。

主题六　竞争对象公共关系

一、竞争对手关系

竞争对手关系，是指同一行业社会组织之间为了取得对各自有利的条件而进行较量形成的关系。一般来说，同一行业的若干个社会组织，它们所面临的原料、市场、设备、信息等情况基本是一致的，公众的类型有时也是一致的，谁拥有更多的、稳定的顾客，谁就会成为竞争的焦点。如果组织将这一关系处理好，那么就可以借助同行的力量来发挥自己的优势，或者变劣势为优势，对组织的生存与发展将会非常有利，否则，组织将与竞争对象在较量中影响双方组织的信誉和形象。

> **公关语录**
>
> 做大事要有容忍的气量。

二、正确处理与竞争对手的关系

竞争是发展的动力，正当的竞争可以促使社会组织采用先进技术和科学手段，提高产品和服务的质量，降低价格。但也有竞争者，双方采取尔虞我诈、钩心斗角等不正当手段，最终只能导致两败俱伤。《中华人民共和国反不正当竞争法》是社会组织正确处理竞争对手关系的根本法则，社会组织在严格遵守该法律的同时，还应该注意以下几点。

（一）把握正确竞争目的，在竞争中寻求合作

同行间竞争的基本目的应该是相互促进、共同发展，尽管竞争对手都是为了提高各自的经济效益，但其最终目的仍是为社会多做贡献。

美国梅瑞百货公司提供一项服务，即如果顾客没有在公司买到自己想要的东西，可以到咨询服务台询问，服务人员会热情地告诉顾客哪家商店有，其实，也就是让顾客去竞争对手的公司购买。然而，这种看似不可思议的事情，却赢得了竞争对手的赞许，也获得了顾客的好感，公司的生意不仅没有减少，反而更兴隆了。浙江虹越公司的总经理江胜德曾对员工说过："当顾客需要的品种我们这里没有时，我们完全可以向他推荐其他公司的品种，尽量满足顾客的需要，这也是我们的服务项目之一。"所以，虹越公司能迅速在行业内成长起来，树立起良好的品牌形象，这与其细微处所做的工作是分不开的。

（二）虚心向竞争对手学习

竞争是市场经济的必然产物。因为有了竞争，企业才有了向前发展的动力。然而，在市场上，并非打败了竞争对手，就对企业发展有力。一位管理者曾说过："市场上，对手就是帮手。"

美国福特汽车公司的销售量曾落后于日本和欧洲等国的汽车销售商，其领导者并

不是通过与对手竞争来取胜，而是研究对手的汽车，发现其优点，并将这些优点收集起来，对自己的汽车进行改进。当生产出新款汽车时，福特汽车公司很自豪地向客户介绍，他们的产品已经具备更佳的性能。

美国柯达公司与日本富士公司历来是竞争对手，柯达公司曾一度落后于富士公司。但柯达公司经过反思，找出自己落后的原因，并以富士公司为目标，努力提高产品质量，学习富士公司的管理模式和营销战略，使公司在竞争中逐步赶上甚至超过富士公司。

（三）竞争的手段应该光明正大

组织开展竞争应把重点放在促进双方提高组织管理水平上，采取改进技术设备、开拓市场、提高产品质量、完善服务质量等正当方式；不能采取互挖墙脚、损人利己的方法。这样胜者才会心地坦荡进而成为表率，负者心悦诚服进而奋起直追。

中国电信业从垄断走向竞争，市场竞争才刚刚开始，就不断出现恶性竞争的事件，许多人为这个行业的健康发展感到忧虑。从2002年年初开始，一些地方相继发生通信电缆被砍断的恶性事件。随后，互联互通问题成为电信业界的关注点，有关人为制造互联互通障碍的事件接连发生。2002年年底，一些地方先后发生收购SIM卡、UIM卡和CDMA手机、小灵通终端的不正当竞争事件。

与此同时，一些电信运营商开始在资费价格上大做文章，采取各种资费措施，价格大战愈演愈烈。运营商之间的恶性竞争主要包括两类：一是为竞争对手制造障碍，限制竞争对手的经营和发展，如人为设置互联互通障碍，砍断对方通信电缆，散布不利于对方的言论；二是运营商采取非常规手段抢占市场，以资费打折、包月套餐、优惠时段、礼品馈赠之名恶意降价，甚至不计后果恶意收购，抢夺竞争对手的网上用户。

恶劣的竞争手段严重损害了电信运营商在消费者心目中的形象，为此电信行业成为消费者投诉较多的一个行业。

以上简要介绍了几种常见的组织外部的公共关系，除此之外，还有国际公共关系或称涉外关系，主要是组织在与他国公众的交往中，通过国际间各种信息传播活动，增进本组织与他国公众之间的了解和信任，维护和发展本组织的良好形象。无论是哪种关系，都需要社会组织慎重对待，为企业的发展营造良好的运作环境。

技能训练

训练一

训练目的：培养学生协调组织内部各机构关系的能力和技巧。

训练内容：

【案例】众所周知，商鞅的贡献对秦王朝的崛起具有举足轻重的作用，他不仅把法家思想引入秦王朝，并应用于政治、经济的实践中，为秦国最终统一中国奠定了基础。然而，商鞅在风烛残年遭车裂而死，全家被抄斩，不得善终。

对于商鞅的死最开心的不是秦惠文王，而是秦帝国的贵族阶层，是一大批“特权阶级”。商鞅变法的一个核心内容是集权，削弱原来贵族阶层的权力，而强化王权。这种集权符合了秦王的利益，却损害了一大批人的利益。也就是说，商鞅之死的根本原因不在于秦王要他死，而是触犯了“众怒”。

“众怒”是某个个体公共关系恶化、集中爆发，以至于形成公关危机的典型表现。从另一个角度来看，商鞅变法虽然对秦国的强大有帮助，但对于秦国的稳定和秦王的公共关系是极为有害的。在这种情况下，秦王为了解决自身的公关危机，必须杀死商鞅以抚平贵族群体的强烈不满。从危机公关的角度看，秦王杀死商鞅的原因非常充分：①商鞅是王朝与贵族利益冲突的焦点，是贵族的众矢之的；②杀死商鞅远比得罪贵族更为明智，商鞅对秦王而言没有多大价值，而贵族还有充分的利用价值；③集权改革已经走上正轨，杀死商鞅既可以保留这一成果，又可以很好地解决王朝与贵族间的利益冲突。

所有这些原因使秦王有充分的理由选择杀死这个曾有功于秦国的人。其结果使秦王朝与贵族的利益冲突在一个阶段内得以有效地缓和。应该说，商鞅之死是一次出色的危机公关处理。

在中国2000多年的文明进程中，很多政治家都是高明的公关高手。汉武帝刘彻也曾以同样的原因杀死他的老师晁错，以平息因独尊儒术带来的公众阻力。他们在处理公关危机时常常会表现出决心和魄力。这种以退为进的危机公关处理策略在今天的市场经济中仍极为有效。但在很多案例中，简单地模仿，结果往往不尽如人意。

训练要求：认真分析上述内容，并结合实际情况进行讨论。

1）从现代人的角度来重新塑造商鞅，如何处理内部公共关系？

2）把学校看作一个企业，班级就是这企业中的一个部门，如何与其他的部门（班级）处理好关系，成为和谐的一体，在共同的努力下，使整个企业（学校）更有凝聚力、竞争力？

3）策划一次组织内部活动，融洽与其他班级的关系。

成绩评定：本次训练成绩可由两部分组成，情景模拟占40%，方案情设计占60%。可根据学生对内部公关处理的技巧，以及学生对活动方案的设计进行考核。

训练二

训练目的：培养学生处理组织外部公共关系的应变能力和技巧。

训练内容：

【案例】朱某和妻子到某百货公司购买洗衣机，营业员说明单价便直接开出了一式三联发票，发票上的价格为1 080元，付完钱后，朱某将洗衣机运回家中。事后，商店发现发票中开具的金额有错误，少开了210元，随即前往朱某家中要求补齐少

交的210元，朱某认为自己是按票提货，拒绝商店的补款要求。此后，该商店便向朱某夫妇所在单位、居委会和派出所反映情况，请求组织协助做工作，使朱某被公司暂停工作。最后，商店向法院提出诉讼，要求朱某返还210元。

训练要求：以上面提供的材料为背景，进行一次课堂讨论。把学生分成若干组，每组选出一名组长，针对案例中的事件进行讨论，每个问题讨论的时间可以约定为5～10分钟。第一个环节由各组长分别阐述本组讨论的结果；第二环节由各组进行辩论，得到最佳答案。

1）该百货公司把顾客诉诸公堂的做法是否得当？

2）如果你是该百货公司的负责领导，将如何处理此事？

成绩评定：本次训练成绩可以分为两部分，良好的公关意识和技巧占60%，语言表达能力占40%，综合进行评定。

训练三

训练目的：培养学生处理与社区关系的能力。

训练内容：为了塑某组织（组织的名称和性质可以由教师决定）的良好形象，营造良好的社区关系，试为其策划一项社区公关活动。

训练要求：确定公关主题、公关具体目标，选择公关时机，要考虑公关活动切实可行，量力而为。

成绩评定：活动形式新颖、有创意占40%，方案完整、环节齐全占20%，方案具有可行性占40%。

训练四

训练目的：培养学生与公众沟通的意识和能力。

训练内容：某一个时期，公众对气象台播出的天气预报不准确议论纷纷，如果你是该气象台的文秘人员，如何用公众关系的方法与公众沟通？

训练要求：把学生分成若干小组，每组选定一名组长组织小组成员围绕问题展开讨论。

成绩评定：根据各组的讨论结果是否能够真正解决问题进行综合评定。

训练五

训练目的：培养学生正确处理与竞争对手关系的能力。

训练内容：同行业社会组织间的竞争是很残酷的，你如何看待竞争？你认为企业应该从哪些方面展开竞争？

训练要求：本训练题可以作为思考题由学生独立完成，也可以由小组讨论共同完成。

成绩评定：对于同行业竞争的必要性能够正确认识，并有合理化建议即可得分，分数可分为语言表达占40%，阐述内容具体、可行占60%。

训练六

训练目的：提高学生与同学建立良好关系的能力。

训练内容：分析自己与周围同学及班级中同学之间的关系现状，试分析应该如何积极地与同学建立良好的关系。

训练要求：本训练题可以作为课后思考题让学生独立完成，也可以在课堂上由小组讨论共同完成。

成绩评定：根据学生阐述的方案进行综合评定。

模块四 公关关系人员的素质

学习导读

公共关系活动的复杂性、广泛性、创造性和灵活性，需要公关人员具有良好的职业素质。一名优秀的公关人员应具备的基本职业素质包括敏锐的公关意识、良好的外部形象和优秀的内在修养。这要求公关人员具备较高的思想政策水平、合理的知识能力结构、健康良好的心理素质和高尚的职业道德。

一个优秀的公关经理要不断与组织的内外部公众接触，这些公众包括股东、投资者、内部员工、消费者、经销商、合作伙伴、供应商、政府、行业组织、媒体记者等。要与如此众多的公众建立各种和谐良好的关系，对公关人员的能力提出了非常高的要求。

学习目标

1）了解公关人员应具备的公关意识。

2）掌握公关人员应具备的外部形象和内在素质。

3）掌握公关人员应具备的八个基本能力。

典型案例

中国大大小小的火锅店不计其数，但是海底捞火锅店的生意格外红火。2008～2010年，海底捞连续4年被某网站评为“最受欢迎十佳火锅店”，同时连续4年获得“中国餐饮百强企业”荣誉称号。多个电视台多次对海底捞进行专题报道，甚至外国媒体也报道了海底捞的成功故事。

像海底捞这样在几年之内迅速扩张，能让客户在夏天等候2个小时吃火锅的饭店屈指可数。海底捞的成功震惊了同行，就连世界著名餐饮连锁店肯德基和必胜客的母公司百胜集团，都组织了200多名大区经理去海底捞学习。

海底捞最大的特色就是它的金牌服务，根据媒体的报道，客人在海底捞等候用餐时，可以免费享受擦皮鞋、修指甲的服务，还可以免费享受水果拼盘和上网；客人在就餐时，服务员会递上擦眼镜的绒布、系头发的橡皮套、包手机的塑料套；客人第二次光顾，服务员就能够准确地叫出客人的名字，甚至在客人结婚时送去鲜花……

为了能够提供高标准的服务，在考核员工方面，海底捞更是别出心裁。通过派小区经理去分店巡查，询问店长关于客人的满意情况来调查顾客满意度；通过上司评价及抽查和派遣“神秘访客”等方式来考核员工的积极性。例如，小区经理去分店巡查时，会看女服务员的化妆是否标准，男服务员的头发是否太长，员工的衣服是否干净，眼睛是否走神。这些考核制度辅以优厚的员工待遇成就了海底捞高品质的服务。

对待顾客像上帝，对待员工如亲人，海底捞凭借这样的理念造就了高素质的员工，为组织创造了高效益。良好的员工形象是组织形象的重要组成部分，只有拥有高素质的员工才能生产优质的产品、提供高品质的服务。

主题一　公共关系人员的公关意识

公关意识是指自觉地从组织的立场出发，为了组织的生存和发展而主动与各方面进行沟通、协调、理顺和改善各种关系的意识。它是一种现代化经营管理和行政管理的思想及原则。它来源于实践，又指导着公共关系的实践活动。公关意识是公关人员必须具备的基本素质的核心。

公关意识包括塑造形象意识、服务公众意识、真诚互惠意识、传播沟通（沟通协调）意识、创新求美意识、立足长远意识、危机管理意识。

一、塑造形象意识

塑造形象意识是公共关系意识的核心，是公关实务的保证。现代组织都十分重视自身的组织形象。因为良好的组织形象，是经过长期有效的公共关系工作才树立起来的，是一个组织的无形资产，会为组织带来价值。具有塑造形象意识的人懂得知名度和美誉度对组织生存和发展的价值，他们会时时维护组织的形象。其他方面的公关意识是围绕如何塑造组织形象的实务而展开的。

美国帕杜农场是一家专门为社会提供各种农业副产品的大型企业，农场主法兰克把塑造和维护企业良好的形象当作争取顾客的基本公关策略。他在经营中的着眼点始终放在为顾客提供优质的产品和良好的服务上。

一位顾客在一家零售店买了一只帕杜农场生产的真空包装鸡肉，回家后发现这只鸡变质了，于是他把这只鸡送回那家零售店。该店的服务员，立即给他退钱，但这位顾客决定给法兰克写信，把这件事告诉他。

几天后，这位顾客就收到了法兰克的回信，信中一再向这位顾客表达歉意，并附有一张供应一只鸡的免费兑换券。最后，法兰克真诚地表示，希望这位顾客多提意见，使该农场及附属零售商店永远杜绝类似事情的发生。

自此以后，这位顾客只买帕杜农场的鸡，还把自己的经历写成一篇短文在报纸上发表了。这对提高帕杜农场的形象和知名度起了积极作用，并无形中又为帕杜农场赢得了众多的消费者，从而使帕杜农场的产品一直保持较高的市场占有率。

帕杜农场是运用企业形象优势获得经营成功的典型。在帕杜农场主法兰克看来，重视企业形象与信誉，绝非是一种促进产品销售的手段，而是一种与农场命运攸关的企业公关基本策略，它体现在帕杜农场经营活动的细微之处，当帕杜农场的这种良好形象在顾客的心目中稳固存在的时候，它便成为一种向心力，把帕杜农场和它的顾客联系在一起。

二、服务公众意识

公众是组织生存和发展的生命线。离开了公众，孤立的组织形象是毫无意义的；忽视了公众，组织的生存就会受到直接威胁，自然也就谈不上组织的进一步发展。

美国著名公共关系学者爱德华•伯纳斯早在1923年就指出，公共关系工作是为了“赢得公众的赞誉”“公共关系应首先服务于公众利益”。20世纪七八十年代，国外企业普遍强调自己的社会责任，实际上也是公众服务意识的反映。“顾客是上帝”，服务行业遵循的“服务至上，顾客第一”，都是服务公众意识的反映。

任何组织的公共关系都必须着眼于公众。具有服务公众意识的人，能时刻为公众利益着想，把满足公众的利益放在第一位，利用一切条件来为公众服务，努力满足公众方方面面的要求，准确把握公共关系的工作方向。

一天，一对老夫妇到希尔顿大酒店订房间，服务员发现保留的房间都订完了，便礼貌地对客人说：“先生、太太，我们附近还有几家档次不错的酒店，要不要我帮你试试看？”

然后，他们先请老夫妇去喝了一杯咖啡，服务员对他们说：“我们后面的喜来登大酒店还有一个房间，档次和我们是一样的，还便宜20美元，可以吗？”老夫妇高兴地说：“完全可以。”之后，服务员又把老夫妇送上车。

三、真诚互惠意识

真诚互惠意识是公共关系的功利意识。公共关系工作既要追求本组织的利益，追求自身经济效益和社会效益的最佳统一，又要满足公众的要求，尊重公众的利益，为对方或公众带来方便与实惠。应积极寻求双方的共同价值和共同利益，满足共同的需求，做到彼此尊重、相互补偿、相互满足、真诚合作。只想从别人那里得到好处，只考虑自己的需要和利益，就很可能使彼此的关系陷入游离状态，甚至完全破裂。

> **公关语录**
>
> 靠互相尊重和信任，才能真正合作，才会使我们感到人间的温暖和快乐。
>
> ——罗曼•罗兰

互惠互利、“与自己的公众共同发展”是社会组织开展公共关系工作的原则，也是组织是否真诚地对待公众的试金石。组织在自身的发展过程中，能否信任、理解和支持公众的利益，能否考虑自己对公众的回报，是组织是否具有互惠互利意识的表现。

需要注意几点：第一，互惠互利是以不损害第三方的利益为前提的；第二，要注意经济上的互惠互利；第三，尤其要注意精神上的互惠互利，不能只把公共关系看作经济利益关系，而是要进行信息交流、情感交流，注重公众的心理感受，建立融洽的情感关系。

不具备真诚互惠意识的公共关系人员，是不可能做好公共关系工作的。

麦当劳记录了大约69万个小朋友的生日。在小朋友生日前几天，汉堡店便寄去电脑生日贺卡。生日那天，小朋友可持卡到店里过生日。一般的公司采用的方式是先向小朋友祝贺生日快乐，再送礼物。但麦当劳的做法与众不同：他们在祝贺孩子生日快乐的同时，全体员工起立用掌声对孩子表示欢迎和祝福。这热烈的掌声使孩子发现自己被那么多人爱着并鼓励着，觉得自己处在世界的中心，自豪感油然而生。许多孩子妈妈看到自己的孩子沉浸在阵阵掌声之中，也感动得热泪盈眶。

四、传播沟通意识

传播沟通意识，也可以说是一种信息意识，是公关人员对公共关系过程的认识。组织为了塑造良好的形象，更好地为公众服务，以实现其目标，就必须建立一个信息网络，来掌握环境的变化，赢得公众的理解和支持，维持组织的生存，促进组织的发展。

从更高的层次来说，传播沟通意识属于现代社会的民众意识。公共关系活动属于一种具有民主思想的经营和管理活动。组织为了塑造为公众所接纳的良好形象，以求得公众对组织的支持，就必须倾听公众对组织的各种建议和批评；组织为了推销自身的良好形象，提高知名度和美誉度，就必须运用传播交流技巧，在开放条件下不懈地向社会和公众进行传播，传播组织一切值得传播的信息，利用一切机会进行自我宣传。而这一切都必须依赖一种民众精神和民主意识。沟通交流是双向的，如果组织只想获取其他组织和公众的信息，而不想让其他组织和公众得到自己的信息，就是缺乏沟通的表现。

2001年9月，南京冠生园食品厂被中央电视台揭露用陈馅做月饼，事件曝光后，冠生园食品厂受到当地媒体与公众的批评。面对产品危机，作为一向有着良好品牌形象的老字号企业，南京冠生园食品厂却做出了让人不可思议的反应：既没有坦承错误、承认用陈馅做月饼的事实，也没有主动与媒体和公众进行善意沟通、赢得主动，把危机制止在萌芽阶段，反而公开指责中央电视台的报道蓄意歪曲事实、别有用心，并在没有确切证据的情况下振振有词地宣称“使用陈陷做月饼是行业普遍的做法”。这种背离事实、推辞责任的言辞激起了媒体公众的猛烈谴责、同行企业的严厉批评、消费者的投诉控告和经销商退货浪潮……事态开始严重恶化，冠生园食品厂最终停产整顿。

五、创新求美意识

塑造组织的良好形象是一个不断创新求美的过程。组织的良好形象只有在发展的基础上才能实现真正的稳定。同样，也只有在稳定的前提下才能实现真正的发展。要发展就必须有创新、有突破、有超越，既超越自己，又超越其他组织。

至于组织良好形象塑造过程中的每一个公共关系活动，其策划与设计也需要创新。公共关系是一门科学，它有客观规律可循，有相对稳定的操作程序；公共关系是一门艺术，它有突破固定程序、追求无重复的创造特点。对公共关系而言，创新是其生命

力所在。唯有创新，才能塑造具有个性的组织形象；唯有创新，才能在竞争中使组织的良好形象立于不败之地。只有具有创新求美意识的人，才能透彻地体会到塑造形象的奥妙与乐趣。

从某种角度上看，创新就是换一个角度看问题，突破思维定式的束缚，多向思维，逆向思维，让思维迸射出多彩的“火花”。

世界上生产的第一台电扇是黑色的，这成了一种惯例，以后任何一家企业生产的电扇都是黑色的，以至在人们头脑中形成思维定式。日本东芝公司积压了大量电扇销售不出去。公司7万多职工为打开销路想尽了办法，但进展不大。最后，公司的董事长宣布，谁能够让公司走出困境打开销路，就把公司10%的股份送给他。这时，一个小职员向董事长建议，为什么电扇不可以是其他颜色的呢?

董事会经过研究后采纳了这位小职员的建议。第二年夏天，东芝公司就推出了彩色电扇，一上市就掀起了抢购热潮，几个月之内，就卖出了几十台。从此，电扇再不是一副“黑面孔”了。

这一改变颜色的小小举措，使东芝公司大量积压滞销的电扇变成抢手货，企业也摆脱了困境，效益更是成倍增长。

六、立足长远意识

塑造组织良好的形象，不是一蹴而就的事，而是需要以坦荡的襟怀、远大的目光，通过长期努力，不断积累，才能取得成功。公共关系活动与广告和营销不同，如果说后者更多地着眼于当下，注重较为直接的效益，那么，前者则要立足长远，追求长期的效益。

任何急功近利，只关注短期效益的做法，都是有悖公共关系理念的。

达美航空公司曾经在波音公司购买了4架747，但这几架波音747不仅没有为达美航空公司带来滚滚财源，反而让其背上了沉重的包袱。达美航空公司投诉波音公司，波音公司居然同意退货。这令达美航空公司的老总非常震惊。波音公司在为自己着想的同时，还为顾客设身处地地着想。因为波音公司懂得，客户的利益就是公司的利益。

波音把眼前的利益与长远的利益紧密结合在一起。此后，退回波音飞机的达美航空公司却与波音公司业务往来密切。到1990年年底，达美航空公司一共从波音公司购买了320架各种型号的飞机，成了波音最忠实的客户。

综上所述，公共关系意识的六个方面互相联系，构成完整体系，成为公共关系人员素质的核心。

七、危机管理意识

人类进入21世纪、网络传播时代，同时也进入了危机的高发期。危机意识比任何时期都显得更为重要。 危机意识是对组织的形象和社会公众关系能否保持良好沟通的忧患意识。有了危机意识就可以防患于未然，也可以在危机将要出现时及时争取公众谅解。从大量的公共关系案例来看，危机事件处理得好，坏事可以变好事，给组织带来转机，成为塑造组织良好形象的契机。

现代公关人员必须树立强烈的危机意识，密切监视环境的变化。据日本统计，每次大的危机爆发前都会出现300次苗头，关键在于我们能否发现并采取恰当的措施。公关人员应该善于发现潜伏的可能造成危机的因素，准确地判断，及时果断地应对。公关人员不仅要成为危机的“消防员”，更应成为预防、控制危机的“预警者”。

作为一种深层次的思想，公关意识引导着一切公共关系行为。良好的公共关系意识能促使一个人的公关行为永远处在自觉的状态中，使他对环境变化的反应、适应和协调有一种能动、开放、创造性的机制，既能很好地从事公共关系策划工作，也能创造性地完成公共关系实施任务。这种职业自觉和职业敏感是公共关系人员的优秀品质。没有正确公共关系意识的人，即使拥有再好的知识结构和能力结构，也不可能成为一位真正合格的优秀公关人。

强烈的公关意识，有利于公关人员在与各界公众的交往中，自觉地树立组织的美好形象，提高组织的美誉度和知名度；有利于更好地发挥公关人员在组织和公众之间的桥梁和纽带作用；有利于公关人员在公关活动中营造良好的氛围，及时进行信息的传播和沟通，减少公关危机；有利于在组织内部和组织之间形成顺畅、和谐、融洽的最佳公关环境；有利于公关人员主动地经受实践的锻炼和考验，增进交往技巧和专业素质，不断提高对生活、事业及生命本身的认识和理解，提高自身素质，提高公关人员队伍的整体素质，推动公共关系事业的发展。

2000年11月，中国政府发出通知：禁止在药品成分中使用PPA。作为中国市场上治疗感冒的品牌药品，康泰克被“绑上”公众和媒体的审判台。

11月16日，生产康泰克的中美天津史克制药有限公司（以下简称中美史克）接到天津市卫生局的叫停通知后，立即成立了危机管理小组。小组下设几个分组：一是核心领导小组，负责制定危机应对的基本政策、立场基调和统一口径，并协调各小组工作；二是沟通小组，负责信息发布和内外部沟通，在整个危机事件中发挥“舆论领袖”的作用；三是市场小组，负责加快新产品的研究与开发；四是生产小组，负责调整生产并处理正在生产线上的中间产品。危机管理小组共由20余人构成，其中10位为公司各主要部门经理，另外10余位为相关工作人员。

16日上午，危机管理小组发布了危机公关纲领：坚决执行政府法令，暂停生产和销售康泰克；通知经销商和客户立即停止销售康泰克，取消相关合同；停止广告宣传和市场推广活动。

17日中午，中美史克召开全体员工大会，总经理宣布了公司不会裁员的决定。同日，全国各地的50多位销售经理被召回天津总部，危机管理小组深入其中做思想工作。随后，销售经理带着公司的《给医院的信》《给客户的信》回本部，在全国展开应急行动纲领。

20日，中美史克在北京召开新闻媒体恳谈会，告知媒体：无论怎样，维护广大群众的健康是中美史克坚持的原则，将在国家药品监督部门得出关于PPA的研究论证结果后，为广大消费者提供一个满意的解决办法。

21日，中美史克开通了15条消费者热线。公司培训了数十名专职接线员，负责接听来自客户、消费者的问讯电话，做出准确、专业的回答，以打消公众疑虑。

危机期间，面对新闻媒体的不公正报道，中美史克只是尽力争取媒体的正面宣传以维系企业形象。公司总经理多次接受国内知名媒体的专访，为公司争取说话的机会。面对康泰克退出带来的高达20亿元的市场空间，一些竞争对手开始大肆炒作，中美史克对此保持冷静，既没有反驳也没有诋毁竞争对手，避免了节外生枝。

经过努力，中美史克成功化解危机，媒体评价说："面对危机，管理正常，生产正常，销售正常，一切都正常。"

主题二　公共关系人员的形象

形象是一个人外在表现与内在素质的综合反映。公关人员的形象包括公关人员的道德品质、性格气质、文化修养、心理素质、职业道德等方面给人留下的印象。公关人员的形象是公众对公关人员素质的认识、评价及评价后形成的印象。作为公关人员，与各类公众直接打交道的机会很多，他们的个人形象往往会极大地影响整个组织与公众之间的关系，影响组织形象。公共关系人员的良好形象既有助于成功的人际交往，更代表自己所在的组织，有助于维护所在的组织形象。因此，公关人员必须十分重视自身的个人形象。从个人形象的角度看，它通过个人的外部形象、内在素质等许多方面表现出来。

有人把通才式的公关人员形象地称为"三个1/3"——1/3的企业家，有企业家的头脑，强烈的经济效益的观念，敢于竞争，追求卓越的自信，以及深刻的洞察力、敏锐的判断力、丰富的想象力和果断的决断力及较顽强的意志力；1/3的宣传家，有较强的形象观念、信息观念，能说会写，富有传播技巧，信息灵通，左右逢源；1/3的外交家，待人热情真诚，说话幽默高雅，举止端庄，态度谦和，善交朋友。

一、外部形象

个人的外部形象主要是指人的仪容、仪表、姿态、举止、风度、礼仪等外部表现。公关人员在公共关系中是否懂礼仪、能否自然而然地运用礼仪，绝不仅仅是仪表问题，而是一个人内在素质和文化修养的体现，关系到组织形象的塑造。公关人员代表组织开展活动，是"组织"的一个窗口。组织能否使公众产生信任感和好感，在最初阶段，很大程度上取决于公关人员的形象。如果公众对公关人员的彬彬有礼有深刻的印象，他可能会联想到这个组织员工的整体素质一定不错，从而相信整个组织也一定会强有力。否则，缺乏素养的公共关系人员，会使公众联想到组织整体素质低下，没有坚强的经济和技术实力，进而动摇组织形象。

公关人员应该保持良好的仪表和风度，做到衣冠整洁、举止大方、言谈适度、讲究礼仪，一言一行要表现出积极、认真、向上的精神风貌。端庄得体的仪表、潇洒飘逸的风度，既是对别人的尊重，也是自尊、自重、自爱的表现，是照耀公关活动的"晕轮"或"光环"，

> **公关语录**
>
> 微笑无须成本，却创造出许多价值。
>
> ——斯提德

会对公众产生天然的吸引力，为进一步发展交往、增进友谊、开展工作打下良好的基础，使合作过程充满和谐与成功。

以下案例中，周恩来总理之所以享有很高的世界声誉与其高雅得体的公关形象是密不可分的。

周恩来就读于南开中学时，各教学楼门口都有一个大镜子，上面印着《镜铭》：“面必净，发必理，衣必整，纽必结，头容正，肩容平，胸容宽，背容直。气象：勿傲、勿暴、勿怠；颜色：宜和、宜静、宜庄。”周恩来自年轻时就按照《镜铭》的要求做，毕生注重彬彬有礼的风度，保持光彩照人的形象。一位欧洲女作家说：“周恩来在演讲时，步履矫健，昂首挺胸，神色自然，仪态万方，周身洋溢着自信与激情。他时而平静，时而激动，时而温和，时而愤怒。而这一切都是那样得体和恰如其分。独具魅力的体态语，帮助周恩来把自己塑造成为一位受到普遍欢迎的交谈伙伴、一位杰出的演说家、一位老练的谈判高手、一位劝说行家这四种角色集于一身的出色形象。”

二、内在素质

公关人员的形象更主要的是表现在其内在气质和修养上，良好的外在形象与优秀的内在修养相结合，才能形成最佳的公关人员形象，如公关人员的文化修养、道德涵养、心理素质、公关水平和能力等。

1. 公关人员的心理素质

公共关系活动的综合性、复杂性决定了公关人员必须具备健康、良好的心理素质，才能协调各种复杂的关系，克服各种困难与压力，保证公关工作的顺利开展。

(1) 优良的性格

性格是指在对人、对事的态度和行为方式上所表现出来的心理特点。良好的性格能推动能力的发展并补偿能力的某些弱点，相反，性格缺陷则会成为能力表现和发展的障碍。公关工作的对象是人，公关工作是争取人心、求得“人和”的工作，这要求公关人员首先要善解人意、善于交际，待人和善真诚，理解人，尊重人，不能尖刻、冷漠；还要耐心细致、和蔼可亲、乐于助人，把分享他人成功的喜悦作为自己服务行为的一种动力；乐观幽默、谈吐动人、有涵养，在交谈出现不愉快的情形下，依然保持优雅的风度，善于控制自己的情绪，善于利用幽默缓解气氛；善意隐忍，在自己的意见或观点暂时不被理解、接受的情况下，善于等待和说服，即使自己是正确的，也不能得理不让人，给对方留有回旋余地；在遇到紧急情况或尖锐矛盾时，要意志坚定、不急不躁、冷静思考、沉着应对。既有较强的适应力、感染力和吸引力，又有忍耐力和周旋力，善于创造和谐的人际关系。

人的性格千差万别，心理学上把人的性格分为阴性和阳性两大类。阴阳两种性格既有明显对立，又相互补充，都有各自的优缺点。从公关行业对公关人员的要求看，单纯地具有哪一种性格都是不完整的。例如，阴性性格中的封闭、拘谨、孤独、焦虑等特点显然不适合开展公关工作；而阳性性格中的易怒、暴躁、武断、冒失、粗心则不容易使人信任，不利于建立良好的人际关系。

一个合格的、优秀的公共关系人员应同时具备阴性性格和阳性性格中的优点，并且克服这两种性格中的弱点和缺陷，塑造适合自己职业的良好性格。公关人员的性格特征如图 4-1 所示。

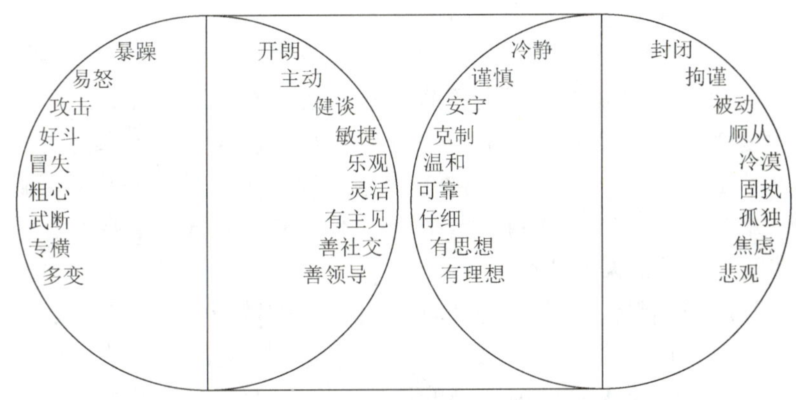

图4-1 公关人员的性格特征

（2）自信、豁达的风度

自信，是对公关人员的心理素质最基本的要求，是取得事业成功的基石。古人说："自知者明，自信者强。"只有充满自信，才能敢于竞争，敢于拼搏，敢于追求卓越，面对挑战，在人际交往中充分发挥自己的才能，抓住各种时机。如果没有自信，那么在社会交往中就会畏缩不前，失去塑造组织形象的机会。自信是成功的动力，没有自信的人，无论多么有才能，也很难获得成功的机会。

公关人员要同社会上形形色色的人交往，为组织建立一个和谐的公共关系环境和氛围，因此，公关人员必须具有宽宏大度、容人容事的气量，能容忍他人的弱点和不足，容纳他人的不同观点、态度、意见、方法，要能着眼于未来，不计小是小非，善于同各种各样的人结交朋友。公共关系人员还要以豁达乐观的态度，冷静地对待和处理工作中的困难与挫折，不斤斤计较个人的得失，不卑不亢，落落大方，从容自如地开展公关工作。

在公关活动中，并不都是一帆风顺的，随时都可能遇到各种各样的阻力和困难，甚至造成公关活动失败。在当前日益复杂的经济活动中，竞争是非常激烈的，因此公关工作遇到挫折是很自然的。作为公关人员，在挫折面前，不要气馁，不要灰心丧气，要保持开朗乐观的态度，泰然处之。只有正确看待挫折，保持良好的心理状态，坚持不懈地努力，才能在激烈的竞争中立于不败之地。

（3）热情、开放的心理

热情是做好工作的前提，尤其对于公关人员而言，要经常保持对工作的激情才能不断有新的创意、新的立足点。公共关系工作是一种需要付出大量智力和体力劳动的艰辛的工作，经常要加班加点超负荷地运转。可以说，没有极大的热情，没有全身心的投入，是做不好公共关系工作的。热情的心理，能使公共关系人员的兴趣广泛，对事物保持敏感性，充满想象力和创造力。很难想象，一个对生活缺乏热情，对一切漠不关心的人会胜任公共关系工作。

公共关系工作是一种开放型工作，所以，公共关系人员应该具备一种开放的心理，能够不断接受新事物、新知识、新观念，在工作中不囿于既有程式，大胆创新。

（4）发达的情商

情商，主要表现为“情绪”，是非智力的心理因素，如自激励、战胜挫折的能力，克服冲动、调适情绪的能力，适应环境、与人相处的能力，等等。美国心理学博士丹尼尔·戈尔曼通过科学论证得出结论“情商是人类最重要的生存能力”，人生的成就至多20%可归诸智商，另外80%则要受其他因素（尤其是情商）的影响。可见，情商的重要性。事实证明，智商高的学生毕业后不一定与成就和幸福画等号，情商高的学生也可能在数年后有惊人的建树。

1）认识自身的情绪。认识情绪的本质是情商的基石。这种随时随地认知自身感觉的能力对于了解自己非常重要。只有了解自身真实感受的人才能成为生活的主宰，继而对家庭、事业等人生大事做出适当的选择。公关人员要帮助组织认识自我，先要学会认识自身的情绪。

2）妥善管理情绪。情绪管理建立在自我认知的基础上。能够自我安慰、自我调解、摆脱焦虑、克服恐惧，就能走出困境。公关人员要帮助组织走出低谷，首先要有自身走出低谷的能力。

3）自我激励。自我激励包含两方面的意思：一是通过自我鞭策保持对学习和工作的高度热忱，这是一切成就的动力；二是通过自我约束以克制冲动和延迟满足。自我激励会产生无穷的动力，甚至会突破人生极限，达到难以想象的程度。

4）理解他人情绪。能否设身处地理解他人的情绪，这是了解他人需求和关怀他人的先决条件，戈尔曼用同理心概括这种心理能力。“同理心”是同情、关怀与利他主义的基础，具有同理心的人常能从细微处体察出他人的需求。公关人员要学会“一眼识透他人心”，学会换元思维，即站在对方、第三方角度看问题。

5）人际关系管理。恰当管理他人的情绪是处理好人际关系的一种艺术。一个人的人缘、领导能力、人际和谐程度都与这项能力有关，公关人员对工作胜任与否也与这项能力有关。能充分掌握这项能力的人常常是社会上的佼佼者。公关人员应善于学习，成为管理他人情绪的高手，进而成为引导社会情绪的高手。

情商的基本内涵包括两部分：第一部分是要随时随地认识、理解并妥善管理好自身的情绪；第二部分是要随时随地认识、理解并妥善管理好他人的情绪。

良好情商使人无论在积极还是消极的心理体验中都能保持积极进取的心境，用理智控制激情，排除环境的影响，保持心理平衡。失败面前敢于认错，敢于承担责任，以坚忍不拔的毅力迎难而上。

2．公关人员的文化素质

公关人员要同社会组织内外的各种各样的公众打交道，处理错综复杂的公关事务，面对整个社会，面对不断变化着的人和事，更需要比较广泛的知识，应该是“通才”“杂家”，才便于更好地与公众进行无障碍交往、沟通。

美国报刊评论员利布林有一次去采访一位著名的赛马骑师。这位骑师不愿同记者打交道，对利布林的采访自然也反应冷淡。利布林一见这位骑师就问："你的左蹬皮带比右蹬皮带多放长了几个眼？"骑师一听这话，从马镫皮带谈起，向利布林叙述了他的驭马生涯。利布林不费吹灰之力，完成了别的记者费尽九牛二虎之力也无法完成的采访任务。原来，赛马的骑手为了克服在圆形跑道上产生的离心力，往往会将左蹬皮带放得比右蹬皮带稍长。对此，若不是十分熟悉赛马的人是不了解的。利布林正是抓住这一关键的技术细节，使骑师觉得他是一个对赛马有研究的行家里手，便与利布林畅谈起来。知识帮了利布林的大忙。

文化素质是公关人员施展才能的基础，才能又是具有相应文化素质的行为表现。因此，公关人员要有效地做好公关工作就必须具有一定的文化知识素质，包括以下几个方面。

第一，理论政策水平。理论政策水平是公关人员文化素质的首要方面，直接关系到公关工作的方向，这也是公关工作特点的内在要求。公关人员的重要职能之一是抓住各种有利时机，向组织领导提供及时准确的政策咨询，这就需要公关人员有较高的理论觉悟和政策水平。一方面要掌握国家的有关政策、方针，使自己的公关工作能纳入国家政策的大轨道。另一方面，必须熟练地运用组织内部的有关政策和方针，使各项公关活动为组织整体目标服务，以促进组织的自下而上发展。此外，还应关注和了解其他组织，尤其是竞争对手的方针、政策。

第二，专业知识结构。公共关系是一项专业性很强的工作。公共关系学科的特点，决定了从事公共关系工作的人员必须同时具备以下三个层次的结构：一是公共专业知识，主要包括公共关系原理、公共关系实务、公共关系的历史和发展趋势；二是公关相关知识，主要内容是新闻传播学、市场学、会计学、心理学、社会学、管理学、广告学及法学、伦理学和民俗学等方面的知识；三是公关专业技能知识，如宣传资料的设计、年报的编写、新闻报道的写作、摄影与采访技术、演讲、接待、礼仪和调查方法等技能知识；四是公关的基础知识（所有专业都需要），如外语、政策学、哲学、法律基础、中外历史等。

公关专业知识结构的涉及面很宽，既有理论知识，又有操作技能。因此，理想的公共关系人员应当具备T形知识结构：公共关系专业知识要深，一般知识要博，集专才和通才式于一身，熔科学与艺术与一炉；具有哲学家的思维、经济学家的头脑、组织者的才干、政治家的胸怀、外交家的纵横、企业家的胆识、军事家的果断、宣传家的技巧、战略家的眼光、幻想家的想象、律师的善辩、新闻记者的敏感，是"一专多能"的特殊人才。

第三，相关工作经验。相关工作经验是指工作性质和方法与公共关系工作比较接近的某些职业经验，如从事新闻工作的经验或与新闻部门打交道的经验，从事营销、广告方面的经验，从事舆论调查、民意测验方面的经验等。

理论政策水平、专业知识结构和相关工作经验这三方面构成了公关人员的基本文化素质。在公关活动中，理论政策起着思想和行为的导向作用；专业知识是从事实务工作的操作工具，直接关系到公关工作的质量；相关工作经验是应付各种复杂局面的助手。这三方面缺一不可，应该有机地融于公关人员的文化素质之中。

3．高尚的职业道德

由于公共关系工作是一门通过公共关系塑造形象、建立声誉的科学和艺术，而且从事公共关系职业的个人在公共关系工作中反映出的道德好坏不只是影响个人，更重要的是影响整个组织，它对从业人员的要求更高。

公共关系人员必须具有优秀的道德品质，高尚的个人情操，诚实严谨、恪尽职守的态度，廉洁奉公、公道正派的作风。在代表组织协调各种关系中，不谋私利，不徇私情，为人正直，处事公道，讲究信用，遵纪守法，不卑不亢。在本职工作中，尽心尽责，恪尽职守，能充分履行自己的社会责任、经济责任和道德责任，并能勤奋学习、钻研业务、开拓创新。因此，公关人员必须忠实地履行自己的职责。

（1）强烈的事业心和高度的责任感

有人形象地形容公关工作者是“24/7”职业者（每周7天，每天24小时不停地忙碌）。公关工作不是按部就班的工作，特别是在大型活动中，高强度长时间的突击性工作是家常便饭。据中国国家公共关系协会2002年的行业调查表明，整个行业人均日工作时间超过9.4小时。

公共关系人员应自觉地认识到自己所从事的工作是本组织整体工作的重要组成部分，自身工作的优劣关系到组织目标能否实现。所以在工作中要有高度的责任心，能尽心尽责、锐意进取，从而卓有成效地完成自己所担负的每一项工作。

（2）忠诚

忠诚是对公关人员最起码，也是最重要的职业道德要求。公共关系人员要忠诚于社会组织，同时还要竭力忠诚于公众，并使这两种忠诚有机融合于同一公关实务活动中，忠诚地为实现组织的目标而工作。对公众的忠诚表现为对公众讲信誉，全心全意地维护公众的利益。这既是公关人员的职业道德，又是公关活动成功的保证。

第二次世界大战后，德国工程师斯特曼斯流亡到美国，生活没有着落。这时，一家小企业看中并雇用了他。他勤奋工作，逐渐显露出技术才能。福特汽车公司的一台大型电机出现故障，公司的技术人员无力排除，只好请斯特曼斯帮忙。他在电机旁搭了一个帐篷，以方便听电机的声音，2天后，只用粉笔在电机上画了一条白线。他对福特汽车公司的经理说：“把电机打开，在画线的地方把线去掉16圈，电机就能正常工作了。”为此，福特汽车公司给了他1万美元的报酬，事后，通用汽车公司知道他是一个人才，要高薪聘用他。斯特曼斯拒绝了，他说：“在我最需要帮助的时候，这家小企业看中了我，我现在不能忘恩负义。”通用汽车公司为他的忠诚可靠的精神所感动，便把斯特曼斯和那家小企业一起买下了。

（3）正直

公共关系人员应具有公正坦率的道德品质。正直一般表现为性格的刚直、作风的正派、品德的公正无私。公共关系人员要与众多的服务对象打交道，言行稍有不端，不仅有损于公众利益，而且也会有损于组织形象。正直，要求说真话、表里如一、坚

持原则、守信用、宽容、耐心、谦虚、节制。不仅在公共事务中，而且在私人生活中，都应该襟怀坦白。这样才能给公共关系工作带来良好的声誉。

黄先生原来在一家企业做市场部经理，后来由于某种原因他来到竞争对手的公司应聘营销总监。当时这个公司老总问他原公司的情况，让他透露一点信息。黄先生说："如果你对我的能力认可，那么就聘用我。我不会用竞争情报来换取自己的职位，这是我的职业道德。"为此，公司老总聘用了他，并让他担任营销总监。

以上案例表明，正直不仅体现了一个人的职业道德，更体现了一个人的社会道德和个人品质，如果不能做到正直无私、尽职守则，就是对他人、对组织、对公众的不负责任。

（4）热忱

公共关系人员在与人交往中，必须热情洋溢、真诚礼貌。热情的态度，可以使对方感到自己的诚意、恳切、友好、礼貌，为交往的顺利进行打下良好的基础。当然，热情绝不意味着可以丧失自己的立场，更不能曲意逢迎、趋炎附势，把公共关系变成庸俗关系。

塑造公关人员形象的不可或缺的一个方面是公关人员的职业道德，就是在公关工作实践中约定俗成、必须遵循的道德操守和行为规范。很多国家及国际公共关系组织都十分重视公共关系人员的职业准则问题，并纷纷制定出相应的职业准则条款以规范组织成员的行为。概括起来，主要包括：坚持真实和准确地反映事物的本来面貌；尊重客户的权益，客观、公正、忠诚地对待所服务的对象，为客户保守秘密；不损害、中伤同行的权益和声誉；应以自己的行为赢得有关方面的信赖等。

为了使我国公共关系人员有章可循，推动我国公共关系事业的健康发展，1989 年 9 月 27 日，我国省、市公共关系组织第二次联席会议提出了《〈中国公共关系职业道德准则〉草拟及实施方案》。虽然它还不完全尽如人意，有待于进一步完善，但它的诞生无疑是中国公共关系事业发展史上的一件大事。这里，我们将该职业道德准则的正文条款转引如下。

总则（略）。

条款：

1）每个公共关系从业人员必须使自己的公共关系实践和理论符合我国的宪法、法律和社会公认的道德规范，必须铭记他自身的一举一动都将影响到社会公众对这种职业的总体评价。

2）在任何情况下，公共关系从业人员必须做到全心全意为我国的社会主义事业服务，应该考虑到有关各方的利益，首先应该考虑社会公众的利益，同时也应该考虑到自己所在组织的利益。

3）公共关系从业人员在进行公共关系活动的时候，力求真实、准确、公正和对公众负责。

4）从事各种专门公共关系的专职人员应该在借鉴、钻研和实践的基础上努力提高各自的公共关系业务水平。

5）公共关系教育工作者应该以一种严肃、认真、诚实的态度对待公共关系高等教育和普及教育。

6）公共关系从业人员不得参与不道德、不诚实或有损于本职业尊严的行为。

7）公共关系从业人员不得为了个体利益故意传播虚假的或使人误解的信息。

8）公共关系从业人员不应该有意损害其他公共关系从业人员的信誉和公共关系实务，但是如果有证据证明其他公共关系从业人员有不道德、不守法或不公正行为，包括违反准则的行为，应该向自己所属的公共关系组织如实反映。

9）公共关系从业人员不得借用公共关系名义从事任何有损公共关系信誉的活动。

10）公共关系从业人员不得利用贿赂和其他不正当手段来影响传播媒介人员真实、客观的报道。

11）公共关系从业人员在国内外公共关系实务中应该严守国家和各自组织的有关秘密。

劳动与社会保障部在《公关员》1999 年职业标准“职业道德”中规定公关人员的职业道德是：①奉公守法，遵守公德；②敬业爱岗，忠于职责；③坚持原则，处事公正；④求真务实，高效勤奋；⑤顾全大局，严守机密；⑥维护信誉，光大形象；⑦服务公众，贡献社会；⑧精研业务，锐意创新。

主题三　公共关系人员的基本能力

以下事例显示了公共关系工作对公关人员的综合能力的要求是很高、很全面的。公关人员的良好素质必须通过具体的实践与锻炼，才能形成实际工作能力。

康柏计算机公司招聘广告

招聘职务：公关经理、媒体关系。

负责地区：美国中部。

工作职责：负责与媒体的日常交流，保持与媒体主动积极的关系，并积极准备题材，向媒体推销企业，帮助媒体获取企业信息。此外，还须同企业高级管理层建立并保持良好的关系，筹备、企划和执行企业各项公共关系的推广项目和活动，负责公关策划和安排过程，与其他公关团队协调，支持重大产品的发布，从战略的角度策划公关计划，答复媒体的问讯。

应具备条件：首先，应聘者最好在工作节奏快的高科技企业传播部门或者公关公司工作过，富有实战经验，和媒体有密切的联系，具备战略性营销技能，并具备同一时间有效地处理多项业务的能力；其次，具有使企业受到媒体报道的优良业绩，具备掌握重大方向的同时处理细节的能力，具有完美的组织技能，能在必要时灵活掌握和运用时间，具备与内部客户、外部机构及媒体保持固定关系的能力，并具有良好的表达能力和人际沟通能力。

公关员是从事组织机构信息传播、关系协调与形象管理事务的咨询、策划、实施

和服务的人员，具备较强的语言与文字表达能力；协调、沟通和组织内外公众关系的能力；调查、咨询、策划和组织公关活动的能力等。公关员职业等级共设五个等级，分别为初级公关员（国家职业资格五级）、中级公关员（国家职业资格四级）、高级公关员（国家职业资格三级）、公关师（国家职业资格二级）和高级公关师（国家职业资格一级）。

虽然公共关系人员的层次不同，对业务能力的要求也不尽相同，但总体上看，公共关系人员应具备的基本能力大致如下。

一、组织管理能力

公关人员的工作渗透在日常行政、业务工作的各个环节，公关人员必须从全局的角度协调处理，有计划、有目的、有步骤地安排活动，实现目标，完成既定任务：在筹划一项公关活动时要深思熟虑、精心准备，制订详细周密的计划、措施，设想可能发生的种种情况；在活动开展的过程中，要认真组织，穿针引线、烘托气氛，有效地控制公共关系计划、方案的实施过程，排除不良因素的干扰；在活动结束后要认真回馈，总结得失利弊、经验教训。例如，为新闻发布会、商品展销会、答谢宴会、庆典活动等预算经费、安排时间、布置会场、发放请柬、打印数据、筹办礼品、迎送客人等，方方面面都要落到实处、井然有序。

公关人员要善于调动、组织和协调组织内外的力量及关系；善于制订公共关系的日常工作计划和专题计划，并适当有效地组织实施与评价；善于组织和参与各种有关的、公共关系原理与实务常见的会议和活动，并恰当有效地选择和运用多种传播手段，推动组织实现与完成预期目标。若没有良好的组织能力是很难办到的。因此，良好的组织能力是顺利做好公关工作的必备条件。

杭州某饮料厂借“六一”儿童节在西湖策划了一起大型娱乐活动。其中一个活动项目是：凡参加活动者中有同堂四代的生日都在6月1日的家庭，可凭身份证当场领取饮料厂提供的5万元赠金。由于策划者对这样的家庭数量估计不足，仅按1家的数量做预算。没想到，活动现场一下来了6个家庭，饮料厂一时不知如何是好，只能让6个家庭平分仅有的5万元赠金。寿星们谁都不买账，纷纷要求厂家兑现诺言——向每一位“六一”寿星家庭赠送5万元。双方争执不下，结果，整个活动以失败告终。事后的很长一段时间，饮料厂都陷在处理这件“后事”的尴尬之中。

可见，虽有好的构思与策划，没有良好的组织能力，也是搞不好公共关系工作的。

二、协调沟通能力

公关的本质在于沟通协调。组织形象的确立、塑造和宣传，要求公共关系人员必须协调好组织内部关系，使之上下一致、齐心协力，共同为塑造和维护本组织的形象努力，使组织的外部公众接纳和支持组织。因此，公共关系人员要做大量的协调沟通工作。

1．协调内部公众

协调内部公众特别是组织内部首要公众和组织的关系，使他们了解和理解自己的组织，进而支持自己的组织。并且要加强组织内部各职能部门之间的相互协调和沟通，形成强大的凝聚力，这是公关人员工作的重要内容。

2．协调组织和其他外部公众的关系

相对于内部公众而言，外部公众的构成更加复杂，层级更加丰富。凡是影响组织生存和发展或可能对组织有影响的其他组织或群体都是组织的公众，都是公共关系工作的主要对象。协调好与他们的关系，调动公众、吸引公众、赢得公众的支持，是公关人员的主要工作内容。公众的种类不同，需求也不同，这就要求公关人员有较强的组织协调能力。

3．处理各种纠纷和突发事件

当突然出现公众纠纷和突发事件时，极易出现人心散乱的危险局面，这时候，需要公关人员稳定人心，通过各种传播方法，及时公布事实真相，正确引导舆论，为制止事态扩大、妥善处理事件创造有利条件。

无论个人还是团队间的交流，公关人员都需要有非常出色的沟通能力，不仅能准确、完整、适当地向公众表达自己的全部意思，而且还能充分把握公众的需求，“读懂”公众的诉求点，这样，才能保证双方信息沟通的顺畅。

这种沟通能力不仅指写作能力，更包括口头语言表达和形体语言的能力。人际交流能力、说服他人能力、懂得如何表达信息和思想并能够耐心听取他人的见解，这些都是公关人员必备的生存本领。公关人员应当善于向他人介绍自己所掌握的信息，清楚地表达自己的观念，使人能理解并支持某一个特别见解；细心听取他人的意见；有措辞准确的文笔、平和的语言能力，对事物精准全面的描述。这些都具有不可估量的价值。模块二主题三中的“克兰梅”事件在短时间内就能得到妥善解决，公共关系人员起到重要作用。他们凭借卓越的沟通协调能力，迅速联系总统候选人、新闻界、制造业、食品化验部门等公众，并进行有效沟通协调，终于挽救了厄运面前的海洋浪花公司。

三、社交能力

社交能力实际上就是与他人相处的能力。约翰·洛克菲勒曾说：“处理人际关系的能力就像日常生活中的糖和咖啡一样必不可少，我愿意出高薪聘请这类人才。”可见，交际能力是十分重要的。从某种意义上说，公关人员应该是社会活动家，因为他要在自己的职业生活中与形形色色的人打交道，能否恰到好处地协调、处理好人与人之间的各种关系，将对他的工作、生活、事业产生不同程度的影响。

某星级宾馆的公关部经理小芳获悉一个日本大公司驻上海办事处在上海一家饭店预订了300人的大型宴会席位，但对该饭店还不太满意，决定主动与之交往，做成这笔不小的生意。据悉，日方公司的董事长、总经理等高层人物将来中国访问，行程中包括上海。在上海访问期间，日方访问团将答谢上海有关方面的人员。该宴会就是为此而准备的。

于是，小芳准备用一种特殊的交往方式让日方代表将宴会地点改在小芳所在的宾

馆。为此，她带着精心挑选的特殊礼物——一对包装精美的泥人“乌龟”来到日方上海办事处代表的办公室。她先作自我介绍，之后把宾馆及宴会厅的有关资料送给对方，还热情地邀请对方到实地考察。当然，还不忘把那个特殊的礼物送给了对方。看到小芳的热情、大方、令人折服的交往方式和得体的特殊礼物，对方爽快地将宴会举办地改在小芳所在的宾馆。后来日方代表团对宴会非常满意，对日方驻上海办事处的明智选择大加赞赏。

原来，小芳对日本文化甚为了解。日本人特别喜爱乌龟，把它当作长寿的象征。所以，这个礼物很快被对方接受了。小芳完全是凭着自己的社交能力做成了这笔生意。

这反映了公关人员的社会交往能力非常重要。尽管公关人员不是“交际花”，但较强的社会交往能力对于有效开展公关工作是必不可少的。

社交能力是进行交往、联络公众的能力。它是组织树立形象与声誉的一种重要形式，是创造良好人际环境的重要方法，也是公关人员广结善缘、搞好关系，争取公众理解、支持的基本条件。社交能力是各种能力的综合反应，它是人的性格、学识、口才、阅历、经验等多种因素的融合。

公关需要社交，社交推动公关。社交能力强的人很善于与别人打交道，一旦与别人相识，便能很快找到彼此感兴趣的话题，而有些人见了面只是寒暄几句就不知所措。缺乏社交能力的人往往在自己与他人、与周围环境之间形成一道心理屏障。而优秀的公关人员能够有效排除语言障碍、习俗障碍、观念障碍、心理障碍等各种沟通障碍，真诚巧妙地同各种价值观念与文化背景、各种个人修养与道德水平、各种阶层与行业、各种个性与爱好、各种生存状态与情绪状态的人，包括陌生人，进行无障碍交往，善于制造令人舒适、利于交流的气氛，善于化解矛盾与危机、调整和改善人际关系、博取他人的好感。

公关人员所面临的是一个内外公众所组合成的社会关系网络结构，其任务就是有效地协调、疏通各种社会关系，以建立良好的外部环境。因此，公关工作在某种意义上说是一种交际艺术。实际上，在大量公关实践活动中，往往有些问题在正式谈判场合无法解决，在社交场合却迎刃而解。另外，社交场合还是传递交流和获得信息的重要场合。因此，社交能力的强弱往往成为衡量公关人员是否具有适应开放社会和做好本职工作的重要标准。公关人员只有具备良好的社交能力才能适应公关工作的需要。

四、表达能力

表达能力是指运用语言、文字、形体等方式将自己的观点意见、思想感情明确有效地传递给他人的能力。公共关系工作是一种传播活动、一种双向的信息交流过程。信息传播和意见沟通是公共关系工作的基础，公共关系人员与公众进行信息交流与沟通，是否成功与有效，很大程度上取决于本人的表达能力。一个成功的微笑可以使你立足；一句真诚的赞美可以使你获得信赖；一个恰到好处的体态语言可以使你的态度得到展示；一则趣味盎然的广告可以给你的组织带来财富；一场激烈的谈判可能会给你的组织带来财富。

1．文字表达能力

对公共关系人员来说，文字表达能力主要表现在能够撰写各种涉内涉外的公文，撰写新闻稿、通信、人物特写、报告文学及公共关系报告、发言稿等。随着公共关系活动逐步走向系统化、规范化，公关人员应具备与公共关系相关的应用文写作能力，如演讲稿、调查报告、解说词、广告词、说明书、公函、简报等。这就要求公关人员有扎实的文字功底、熟练的文字技巧。例如，步步高广告语“没有最好，只有更好”，555牌香烟的广告语“禁止抽各种香烟，连555牌香烟也不例外”等简洁、新颖、独特；戴比尔斯钻石的广告语“钻石恒久远，一颗永流传”。事实证明，经典的广告语总是丰富的内涵和优美的语句的结合体，戴比尔斯钻石的这句广告语，不仅道出了钻石的真正价值，而且也从另一个层面把爱情的价值提升到足够的高度，使人们很容易把钻石与爱情联系起来，这的确是最美妙的感觉。

奥美广告公司为联合利华公司创作的“京华茉莉花茶”系列广告就是成功地利用语言文字艺术影响公众的典型。广告中，人们在每幅画面上看到的除了一包京华茶叶和它的标志外，就是一块小黑板，上面分别用粉笔写着“邻里之间，多走动走动！”“别光站着，聊聊家常吧！”“瞧！人与人之间的距离并不远！”“关好门，锁住一屋清香。”“拧紧水龙头，留泡一壶好茶。”

前三句广告语既阐发出对某些社会问题的态度，也表现出企业高度的社会责任感，向全社会倡导一种和谐友爱、相互信任的人际关系；后两句则一语双关，既提醒人们注意居家安全和节约用水，又把产品的特点、质量个性十分贴切地表达出来。整个广告用语精练，集思想性、艺术性于一身，耐人寻味。

2．口头表达能力

口头表达能力就是通常所说的口才。口头表达是公关工作中实现信息双向交流沟通最主要、最直接、最迅速的传递手段。公关人员要经常出席会议、参加公关谈判、策划公关事件、处理公关危机、协调组织内外关系等，这些场合都要求公关人员有较强的口头表达能力。公关人员要掌握口头表达的技巧和艺术，吐字清晰、发音标准，合乎逻辑，还要注意语气、语音、语速、语调、表情、方式等，增强说服力、亲和力和感染力，做到大方得体。如果能妙语连珠、幽默风趣，而又令人有新鲜感就更好了。

美国前总统里根有一次到加拿大访问，演说时不时被反美示威的群众打断，陪同他的加拿大总理皮埃尔·特鲁多感到十分尴尬不安，里根却幽默地对他说：“这种情况在美国时常发生。我想这些人一定是特意从美国来到贵国的，他们想使我有一种宾至如归的感觉。”几句话使特鲁多不安的阴云从心头一扫而光，霎时变得眉开眼笑了。

里根的自嘲中充满了诙谐幽默的情调，缓解了严肃紧张的气氛和难堪的局面。

3．体态语表达能力

体态语指通过表情、动作和体态来传情达意的一种无声语言。人们在用语言进行交谈、传递信息时，还同时借助于双方的表情、姿态、动作包括手势、下意识动作等无声语言来表达内涵丰富的思想感情。体态语言在公共关系中有其明显而突出的重要性，公关人员应用心研究人体语言，从中了解对方的态度或某种细微的情绪变化。要

根据不同的场合和目的，运用形体语言把不便用口头和文字表达的信息传递给受众。据估计，人类面部表情达 25 万种之多，至少有 70 万种可以用来表达思想意义的姿态动作，这个数字远远超过当今世界上最完整的一部词典的词汇量。

表达能力的三种形式既互相作用，又互相区别。公关人员应综合应用、相互配合，以求达到最佳效果。

五、应变能力

公共关系人员都具备一个特性：灵活。作为组织最灵活的一个部门，公共关系工作随时都会面临突发事件，这就要求公关人员在处理这些事情时机智、灵活，有随时可以应付一切突发事件的应变能力，能够超前应变和临场应变，根据不同的场合，调节具体的公关策略和措施。在组织顺利发展时能维持组织的良好形象，并力争向更高的目标发展；在遇到障碍时，能保持清醒的头脑，并想办法越过障碍继续前进；在组织形象受损时，能冷静思考，寻找出挽救组织形象的有效途径；日常公关活动中，遇到临时性的问题时，能够保持理智的态度，及时找到解决问题的方法，达到公关活动的目标。

一次，在一个中外记者招待会上，一位西方记者向陈毅副总理提问：“最近，中国打下了美制 U-2 型高空侦察机，请问，你们用的是什么武器？是不是导弹？”对这样一个涉及国防机密的问题，如果以“无可奉告”的外交辞令回复，未免显得生硬，有失风度。陈老总风趣地举起双手在空中做了一个向上捅的动作，以俏皮的口吻说：“记者先生，我们是用竹竿把它捅下来的呀！”与会记者为陈老总的机智、幽默所折服，报之以长时间的热烈掌声。

这个事例说明，应变能力是公关人员不可缺少的最重要的能力之一，公关人员必须具有应付各种情况变化的心理准备和实际能力，掌握机动灵活的方法技巧。做好公关工作，不仅需要原则性，而且需要灵活性。思维方式要灵活，态度要有弹性，在分析问题时，善于从不同角度去分析和设想；工作方法要灵活，不可墨守成规；在处理问题时，要善于迂回，避开冲突，绕过矛盾，达到既定目标；在解决矛盾冲突时，要善于使用自然、轻松、幽默的方式，来解除尴尬，缓解气氛。公关人员应当有意识地锻炼提高自己的应变能力。

六、创新能力

创新能力对公关来说就是敢于解放思想，冲破旧观念的束缚，打破条条框框，想他人不敢想、干他人没有干的事业，在工作中不断提出新思想、新方法，策划出别出心裁的公关方案，开辟出新领域、实现新发展，做到“人无我有，人有我新”。特别是搞策划的公关人员，更应该是视野开阔、思路活跃、联想丰富、想象大胆、有激情、有闯劲的人。敢于创新、勇于开拓的能力对于公共关系事业的成功是至关重要的。在公关发展史上，令人拍案叫绝的优秀创意，可以一举成名，可以名垂史册，然而好的创意都是由有卓越创新能力的人创造出来的。

邮电部决定于 1992 年第一次发行有奖明信片，发行时间从 1991 年 12 月 1 日开始，共2亿张。当时由于担心无法收回成本，因此在各地开展了多种形式的促销活动。

在南京，1991年12月18日的《扬子晚报》上的一则题为“加盖对称邮戳莫失良机”的新闻产生了令人振奋的效果。新闻中说：“1991年年份数字是左右对称的，若在南京，最好去雨花台邮局，该邮局邮政编码是210012，盖戳的时间最好是12月21日，这样，顾客可集通信、兑奖、集邮于一身。”于是，12月21日南京雨花台邮局一天卖出5万余张有奖明信片，加盖邮戳15万个。南京雨花台邮局独特的创新举措，使组织脱颖而出。

可以说，创新是公共关系的灵魂。创新能力通常是衡量公关人员工作水平的重要尺度，它的形成有赖于长期的培养和锻炼。

七、收集和处理信息的能力

公关人员每天都要接触大量的信息，要及时、准确、适用地收集并处理信息，为组织的正确决策提供依据。能否及时收集并有效处理信息，是衡量公关人员业务能力的一个重要标准。

及时，是指信息的传递速度要迅速。准确，是指原始的信息和加工的信息，都要准确反映客观实际情况，这样才能保证决策者做出正确判断。适用，即收集、处理信息的范围、内容和精度要适当。信息量既要充分，便于决策者进行系统的分析和综合；又要适度，使决策者不被众多无用的信息所迷惑。

公关人员收集、处理信息大致需要以下几个步骤。

第一步，通过各种渠道收集、接受各种信息。可以通过人际交往、阅读、座谈、听广播、看电视及参加各种会议等方式了解与组织有关的信息。

第二步，筛选、编排并对信息进行加工。可以通过收集图片、拍幻灯片等分门别类地整理各种信息，并写出信息简报。

第三步，分析、综合信息并进行有效处理。要根据筛选、编排好的信息情况，进行综合分析，再对原始的信息进行加工整理，使之符号化，转换成可以识别的信号，以便决策者使用。

公关人员从事的是信息的收集、加工、处理、发布等工作，所以，必须练就灵敏的新闻嗅觉和深刻的市场洞察力，眼观六路，耳听八方，既能够迅速准确地获得信息和信息管道，又善于从大量的信息中筛选出真实而有价值的信息，善于总结和判断信息背后蕴含的动态和规律，判断哪些社会热点可以利用，哪些国家政策可以借力，哪些行业趋势可以跟进等，以便及时调整自己的新闻宣传策略。对外界特别是媒介信息的敏感程度，是公关人员工作能力的重要体现，否则，就会给公关工作设置障碍。

一位女记者采访一位女科学家。女记者问：“您毕业于哪所大学？”女科学家答：“对不起，我没有上过大学，我认为自学也能成才。”女记者有些尴尬，又问：“您又出色地完成了一项科研课题，请问您做的新课题是什么？”女科学家说：“看来您并不了解我们的工作，我将终身致力于这个课题的研究，目前只是有了一点新的突破，所以，谈不上有什么新课题。”女记者为了摆脱尴尬，换了一个话题又问：“您的孩子多大了？”“我已决定将毕生的精力献给自己的事业，因此我一直独身。请原谅，这个问题

我不愿多谈。我要工作了，恕不奉陪。”女科学家把记者“晾”在一边，起身走了。

收集和掌握信息对于一次采访的成功尚且如此重要，更不要说对于策划、组织各类公关活动，为组织决策提供准确、翔实的依据了。

八、敏锐的观察能力

公共关系人员的工作是实际性的工作，他们要经常对组织的情况进行调查研究，以便把握组织和公众各方面的变化，甚至纠正自身的失误。这些都需要公关人员具备敏锐的观察能力。具备了这种能力，就可以从普通的数据或新闻报道中看出问题，从表面现象中发现本质问题。

公共关系工作的一个重要内容就是预测外部公众的变动趋向，以及内部公众的思想情绪、行为意向。一旦某种流行趋势、行为意向已成为现实，再解决问题为时已晚。具备观察力的公关人员，能根据分散、零星的信息，预测、把握公众流行趋向、行为意向发生、发展、变动的过程和趋向，为组织的发展创造机遇。另外，公共关系人员要想在竞争中立于不败之地，就必须对自身的失误、偏差有透彻的了解和及时的矫正。由于虚荣心、习惯、定向等心理因素的干扰，公关人员与组织往往陷入“不识庐山真面目，只缘身在此山中”的怪圈。具有高度观察力的人，能够跳出“怪圈”，反省自身，发现问题并及时解决，从而不断完善和发展自身。

培养敏锐的观察力要坚持不懈地观察生活，积极开动脑筋，调动已有的经验，眼、耳、脑并用，唯有如此，才能抓住本质特征，才能形成高度细致的观察能力。

有人将公共关系人员的素质概括为脑瓜子、笔杆子、嘴皮子。脑瓜子是指知识的积累量及敏锐的思维、大胆的创新；笔杆子是指公共关系人员的文字功底；嘴皮子是指公关人员的口头表达能力。这是不全面的。其实，公共关系工作是一项实践性很强的工作，因为公共关系工作最终是要落实为实务的。因而，公共关系行业更看中从业人员的动手能力、实际操作能力，要求公关人员必须做到站起来能说，坐下来能写，出去了能干。三者相互联系、相互渗透，彼此互补，缺一不可。

公关能力的发展需要后天的培养、自身的努力和实践的锻炼。

第一，勤奋学习，积累知识。知识是能力的基础，勤奋是成才的钥匙。公关人员要善于学习，具有强烈的求知欲望，具备自觉学习的能力，主动向同行学习，向前人学习。

第二，敏于观察，善于发现。强烈的公关意识能促使公关人员在别人看来很平常的事物中发现具有公关价值的东西，能在常人看来无所谓的行为中潜移默化地开展公关活动，能自觉按公关原理去发现问题、分析问题、解决问题。

第三，积极参与，勇于实践。能力是在实践中形成和发展，并在实践过程中表现出来的。因此，实践是培养能力的重要途径。公关人员在工作中要多参加社会工作，独立组织各种宣传推广和联谊活动，广泛参加社会实践活动等。

第四，启迪思维，发展兴趣。爱因斯坦说：“热爱是最好的老师。”兴趣和爱好是能力发展的动力。一般说来，兴趣广泛的人，视野开阔，思维活跃，想象和联想丰富，创造能力很强。公关人员要主动培养各种爱好和兴趣，全面锻炼和发展各种公关能力。

技 能 训 练

训练一

训练目的：培养学生的交际能力，提高学生的公关意识。

训练内容：测试您的处世能力。回答以下 7 个问题，然后计算您的分数。

1．当您正在埋头忙一件紧急事，您的一个朋友找您倾诉苦闷，您怎么办？

A．放下手中的工作，耐心倾听

B．显得很不耐烦

C．似听非听，心里还在想着自己的事情

D．向他解释，同他另约时间

2．您的朋友想向您借新买的录音机，您自己尚未使用，您怎么办？

A．借给他，但是满腹牢骚

B．脸色很难看，使您的朋友不得不改口

C．骗他说您已经借给别人了

D．告诉他您想先用一段时间，再借给他

3．在公共汽车上，您无意踩到别人，别人一直骂您，您怎么办？

A．充耳不闻，任其骂

B．同他对骂，甚至大骂

C．推说别人挤了您才踩到他的脚

D．请他原谅，同时提醒他骂人是不对的

4．在影剧院里不准高声喧嚷，但您的邻座旁若无人地讲话，您感到讨厌，怎么办？

A．很反感，希望别人会向这个人提意见

B．大声指责他们“没教养”

C．叫服务员来干涉他们，或者对他们进行指责

D．很有礼貌地请对方别讲话

5．您在星期日忙了一整天，把房间打扫干净，您的家人回家后却指责您没有及时做饭，您怎么办？

A．心里很生气，但仍勉强地去做饭

B．大发雷霆，责怪家人自私，要家人自己去做饭

C．生气得当晚没有吃饭

D．向家人解释，并邀家人一起出去吃饭

6．某一天您家里有急事，领导不了解情况，要您加班，您怎么办？

A．去加班，心中埋怨领导，只是不吭声

B．拒绝加班，言语十分生硬

C．推说自己身体有病，不能加班

D．同领导商量，能否不加班，如确实需要加班，就服从领导安排

7．您辛苦了几天，自以为某些工作做得不错，但领导很不满意，您怎么办？

A．不耐烦地听领导埋怨，心中满是委屈，但不作声

B．拂袖而去，认为自己不应受委屈

C．把责任推给客观原因

D．注意自己做得不够的地方，以便今后改正

每个问题都有四个答案，如果您多数选择A选项，说明您的处世态度过于消极，凡事与世无争，实际上心中并不服气；多数选择B选项，说明您的自制力较差，还很不善于待人接物；多数选择C选项，说明您虽有一定的处世能力，但为人不够真诚、坦率；多数选择D选项，说明您既有较强的自制力，同时又积极上进，为人真诚、坦率。

训练要求：对照题后的提示，列出您亟待改善的几个方面；说明今后如何提高改进。将学生分组，先自评自该，然后同组成员之间互相评议。

成绩评定：本次训练成绩由两部分组成，个人评价占50%，小组评议占50%。个人评价，要求根据测查结果列出自改方案，考虑是否充分、切实；小组评议，考虑自评是否认真、恰当、完善。

训练二

训练目的：增强学生的公关意识，提高学生处理公关实务的能力。

训练内容：

【案例】2000年8月，江西第一家肯德基餐厅在南昌开业，开张数周生意一直非常火爆。但未到一个月，即有顾客因争座被殴打而向报社投诉肯德基，造成一场不小的风波。

事件经过大致如下：一位女顾客用所携带的物品占座位后去排队购买套餐时，因座位被一位男顾客占据而发生争执。先是两位顾客因争座发生口角，尽管已引起其他顾客的注意，但餐厅的员工未能及时平息两人的争端。接着两人上升到大声争吵，店内所有顾客都开始关注事态，邻座的顾客则停止用餐，离座回避；带小孩的家长担心事态危险和小孩受到粗话影响，领着小孩离店。最后两人由争吵上升到斗殴，男顾客大打出手，打伤女顾客后离店，别的顾客也纷纷离座和远远地看热闹。女顾客非常气愤，当即要求肯德基餐厅对此事负责，并加以赔偿。此时，其影响面还局限于人际范围，如果餐厅经理能满足顾客的要求，女顾客就不至于向报社投诉。但餐厅经理以“这是顾客之间的事情，肯德基不应该负责”为由，拒绝了女顾客的要求。女顾客马上打电话向报社投诉。报社立即派出记者到场采访。女顾客陈述了事件的经过并坚持自己的要求，而餐厅经理在接受采访时对女顾客被殴表示同情和遗憾，但是认为餐厅没有责任，不能做出道歉和赔偿。报社很快对此事做了报道，引起众多市民的议论和有关法律专家的关注。事后，根据《中华人民共和国消费者权益保护法》，认为肯德基对此事负有部分责任，应向女顾客公开道歉，并赔偿部分医药费。

训练要求：以上面提供的材料为背景，进行一次情景模拟，将学生分为四组，分别扮女顾客、男顾客、其他顾客和餐厅经理，其余学生为评委，每组选派一名学生回答下列问题。

1）从公共关系角度来看，顾客争座，肯德基是否应该负责？

2）在这个事件中，餐厅经理的处理方式是否恰当？并说明理由。

3）如果你是这名餐厅经理，你会如何处理这个情况？

4）如果你是肯德基公关人员，在事情发展到这一步后，你应如何处理这个情况？在事情结束后，你认为应该向管理层提出怎样的建议？

成绩评定：本次训练成绩可由两部分组成，情景模拟占40%，回答问题占60%。可根据学生语言是否流畅、准确，消费者是否满意，公关实务实施过程是否恰当等方面来评分。

训练三

训练目的：树立学生的形象意识，提高学生的公关能力。

训练内容：

【案例】某照明器材厂的业务员金先生应约来到某贸易公司洽谈业务。金先生手拿企业新设计的照明器材样品，兴冲冲地登上六楼，顾不得擦脸上的汗珠，便直接走进业务部张经理的办公室，正在处理业务的张经理被吓了一跳。“对不起，这是我们企业设计的新产品，请您过目。”金先生说。张经理停下手里的工作，接过金先生递过的照明器材，随口赞道：“好漂亮啊！”张经理请金先生坐下，倒上一杯茶递给他，然后拿起照明器仔细研究。金先生看到张经理对新产品如此感兴趣，如释重负，便往沙发上一靠，跷起二郎腿，一边吸烟一边悠闲地环视着张经理的办公室。当张经理问他电源开关为什么装在这个位置时，金先生习惯性地用手搔了搔头皮。多年了，别人一问他问题，他就会不自觉地用手去搔头皮。虽然金先生做了较详细的解释，张经理还是半信半疑。谈到价格时，张经理强调：“这个价格比我们预算的高出较多，能否再降低一些？”金先生回答：“我们经理说了，这是最低价格，一分也不能降了。”张经理半天没有开口。金先生却有点沉不住气了，不由自主地拉松领带，眼睛盯着张经理。张经理皱了皱眉头：“这种照明器的性能先进在什么地方？”金先生又搔了搔头皮，反复地说：“造型新、寿命长、节电。”张经理借口离开了办公室，只剩下金先生一个人。金先生等了一会儿，感到无聊，便非常随便地拿起办公桌上的电话同一个朋友闲谈起来。这时，门被推开，进来的不是张经理，而是办公室秘书。

训练要求：以上面提供的材料为背景，进行一次情景模拟。学生可先分组对材料进行讨论，再交替进行表演。

1）按照原文进行模拟表演。一组表演的时候，另一组观摩，一一找出不规范之处，两组交替进行。

2）按照正确的礼仪规范表演，将错误之处一一改正。

3）案例中业务员的待人接物方式有哪些不当之处？说明理由。

成绩评定：本次训练成绩可由两部分组成，情景模拟占 50%，回答问题占 50%。可根据学生表演是否到位、纠错是否全面来评定成绩。

训练四

训练目的：使学生养成有意识地利用体态语言传递信息的习惯，提高学生的非语言表达能力和表达效果。

训练内容：设计一次谈话或模拟招聘，分组演示。

训练要求：运用上文中学到的知识，解答以下问题。

1）注意使用非语言暗示来传达你的信息，如目光、面部表情、姿态、形体动作、装束、环境、空间（与他人的距离）、态度等。

2）在所用的多种暗示中，哪些是你有意使用的？你是否根据不同的场合做出不同的暗示？你运用非语言信息暗示是否比语言更自如？你认为哪一种暗示更好地传递了你的信息？

3）你认为在演示中，哪些非语言暗示使用得好，为什么？

成绩评定：成绩由两部分构成，谈话或模拟招聘演示中各种非语言暗示使用是否恰当自如占 60%；回答问题是否完整占 40%。

训练五

训练目的：使学生能根据不同的交际场合塑造得体的形象。

训练内容：

【案例】吴菲是某高校文秘专业的高才生，毕业后于一家公司做文员。为适应工作需要，上班时，她毅然放弃了“清纯少女妆”，化起了整洁、漂亮、端庄的“白领丽人妆”：使用不脱色粉底液，眉毛修饰自然、稍带棱角，灰度高偏浅色的眼影与服装色系搭配，紧贴上睫毛根部描画灰棕色眼线，黑色自然型睫毛，再加上自然的唇形和略显浓艳的唇色，虽化了妆，却好似没有化妆，整个妆容清爽自然，尽显自信、成熟、干练的气质。但在公休日，她又给自己来了一个“大变脸”，化起了久违的“清纯少女妆”：使用粉蓝或粉绿、粉红、粉黄、粉白等颜色的眼影，彩色系列的睫毛膏和眼线，粉红或粉橘的腮红，自然系的唇彩或唇油，看上去娇嫩欲滴、鲜亮淡雅，整个身心都感觉轻松。心情好，自然工作效率就高。一年来，吴菲以自己得体的外在形象、踏实的工作态度和骄人的业绩，赢得了公司同人的好评。

训练要求：分析上文中的案例，解答以下问题。

1）你如何评价吴菲的两种妆容？

2）对“化妆不只是技术，还是一门艺术、一种生活”这句话，你是如何理解的？

成绩评定：本次训练成绩可由三部分组成，评价准确、恰当占 40%，问题见解独到占 40%，语言表达流畅占 20%。

训练六

训练目的：培养学生的综合公关能力，提高学生的策划能力和语言文字表达能力。

训练内容：

【案例】2002年10月6日上午8点45分，一艘载有128名中国游客的越南游船从越南海防市驶向芒街市时突然在海上触礁，情况十分危急。游客邓先生、梁先生立即用船上唯一的通信工具——梁先生携带的"全球通"手机，向外界不间断地呼救，其间用完了5块电池。最后，128名游客终于获救。2002年10月7日，邓先生、梁先生一行回国。10月9日，北京移动通讯有限公司的一位负责人看到了关于此事的报道，但报道中没有提及梁先生使用的手机号码，也没有说明他所在地区，只说梁先生回了北京。该负责人在为128名中国游客的生命转危为安感到庆幸的同时，有了一个灵感。于是他经过多方联系，了解到梁先生是北京移动通讯有限公司的手机用户，该负责人遂向上级主管谈了自己的想法。

训练要求：对此案例进行分析，解答以下问题。

1）如果移动通讯有限公司派你联系梁先生，请你列出可能找到梁先生的渠道，并说明其中最有价值、最快捷的信息有哪些。

2）假如你是北京移动通讯有限公司的这位负责人，你会就此事向公司主管提出怎样的公关策划创意，为什么？先在组内讨论，再把你的创意用文字形成策划方案，在班级交流。

3）就此案例说说公关人员应该具备的公关意识。

成绩评定：本次训练成绩由两部分组成，方案策划和问题回答各占50%。可根据方案策划和问题回答是否完整、具体、操作性强、效果好，语言文字是否流畅、准确等方面评分。

训练七

训练目的：使学生多角度思考问题，培养学生的创新能力和驾驭全局的能力。

训练内容：

【案例】一天，某鞋店的经理发现，前一天刚进的一批牛皮鞋是假冒伪劣商品。他立即下令柜台停售。柜面与仓库同时查货清点，得知已售出7双。

训练要求：设计出三种处理办法，并比较三种处理办法的不同结果，从中为鞋店经理选择一条最佳的解决途径。

成绩评定：本次训练成绩可由两部分组成，列出三种办法占60%，说明最佳办法的优劣占40%。可根据处理办法与结果是否预测恰当，最佳解决途径是否有新意，能否为鞋店带来最大的知名度、美誉度等方面评分。

模块五 公共关系沟通技巧

学习导读

在人类的生产生活过程中，“沟通能力”是一项不可缺少的能力。人的一生中清醒时大部分时间都在沟通。在生活中，与同学和朋友沟通、与亲人沟通、与老师沟通；在工作中，与上司沟通、与下级沟通、与客户沟通等。沟通作为公共关系的主要工作方式和手段，直接影响着公共关系工作的成败。

学习目标

1）了解沟通的相关知识。

2）掌握沟通的原则，并学会在沟通过程中克服沟通的障碍。

3）掌握并在沟通中运用沟通的技巧。

典型案例

一家网络公司由于受全球经济危机的影响，经济受到严重损失，最后，公司决定裁员。第一次裁员的地点选在公司的会议室，公司通知全部被裁人员到会议室开会，在会议上宣布被裁人员，并且要立即拿走自己的东西离开办公室，公司所有被裁员工都感到非常沮丧，甚至使留下的人也感到沮丧不已，极大地影响了公司的士气。第二次裁员的时候，公司接受上次的教训，不是把大家叫到会议室里，而是选择了另外一种方式：单独约见被裁人员到咖啡厅。在这样的环境里说出公司的决策：由于公司的原因致使他暂时失去了这份工作，请他谅解，并给他一个月的时间寻找下一份工作。这次裁员的效果和上一次相比有天壤之别，基本上所有的员工得知这个消息后都会欣然地接受，并且表示，如果公司需要他的时候随时可以通知，他会毫不犹豫地再回到公司。那么，这样一种方式无论是使被裁者还是仍然留在公司的员工，得到的不仅仅是裁员这个信息，而是感受到公司对每一位员工的情谊。

在工作和生活中，不同的沟通方式会产生不同的效果。在上面这个案例中，该公司通过改变沟通的方式，达到了良好的沟通效果。

主题一　沟通概述

一、沟通的定义

我们从一出生到现在，不断地在和别人进行着沟通。但是沟通是什么？每个人对沟通的理解是不一样的。对沟通的不同理解就造成了沟通的困难和障碍，往往导致沟通的失败。在实际生活和学习中，我们经常因不能有效沟通而产生矛盾、隔阂、疏远、误解、冲突……从而导致效率低下。

《大英百科全书》认为，沟通就是“用任何方法，彼此交换信息，即指一个人与另一个人之间以视觉、符号、电话、电报、收音机、电视或其他工具为媒介，所从事之交换消息的方法”。

《韦氏大辞典》认为，沟通就是“文字、文句或消息之交通，思想或意见之交换”。

拉氏韦尔认为，沟通就是“什么人说什么，由什么路线传至什么人，达到什么结果”。

沟通是人类社会交往的基本行为过程，人们具体沟通的方式、形式也多种多样。美国学者的一项研究结果表明，关于沟通的定义达一两百种。应该说，每种定义都从某个角度揭示出沟通的部分真理。

各种沟通的定义从不同的角度揭示沟通的本质属性，都有其合理性。对沟通的定义有不同的表述是正常的。实际上，各种定义之间并不矛盾，只是侧重点不同。这些定义都有助于我们把握沟通的本质属性。

沟通是人们分享信息、思想和情感的过程。这种过程不仅包含口头语言和书面语言，也包含形体语言、个人的习气和方式、物质环境（赋予信息含义的任何东西）。

从沟通的内容上看，它既可以是某一件事实，也可以是某一种情感，还可以是某一项命令，更可以是某一种意见、看法，或是某一个观点或思想，当然也可以是某一种情绪，不一而足。

从沟通的渠道或信息载体来看，它既可以以语言为载体，又可以以非语言为载体。语言载体又可以细分为口头语言载体和书面语言载体。而口头语言载体又可以分为更多的具体形式，如演说、私人谈话、正式会谈、小组讨论、捎口信、口头命令、电话、电话会议、录音带、可视电视对话等。书面语言载体又可以分为备忘录、信件、内部刊物、布告、文件等。随着通信和电子技术的发展，出现了幻灯片、投影、VCD、CD、电子邮件、电子会议等诸多新的沟通途径。

上面仅仅是语言沟通。在现实生活中，存在更多的是非语言沟通。一个眼神，一个细小的动作，一个简单的身体姿态，一件衣服，一个特别的位置，一件物体，等等，诸如此类的众多非语言途径都能构成沟通。

二、沟通的方式

我们在工作和生活中会采用不同的沟通方式，可能使用得最多的是口头语言沟通。

这是人类特有的沟通方式。实际上，在工作和生活中我们除了使用口头语言沟通外，还会使用书面语言沟通，如眼神、面部表情和手势。归纳起来，沟通方式有两种：语言沟通和非语言沟通。通过这两种不同方式的沟通，来传递沟通的三个内容，即信息、思想和情感。

（一）沟通中的语言沟通

语言是人类特有的有效的沟通方式。语言沟通包括口头语言、书面语言、图片或者图形。口头语言包括面对面的谈话、会议等，书面语言包括信函、广告和传真、电子邮件，图片包括幻灯片和电影等。这些统称为语言沟通。在沟通过程中，语言沟通能传递信息、思想和情感等，其中最擅长的是传递信息。

> **公关语录**
>
> 夸夸其谈是软弱的首要标志，而那些能够做出大事的人往往是守口如瓶的。
>
> ——西塞罗

（二）沟通中的非语言沟通

值得注意的是，并不是在我们想要沟通的时候，才会有沟通。沟通既可以用明显的言语表达，还可以用体现在人潜意识下的非语言方式来表达。据有关资料显示，在面对面的沟通过程中来自语言文字的意义不会超过35%，而65%是以非语言方式传达的。

非语言沟通，是指通过某些媒介而不是讲话及文字来传递信息。人的衣着打扮、谈话时的举止无不向别人传递着某种信息。非语言沟通的内涵十分丰富，包括副语言沟通、肢体语言沟通、空间距离沟通等多种形式。

1. 副语言沟通

心理学家将非语言声音称为副语言声音。心理学研究成果表明，副语言在沟通过程中起着非常重要的作用，一句话的含义往往不仅取决于其字面的意义，还可能取决于它的弦外之音。

副语言分为口语中的副语言和书面中的副语言。

（1）口语中的副语言

口语中的副语言是通过语言沟通中的声音（说话的速度、音质、音量、节拍、停顿及清晰度等），如重音、声调的变化、哭、笑、停顿实现的。语音表达方式的变化，尤其是语调的变化，可以使字面相同的一句话具有完全不同的含义。

例如，一个“不”字可以根据不同的目的，表达出多种否定的意思和态度。

一般地否定：“不，……还是让我们去吧！”

坚决地否定：“不，……我一定要去！

严厉地否定：“不，……你给我回来！”

谦虚地否定：“不，……这是我应该做的。”

耍赖地否定：“不不，……这盘不算，再来一盘！”

愤怒地否定：“不！！……我一定要揭发他！”

语调语速像不同的神态一样，可以表达不同的情感，使听者有不同的感受。音调明朗清脆，可以使人高兴；高亢激昂，可以使人振奋；徐缓低沉，可以使人焦虑；温柔和蔼，可以使人欣慰；火爆急促，可以使人紧张；干涩冷漠，可以使人厌倦……

（2）书面中的副语言

书面中的副语言是通过字体变换、标点符号的特殊运用及印刷艺术的运用实现的。例如，某几个字加着重号或用黑体字强调。

2．肢体语言沟通

在沟通过程中，人们无不处于特定的情绪状态中，这种情绪状态除了可以用直接的表达或副语言告知对方外，还可能委婉地以肢体语言表达。肢体语言沟通是通过动态无声的目光、表情、手势等身体运动或表态无声的身体姿势、衣着打扮等形式来传递或表达沟通信息。例如，人们可以通过面部表情、手部动作等身体姿势传达如攻击、恐惧、愤怒、愉快、傲慢等情绪或意图。

面部表情的准则：愉快时面部肌肉横伸，面孔显出愉快、傲慢等情绪或意图。不愉快时，面部肌肉纵深，面孔显得较长。面部表情集中于五官，尤其是眉毛，则展眉表示欢欣、皱眉表示愁苦、扬眉表示得意、竖眉表示愤怒、低眉表示慈悲、弯眉则为快乐。此外，鼻部、嘴部也能表达一定的情绪情感。

沟通者的服饰往往也扮演着信息发送源的角色。人们习惯上认为，穿黑色衣服表示严肃、庄重，穿红色衣服表示欢乐、吉祥。在正式的谈判中，如果有一方穿着很随意，很容易被对方认为轻视、不尊重自己，容易导致谈判失败。

另外，还应注意非语言因素在东西方文化中的差异较大，西方人的表情比东方人变化多，表情丰富，常常做出夸张的表情；而在东方文化中，抑制自己感情的流露被认为是有修养的表现。例如，中国人受儒家思想的影响，认为内敛含蓄是一种谦让，喜怒哀乐常常不形于色。

3．空间距离

距离和领域，即空间距离，也是一种非语言沟通形式。沟通双方所处位置的远近影响到沟通效果。常见的沟通距离有以下几个。

1）亲密区（0 ~ 0.5 米）。与双方只有一臂之遥，适合进行较敏感的沟通。这种沟通常在恋爱、角斗、互相抚慰或一方保护另一方时所用。

2）私人区（0.5 ~ 1.25 米）。一般亲密朋友是在 0.5 ~ 0.8 米的距离带交往，而普通朋友则在 0.8 ~ 1.25 米的距离带交往。采取这种距离与人交往，既能体现友好而亲密的气氛，又能使人感到这种友好是很有分寸的。

3）社交区（1.25 ~ 3.5 米）。适用于一般商务及社交上的来往。他们彼此的关系不再是私人性质的，而是一种公开性质的。双方对这种交往本着公事公办的态度，说话自然而响亮，谈话内容不怕被别人知道。一般说来，这是较为正式的交往关系，如上下级之间、老师和学生之间、顾客与售货员之间、医生与病人之间等。

4）公共区（3.5 ~ 7.5 米）。这种距离常用于正式的交往，如庆典或公开演讲等。这些交往常有一些很正式的规范控制。如果不是进行交往，处于这个公共区之外的其他个体对我们的个人空间已经不能构成联系，可以对其“视而不见”。

主题二　公共关系沟通

公共关系沟通是公共关系活动的过程和方式，是运用各种传播手段和沟通手段，在组织与公众之间建立有效的双向联系和交流，促成相互间的了解、共识、好感与合作。公共关系作为一种管理职能和经营艺术，其特点就是运用传播沟通手段去适应环境、影响公众、树立形象。因此，具体研究沟通方法和技巧，提高沟通水平和沟通效率对公共关系的发展有着重要意义。

一、公共关系沟通的原则

1．双向沟通原则

(1) 双向沟通原则的内容

公共关系沟通中的双向沟通原则是指沟通双方互相传递、互相理解的信息互动原则。这一原则包含以下三个方面的内容。

第一，沟通双方互为角色。当一方是发出者时，另一方是接受者；另一方是发出者时，这一方就成了接受者。在沟通过程中，沟通双方不断变换自己的角色位置。

第二，沟通不仅仅是一种信息交流，更是人的一种认识活动的反映。在沟通过程中，沟通双方的认知不断地扩大和深化，呈现一种螺旋上升的认识过程。

第三，沟通的过程由两个基本阶段组成：传递阶段和反馈阶段。相应的，沟通有两个基本动作：编码和译码，编码是把意义信息符号化，而译码则是把符号信息还原成意义信息。

(2) 影响信息沟通的因素

在信息沟通过程中，常常会受到各种因素的影响和干扰，从而形成沟通障碍。影响信息沟通的因素主要可归纳为以下三类。

第一类：传者的因素。属于传者的因素主要有：①缺乏明确的传播目的；②语意的差别；③有用信息不足。

第二类：传递过程中的因素。属于信息传递过程中的干扰因素主要有：①时机选择不当；②空间距离障碍；③传播媒介选择的合理性。

第三类：受众的因素。属于受众方面的因素主要有：①受众个体结构中需要系统和意向系统的差异；②受众对信息的“过滤”；③双向沟通原则的实施。

双向沟通原则要求在实施过程中注意以下三点。

第一，沟通双方必须存在一定的共识区域，即沟通双方具有共同的经验范围。共识区域又叫作共同经验，指人们拥有相同或相近的生活经验。这种共同经验可分为区域性共同经验、社区生活共同经验、职业共同经验、民族共同经验或共同的知性经验、共同的审美经验等。共识区域越大，双方拥有的共同经验越多，沟通时的共同语言也就越多，信息分享的程度也就越高，失真也就越少。

第二，沟通双方必须具有反馈意识。反馈意识，就是沟通双方在理解了所接受到的信息后做出的反应。它包括信息反馈要主动、及时、适路和适量。主动，是指反馈不仅要对所接受到的信息简单地表示赞成与否，还应该主动提出自己的意见或补充、修改原始信息；及时，是指反馈应迅速，不延误沟通的时机；适路，是指反馈的内容不要偏离中心；适量，指反馈的信息量要适当，以免影响主要信息的传递。

第三，沟通双方应根据反馈进行自我调节。

2．平衡理论原则

（1）平衡理论的内容

平衡理论又叫作“A—B—X”理论，是由美国社会学者纽科姆提出的。平衡理论是关于受众态度的理论之一，所以也叫作“态度结构模式”。这种理论认为，当人处在不平衡状态时，会感到心情紧张，并产生一种力求恢复平衡的力量；当人处于平衡状态时，会感到舒适和放松。这里的平衡，主要指人的感觉系统和情绪系统处于没有压力的状态。这一理论认为，如果双方存在着友好关系，并且对同一事物也持有一致或相近的观点或看法，两者就是平衡的。因此，平衡理论强调信息的发出者以“相似性”的人际吸引为中介，通过沟通，与接受者产生认同，达到协调的目的。

（2）平衡理论原则的实施

1）提倡A—A式平行沟通。A—A式平行沟通来源于人格结构的PAC沟通理论。PAC沟通理论是人的三种自我状态的简称。其中P（parent state）表示父母状态，以权威和优越感为标志，其言语和行为往往是支配性的、评价性的、批评性的；A（adult state）表示成人状态，以理智和稳重为标志，其言语和行为往往不卑不亢，充满自信和理性，具有平等精神；C（child state）表示儿童状态，以冲动和变化无常为标志，其言语和行为往往是不成熟和自发性的，表现为急躁冲动和缺乏主见，遇事盲从。

在人的性格结构中，哪种心理状态占优势，在沟通中就会出现哪种心理状态和行为。公关传播就是要创造A—A式平行沟通的环境，即双方都以平等、理性的成人状态参与沟通，达到良好的沟通效果。

2）情感沟通。情感是人对客观事物是否符合自身需要而产生的态度的体验。人的情感是丰富多彩的，在现实生活中表现为积极情感和消极情感。平衡理论的思想就是强调在沟通过程中，公关人员应运用传播技巧进行情感移入，注重情感交流，增进情感的互动，激发公众的积极情感，从而产生亲密感，达到关系的平衡。

3．整分合原则

（1）整分合原则的内容

公共关系沟通的整分合原则，是指在整体规划下，将沟通过程的各相关部分进行有效综合的原则。这一原则包含以下两个内容：①沟通具有系统的整体性特征；②沟通作为一个系统，其内部各构成要素之间是相互依存的。

（2）整分合原则的实施

1）综合运用多种沟通方式。根据信息流动的方向，沟通方式一般有三种类型：垂直沟通、横向沟通、非正式沟通。为了取得信息沟通的整体效应，组织往往需要综合运用各种方式进行沟通。

2）综合多种信息载体。在沟通过程中，作为信息载体的媒介是多种多样的。以人际交流为例，除了基本的语言媒介（符号传播）以外，还有非语言传播等方式。公关人员应综合运用多种信息载体，以期在沟通过程中产生立体性的沟通效应和良好的沟通效果。

二、公共关系沟通的障碍

公共关系沟通的障碍主要分为两个方面：社会环境障碍和沟通因素障碍。

1．社会环境障碍

（1）政治、经济、意识形态、地理环境的差异造成的障碍

例如，麦当劳现在 3 万多家分店，分布在全世界 100 多个国家。企业组织庞大，地理位置分散。相距较远或地形复杂都会引起沟通困难，虽然可通过电话和文件联系，但缺乏面对面沟通，这也会造成沟通障碍。

（2）文化障碍

由于文化传统、伦理道德的差异造成思维方式、行为习惯、风俗礼节的沟通障碍。例如，外国人把四大名著之一的《水浒传》译为 Out laws of Marsh（沼泽地里的暴徒），对名字的理解尚且如此，如果看由中国名著改编的电视剧定会障碍重重。

（3）语言障碍

中国地域辽阔，各地区语言差别大，如南方人讲话，北方人听不懂。即使听得懂，但语言本身并不是客观事物本身，思想和语言往往并不相同，各人的语言修养和表达能力差异很大，加上有些沟通者事先缺乏必要的准备和思考或用词不当或说话意图不清，即使意思清楚、用词得当，由于语音复杂、一词多义，理解的可变度较大，个人在译、收过程中还会加上主观的综合推理，因此受个人的世界观、方法论、经历、经验、需要的影响，从而产生不同的理解和推论。例如，上海方言中“苹果”发音听起来和“病故”相似，如运用不当，则会在沟通中产生不快。

陈阿土从来没有出过远门，攒了半辈子的钱，终于参加了一个旅游团出国旅游。国外的一切对他而言都是非常新鲜的，关键是，陈阿土参加的是豪华团，一个人住一个房间。这让他新奇不已。早晨，服务生来敲门送早餐时大声说道：“Good morning Sir！”

陈阿土愣住了，这是什么意思呢？在自己的家乡，一般陌生的人见面会问：“您贵姓？”

于是陈阿土大声叫道：“我叫陈阿土！”

如是这般，连着三天，都是那个服务生来敲门，每天都大声说：“Good morning Sir！”而陈阿土亦大声回道：“我叫陈阿土！”

但他非常生气。这个服务生也太笨了，天天问自己叫什么，告诉他又记不住，很烦的。终于他忍不住去问导游：“Good morning Sir 是什么意思？”导游告诉了他。

于是陈阿土反复练习“Good morning Sir”以便能体面地应对服务生。

又一天的早晨，服务生照常来敲门，门一开陈阿土就大声叫道：“Good morning Sir！”

与此同时，服务生愣了一下，然后用英语的口吻笨拙地说：“我叫陈阿土！”

（4）角色障碍

年龄、职业、社会地位的差异也会造成沟通障碍。一般人在接受信息时不仅判断信息本身，而且判断发讯人，信息源的层次越高，便越倾向于接受。所以，领导者不容易得到充分而真实的信息，特别是当领导者不愿听取不同意见时，必然堵塞言路，使下级保持沉默。

（5）权威障碍

由于意见领袖或某一权威人物在群体中有较大的影响力，会造成群体成员相仿权威人物态度立场的沟通障碍。

2．沟通因素障碍

在沟通中除了沟通环境导致的障碍外，构成沟通的因素也可以导致沟通的障碍。

（1）沟通者障碍

1）目的不明：若传送者对自己将要传递的信息内容、交流的目的缺乏真正的理解，即不清楚自己要向对方倾诉或阐明的内容，信息交流的第一步便遇到了无法逾越的障碍。

2）表达模糊：无论是口头演讲还是书面报告，都要表达清楚，使人一目了然，若口齿不清、语无伦次、闪烁其词或词不达意、文理不通、字迹模糊，都会产生噪声并造成传递失真，使公众无法了解对方所要传递的真实信息。

3）选择失误：例如，有些工作人员对传送信息的时机把握不准确，缺乏审时度势的能力，会大大降低信息交流的价值。信息交流通道选择失误，则会使信息传递受阻或延误传递的时机。例如，跨国公司的顾客偏好电子邮件传递信息，有些公司的采购经理更喜欢传真信息。若选择目标公众失误，无疑会造成不是“对牛弹琴”的局面就是自讨没趣的局面，直接影响信息交流的效果。

4）形式不当：当销售人员使用语言即文字或口语和非语言（肢体语言，如手势、表情、体姿等）表达同样的信息时，一定要相互协调，否则使人如“丈二和尚摸不着头脑”。当传递紧急的信息时，若不采用电话、传真或因特网等现代化的快速通道，而是通过邮递寄信的方式，那么接收者收到的信息往往会过时。

（2）沟通内容障碍

1）发送信息的含义不明。发送者如果对自己所要发送的信息内容没有真正的了解，不清楚自己要向对方说明的内容，那么沟通过程的第一步就会受到阻碍，整个沟通过程就变得困难。

2）内容过杂，数量过大。信息接受者对信息的复杂性具有一定的接受限度，超过这种限度，则会发生接受困难。此外，信息量过大，致使接受者无法完全接受，也会影响到沟通的效果。

(3) 沟通对象障碍

1) 过度加工：接收者在信息交流过程中，有时会按照自己的主观意愿，对信息进行“过滤”和“添加”。例如，有些工作人员与公众沟通时，往往“投其所好”，报喜不报忧，所传递的信息往往经过层层“过滤”后变得支离破碎或完美无缺；经过层层领会而“添枝加叶”，使得所传递的信息被断章取义或面目全非，从而导致信息的模糊或失真。

2) 知觉偏差：无论是工作人员还是公众，其个人特征，诸如个性特点、认知水平、价值标准、权力地位、社会阶层、文化修养、智商情商等将直接影响到对知觉对象即传送者的正确认识。人们在沟通中总习惯于以自己为准则，对不利于自己的信息要么视而不见，要么熟视无睹，甚至颠倒黑白，以达到防御的目的。

3) 心理障碍：由于公众在沟通过程中曾经受到过伤害和不良的情感体验，造成“一朝遭蛇咬，十年怕井绳”的心理定式，对组织发出的信息心存疑惑、怀有敌意，或者由于内心恐惧、忐忑不安，就会拒绝接收所传递的信息甚至抵制参与信息交流。

4) 思想差异：由于公众的认知水平、价值标准和思维方式上存在差异，往往会产生思想隔阂或误解，引发冲突，导致信息交流的中断及人际关系的破裂。

5) 沟通技能：人的个性千差万别，人们的沟通技能也有相当大的差异，这种差异成为影响信息交流的一大关键要素。沟通技能的高低归因于个人的文化修养、教育水平，有的则在于个人秉性。

(4) 沟通环境障碍

1) 沟通中断：沟通受到干扰突然中断，是最常见的一种障碍。而且这种情况在沟通过程中可能会发生多次。例如，与客户交谈时，有同事和你讲话；开会正在发言时，有人举起手发问。

2) 时间限制：时间压力，是自己或对方的时间限制，也是常见的人际沟通障碍。与其他人沟通时，人们很可能没有办法将下个小时、明天或下个星期该做的事完全抛诸脑后。所以这对沟通造成的压力几乎是无法完全消除的。

(5) 沟通媒介障碍

沟通媒介障碍主要体现在以下几个方面。

1) 沟通媒介选择不当。对内容极为复杂的信息，若以言语为媒介，往往不易说清楚，接受者也不易明了。对内容极为简单的信息，若选用文字图表作为媒介，则又浪费时间与物力。

2) 传递工具不灵。在选用语言媒介时，发送者的口齿不清，或语言不通，或用语模棱两可，电话中有噪声而听不清；在选用书面文字媒介时，文字不通顺或有别字而产生误解，字体模糊而无法看清，都会影响信息的有效传递，给沟通带来困难。

3) 所选择媒介本身的限制。例如，进行长距离沟通时采用通信方法，不仅费时，而且往往表达不清楚，甚至贻误时机。若采用电话沟通，往往受到通信设备的限制，而且有些需要用文字和图形来表达。

主题三　公共关系沟通技巧

一、改进沟通的技巧

1. 目光交流

在与个人沟通的过程中，正常的目光交流时间应当是 5 ～ 15 秒。与群体中的个人进行目光交流，时间就应该是 4 ～ 5 秒。要把这个作为一种习惯。只有这样，在你感到压力时，才能保持自信。

目光交流是发挥个人影响方面最重要性的技巧。因为眼睛是神经中枢系统中唯一与听话一方直接联系的部分。不要想着只是“目光接触”即可。正确的目光交流不仅仅是扫一眼。

1）5 秒目光停留会提高交流的有效性。与他人交谈时，如果情绪激动，表现得热情而自信，我们通常会凝视对方 5 ～ 10 秒。在两人单独交流时，这很自然。那么，在任何场合，不论是对着 1 个人还是 1000 个人说话，你都应当努力做到这一点。在大多数交流中，聆听者感觉最舒服的眼光停留时间就是 5 秒。因此，你应做到这一点，这是合乎逻辑的。

2）注意眼光的瞥视。大多数人存在的问题是，当我们觉得有心理压力时，眼睛往往看着别处，而不是看着聆听者。这种目光体现出来的紧张情绪就削弱了我们的可信度。除了直视交谈者外，其他方向的目光瞥视都会减弱我们的可信度，而且会令聆听者感觉不舒服。

3）注意不要慢眨眼。养成慢眨眼的习惯也同样令人难堪。将眼帘闭上所传达出的信息是“我不想待在这里”。那么，听话人往往也会产生同样的感觉。

2. 姿势和移动

（1）昂然挺立

糟糕的上体姿势往往体现出自卑。大多数时候，你并不是真正自卑。但是，在别人没有更深入了解你、改变对你的观点之前，他们总会这样看你。这些上体姿势常是来自过去的某些习惯模式。有些人未能认识到姿势的重要性，就任由这些懒散的姿势发展下去，到成年后也没有改变。

（2）注意下半身的姿势

第二个容易忽略的部位是下半身。当你与他人谈话时，由于忽略了站姿，交流的有效性便会大打折扣。因为不恰当的身体语言而导致你的沟通能量从聆听者处转移。其中最普通的反面事例就是“倚臀斜立、重心后移”。如果你身体后倾、倚臀斜立，就是在暗示“我不想

公关语录

昂然挺立和弯腰驼背的区别完全在于一种内心的姿态。它与身高无关，不用花费资金，同时还让人身心愉快。

——马尔科姆·福布斯

待在这里”。这会拉开你和聆听者之间的距离。其他的不良习惯还包括左右摇动、踮脚尖和翘脚后跟的前后晃动或踱步。

（3）采用“预备姿势”

克服这些坏习惯的方法就是摆好“预备姿势”。当你说话，让对方理解你的意思时，你其实是把这种能量向前传送。这种预备姿势就是身体微微前倾、双膝微曲，踮着脚跃跃欲试的样子，和蓄势待发的参赛运动员差不多。当你重心前移时，是不可能倚臀斜立或是靠脚跟将身体前后晃动的。不管是正式还是非正式场合，你都要形成习惯，摆好预备姿势。这样，在你和人沟通的时候，你就会准备得充分。

（4）移动

沟通和能量密不可分，你应以积极的方式使用你所具有的天然能量。例如，与人交谈时四处走动；在正式场合中，不要一直站在讲台后面，否则就不能消除你和他人之间的物质屏障；开小组会议时，要留有挪动手脚、挥动手臂的空间；坐着的时候，如果要“发言”，就要站起来或者前倾身体，这可以引起他人注意。移动会为你增加沟通的能量，体现出自信并增添沟通的变化性。不要幅度过大，在自然移动的范围即可。尽管活力充沛的人占优势，但是只要你有意识地运用你的精力，就能增添更多的个人感染力。

（5）保持自我风格

确信你所采用的姿势和移动方式符合你的个人风格。站立或身体移动没有绝对的对或错。但有两项原则肯定起作用，那就是沟通时的“昂然挺立”与“能量前倾”。应把它们看作你的预备姿势，然后着手调整到和你的个人风格相适应的姿势。

3．手势和面部表情

（1）理想的状态

讲话时学会保持自然放松的状态。要想有效地进行人际沟通，在你放松时，使放于两侧的手和臂膀保持自然放松状态。当你表现出热情活泼时，就应当很自然地打手势。你还应当学会在有压力的时候，也能像没有压力的时候一样自然微笑。

（2）改进你的手势和面部表情

沟通反映出个人精力，所以精力充沛的人就会有优势。但是，我们都应该对自己的精力有所认识，而且能够在此基础上有所改进。而手势和面部表情的改善对精力的促进尤为明显。

为了进行有效的沟通，你需要尽量放开面部表情和手势——要使其看起来很自然。以下几个方法可以确保你掌握更好的手势和面部表情。

1）找出习惯。观察你心存压力时看人的样子，一定要对此有所认识，你可以从别人的反馈中发现，但最好是对自己进行录像观察。在你能够做到“自然”之前，一定要了解自己“不自然”时的表现。你需要把自己的习惯放到一个“能力欠缺的意识阶段”的层面去认识。

2）发现你的紧张手势。我们都会有一些“紧张手势”，也就是讲话或是手上没拿东西时，手不知往哪里放。找出你主要的“紧张手势”，无论如何都不要做这种手势。

不要试图就某些词语或语句做手势——效果并不理想。只要注意不去做你的紧张手势即可。最终，你的手会在你不强调某个观点的时候自然垂于两侧。而当你自然而然地、迫切地想要强调某个论点的时候，你的手势也就自然而然地出现了。但是，如果你始终保持两手体前交叉或手臂僵直的紧张姿势，自然产生的手势也就不可能出现了。

3）再夸张也不为过。几乎没有哪个人的手势和表情是太过夸张的。这一重大发现几乎可以证明，你的手势和表情怎么夸张都不为过。所以要推动自己，去尝试夸大一些积极的手势。你会惊奇地发现，它们实际上看起来非常自然，不要担心会夸张过度。

4）微笑——你属于哪个三分之一？我们都觉得自己常常面带笑容。事实上，在别人眼中，你的表情具有很强的倾向性，要么微笑，要么就是面无笑容。研究表明，在工作时，三分之一的人开朗大方、面带笑容；居中的三分之一则表情适中，随时可由笑容满面转为一脸严肃；另外的三分之一则是一脸严肃，不管他们是否认为自己面带笑容。

看看你属于哪个三分之一。如果你属于经常微笑的三分之一，那么你在沟通时就有明显优势。人们会将你视作友善开朗的人，自然更容易对你的见解有所回应。另外一个好处是，你可以比其他人更为轻易地传达坏消息。如果你属于居中的那一类，可以轻易地由笑容满面变为一脸严肃，那你属于收放自如的类型。只有第三类人需要努力改进他们的沟通方式。也许你心里在微笑，可你的表情是忧郁的，这恰恰就成了你传达给别人的信息。你要知道，在观察者的眼中，感知即为事实。

5）牢记性格的效用。你的手势，尤其是你的面部表情，会向对方展示出你是一个容易亲近、开朗友善的人还是一个不太合群、孤僻内向的人。如果别人喜欢你，就会乐意接受你的观点，容易被你说服。人们喜欢开诚布公的人，所以，应开发培养一下你的性格。诸如技术专家、分析家、程序员、工程师和学者这一类比较严肃的人也许在面对面沟通时会产生不错的效果，但他们往往在个人写作时会更深刻有力。人际沟通不仅仅是知识智力层面上与人的交流，更是情感层面上的交流。

6）微笑表情肌。除了微笑产生的效果不可思议之外，微笑本身并没有玄妙之处。在生理上，微笑是由表情肌引起的，而表情肌是可以练习的。练习微笑的最好方法并不是动嘴唇展露笑容，而是要耸动你的脸颊骨。要把你脸颊的上部视作苹果，只要耸动你的苹果展露笑容即可。启动你微笑时的表情肌（假笑无济于事），真挚的笑容来自内心。

你在人际交往时必须重视微笑，因为微笑可以让人们察觉到你的感受。因此，认知你的微笑方式及练习你的表情肌是相当重要的。但注意，假笑是毫无用处的。假笑不但不能长时间持续，而且感觉不自然。你应通过练习表情肌来训练微笑技巧。这就像运动员训练他的肌肉，是为了准备在具体情况的刺激驱动下，适时地启动肌肉。

4．改进衣着和装扮

看着某人 5 秒，就能对他产生一个生动的印象。据专家估测，在此基础上，还要花上 5 分钟才能加深 50% 的印象（包括正面和负面印象）——我们现在所谈论的是情感方面的直觉印象，而不是本质内容或是智力方面的印象。

既然我们的身体有 90% 的部分穿上了衣服。那么，我们便需要认识我们的着装所传达出的信息（恐怕我们会更为积极地做运动）。

通常，我们那不穿衣的 10% 的部分主要是脸和头发。这些部分是最重要的，因为人们观察的往往是我们的这些部位。而别人得到的印象很大程度取决于我们头部修饰的方式和风格（如女人的发型、化妆和珠宝首饰；男人的发型、面部有无须发等）。

1）着装得体。进行有效装扮最为重要的两个字就是“得体”。着装或修饰的方式并无对或错，只在于恰当得体。这种恰当得体指的是首先让你自己感觉舒服得体，这比其他人的感觉更为重要。因为如果自己都感觉不舒服，你就不会有效地沟通。你的装扮应当符合你所在的公司环境（其他人的期望值、你所处的地理环境、当天的时间、社交情形、情况等）。

2）有意识的着装。我们大多数人是基于过去的习惯来着装的。应有意识地仔细观察着装、修饰的方式。你挑选那种颜色是否只是因为你一直挑选那种颜色？那种颜色适合你吗？你戴某些领带或饰物只是因为你曾经戴过吗？今天穿戴这个合适吗？认真地回答这些问题，你的着装会得到更多的改进。

不要忽略装扮效果。你初次露面给别人的印象要比你所想象的深得多。装扮并不是表面的，因为它会向别人全面传达你对自己的感觉。同时，它也表现出你装扮的目的。

5. 嗓音和声音变化

你的嗓音可以传导能量。你感到的热烈兴奋情绪应当直接通过你的声音传达出来。我们总是很快形成一种很难改变的发声习惯。其实，它们是可以被改变和重新学习的。录下你的声音，开始认识你传播给别人的能量。你的嗓音是你传达信息的主要载体，它如同交通工具一样——你拥有的可能是一部咯吱作响的破旧老爷车，也可能是一部运转平稳、声音悦耳的小汽车。两者都可以使你抵达目的地，但乘车的质量会大相径庭。

你的音调和音色对于“信息的传达”起到 84% 的作用。梅拉比安教授的研究表明，你的音调、语调、响亮度和声音传送在与人们不是面对面交谈时如打电话的时候，所占的可信度为 84%。

1）一个词语的声音。声音的精妙之处大大超过了我们的想象。在打电话的几秒内，我们就能从对方的音调里理解出不少信息。给你了解的人打电话，听他们说“喂”的语气。单从这一个词语，你就基本上可以分辨出他的确切情绪。

嗓音的四个方面构成声音表达的四个元素，即松弛、呼吸、发声控制和响亮度。每一个元素都可以通过练习得以改变，以求提高发声的功效。所有的元素共同作用，赋予你一个独特的嗓音。

2）采用发声变化。发声变化是保持听众兴趣、吸引他们聆听的有效方法。采用“起伏声调”，有意识地注意抑扬顿挫。这会让你意识到声音的单调，让你养成变化声音的习惯。

3）不要读讲稿演讲。演讲方式之所以单调，其中最严重的错误就是大声读讲稿。写作、阅读和发言是不同的沟通媒介。在你发言的时候，参照笔记和主旨提纲，这会让你的大脑也随之挑选话语。这样，你就在有意识地思考、调整和转换你的面容，而你的声音也会随之变得生动活泼、自然热烈。

6. 语言、停顿和非语言词

改进你语言的使用（增加停顿和消除非语言词）。语言是由词语和非语言词构成的。沟通时，如果能够挑选出用词，人们就能进行十分有效的沟通。这需要具备丰富的词汇量，能在不同情况下使用相应恰当的词语。例如，一个人不可能以对一群物理学家说话的方式来对一个孩子说话。非语言词是进行清晰沟通的障碍。诸如“唔、好的、你知道、噢、并且”等非语言词，如果重复成了习惯，不但会显得拖沓，而且会令人困惑。停顿是语言中不可或缺的一部分。有效沟通者会在句子间使用停顿，而优秀的沟通者则会使用停顿以达到惊人的效果。

1）运用直截了当的语言。直陈你的意思，说出你想要的东西。德鲁·司科特在《顾客的满足感：你的另一半职责》一书中强调，应当用“我愿意”来代替“我要试试”或是用“你能”代替“我们不能”。沟通范例如下。

“我会试一试，然后给您答复。”代之以“我非常愿意查看，然后4点以前给您答复。”

2）注意行话的使用。行话是有共同语言背景的人们之间沟通的捷径。可是如果你的聆听者不懂行话，即使你说的都是本国语言，听起来也会像外国话。

医生对一个护士说：“给他打一个NaCl。”这句话很少有病人听得懂。其实就是吊盐水的意思，原文的意思就是点滴，又叫作注射，是从血管注射，这是医学界的术语，医生对护士这么说，护士当然听得懂，但是病人就可能听不懂。

3）停顿——一个非常有用的手段。你可以自然地停顿三四秒，甚至一个句子中间的停顿也能做到自然。但是我们不习惯这样做，因为这样做的时候，这三四秒的停顿时间在我们头脑中却像是20秒。应练习停顿并得到反馈，了解你停顿时听起来是否自然。练习时，尽量在最大限度内进行停顿，那么，你就会在真实的谈话中表现得更为自然。

4）用停顿代替非语言词。有人把非语言词称作“语词累赘”——沟通不必要、不受欢迎（多余）的障碍。避免使用不必要的“唔、啊、哦、并且、噢、好的、你知道”和其他的“停顿填词”。给自己录音，征求反馈，辨认自己的非语言词，然后有意识地集中精力消除它们。

二、提高公关语言艺术性的主要方法

幽默法、委婉法、模糊法、激励法和暗示法为现代公关语言艺术的五种主要方法。

1. 幽默法

幽默是一种行为的特性。它是以一种愉悦的方法让别人获得精神上的快感，可以润滑人际关系，祛除忧虑愁闷，提高生活涵养，针砭某些社会弊端。心理学家凯瑟林说过：“如果你能使一个人对你有好感，那么也就可能使你周围的每一个人甚至是全世界的人都对你有好感。只要你不是到处与人握手，而是以你的友善、机智、幽默去表达你的信息，那么距离就会消失。幽默法是运用意味深长的诙谐语言传递信息的方法。

某西餐厅内顾客和服务员之间的一段对话如下。

顾客：“我要的菜还没有做好吗？”

服务员："您定了什么菜？"

顾客："炸蜗牛。"

服务员："噢，我去厨房看一下，请您稍等片刻。"

顾客："我已经等了半小时！"（生气地说）

服务员："这是因为蜗牛是行动迟缓的动物……"（两人都笑了）

（1）否定幽默法

否定幽默法，是甲乙两种相互对立的事物，从肯定甲事物出发，以加入乙事物内容而达到否定甲事物为归宿的方法。交谈中的"否定"，特别是对朋友、亲人，要以退求进。

一次，胡适的夫人埋怨社会上的"大男子主义"，胡适听了摇摇头说："也不全是，当男人也有'三从四德（得）'。"

太太："哪'三从'？"

胡适："太太出门要跟从，太太命令要服从，太太说错要盲从。"

胡夫人："'四德'呢？"

胡适："太太化妆要等得，太太生日要记得，太太打骂要忍得，太太花钱要舍得……"

（2）岔道幽默法

岔道幽默法，是通过反逻辑的方式造成笑料的方法。

例一：

领导："你对我的报告有什么看法？"

群众："很精彩。"

领导："精彩在哪里？"

群众："最后一句。"

领导："为什么？"

群众："当你说'我的报告完了，大家都转忧为喜，热烈鼓掌了。"

例二：

20世纪中期，作家王蒙出任文化部长，在一次中外记者招待会上，一位外国记者问他："王先生，您能否谈谈30年前的王蒙和30年后的王蒙有什么相同点和不同点？"王蒙听了笑笑说："30年前和30年后的王蒙，都叫王蒙，这是相同点；30年前的王蒙20多岁，30年后的王蒙50多岁，这是不同点。"话刚讲完，全场哄堂大笑，外国记者则哭笑不得地摇头。

（3）双关幽默法

双关幽默法，是利用一个词的语音或语义，同时关联两种不同的意义并进行曲解的方法。

正在进行"大酬宾"的百货公司柜台前，购买者很多，秩序混乱，一位女士生气地对营业员说："幸好没打算向你们买limao（礼貌/礼帽），我看在这里根本找不到。"营业员沉默了一会儿说："请让我看看您所需要的礼帽的样品！"那位女士愣了一下，笑了。

某食品商场经理在全体职工大会上说：“要端正经营作风，加强劳动纪律，公私分明，特别是‘甜蜜的事业’——糖果柜台，顾客反映很多……”

2. 委婉法

在日常交际中，总会有一些使人们不便、不忍，或语境不允许直说的话题内容。这时需要把“词锋”隐遁，或“棱角”磨圆，使语意软化，便于受者接受。

美国前总统尼克松在1972年访问中国时，周恩来同他会见时说：“您从大西洋彼岸伸过来手，和我握手。我们已经25年没能联系了。”

显然，周总理的话委婉、高雅，既机敏地隐去了中美之间长达25年的紧张政治关系，又体现了友好欢迎的气氛。所以，委婉语尽管仅仅“只是一种溶化剂”，但它能使本来也许困难的交往变得顺利，让听者（或看者）在比较融洽的氛围中接受信息。

委婉法是运用迂回曲折的含蓄语言表达本意的方法。

林肯一直以具有视觉的词句来说话。当他对每天送到他办公桌上的冗长、复杂的官样报告感到厌倦时，他提出了反对的意见，但是他不会以平淡的词句来表示反对，而是以一种几乎不可能被人遗忘的图画式字句说出：“当我派一个人出去买马时，我并不希望这个人告诉我这匹马的尾巴有多少根毛。我只希望知道它的特点何在。”

委婉法的类型，是按照表达本意所需要的语言特点划分的，一般分为三种：讳饰委婉法、借用委婉法和曲语委婉法。

（1）讳饰委婉法

讳饰委婉法，是用委婉的词语表示不便直说或使人感到难堪的方法。

3月14日下午两点三刻，当代最伟大的思想家停止了思想。他在安乐椅上安静地睡着了——但已经是永远地睡着了。

“为了祖国的下一代，请哪位热心人，给这位‘有喜’的大姐让一个座位。”

（2）借用委婉法

借用委婉法，是借用一事物或他事物的特征来代替对事物实质问题直接回答的方法。

外宾：“请问，中国人民银行有多少资金？”

周恩来答：“中国人民银行的货币资金嘛，有18元18角8分。”

（3）曲语委婉法

曲语委婉法，是用曲折含蓄的语言和商洽的语气表达自己看法的方法。

1981年8月31日，《人民日报》介绍了优秀营业员李盼盼在卖菜时，对公德观念不强的顾客说：“同志，请您当心一下，别把菜叶碰下来。”

《人到中年》的作者谌容访美。在某大学作讲演时，有人问她：“听说您至今还不是中国共产党党员？”谌容说：“你的情报很准确，我确实还不是中国共产党党员。但是我的丈夫是老共产党员，而我同他共同生活了几十年尚无离婚的迹象，可见……”

3. 模糊法

模糊法是运用不确定的或不精确的语言进行交际的方法。在公关语言中使用模糊法，是一种必备的艺术。例如，某经理在给员工作报告时说：“我们企业内绝大多数的青年是好学、要求上进的。”这里的“绝大多数”是一个尽量拉近反映对象的模糊判断，是主观对客观的一种认识，而这种认识常常带有很大的模糊性。

特别是在外交场合，更要慎用某些传递重要信息的模糊词语。

1972 年 9 月，田中角荣作为第二次世界大战后第一位日本政府首脑来到中国，周恩来总理为他主持了招待宴会。会上，田中角荣致辞答谢，其中有一句话差一点为两国政府的关系埋下阴影，以致引出了如下一段对话。

田中角荣：“……过去几十年，日中关系经历了不幸的过程，其间我国给中国国民添了很大的麻烦，我对此再次表示深切的反省之意。”

周恩来：“您对日本给中国造成的损失怎么理解？”

田中角荣：“给您添麻烦这句话，包含的内容并不那么简单。我是诚心诚意地、如实地表达自己赔罪的心情，这是不加修饰的，很自然地发自本人内心的声音……我认为，前来赔罪是理所当然的。

公关语言中的模糊法类型一般可分为宽泛模糊法、回避模糊法、选择式模糊法三种。

（1）宽泛模糊法

宽泛模糊法，是用含义宽泛、富有弹性的语言传递主要信息的方法。其语言结构是较明确的词语＋模糊词语。

现代文学大师钱钟书先生居家耕读，闭门谢客，最怕被人宣传，尤其不愿在报刊、电视中露面。他写的《围城》再版后，又被拍成了电视，在国内外引起轰动。不少新闻界的记者都想采访他，均被钱老执意谢绝了。一天一位英国女士好不容易打通了钱老家的电话，恳请让她登门拜见钱老。钱老一再谢绝没有效果，就妙语惊人地对英国女士说：“假如你看了《围城》，像吃了一只鸡蛋，觉得不错，何必要认识那个下蛋的母鸡呢？”这位女士终于被说服了。

（2）回避模糊法

回避模糊法，是按照某种场合的需要，巧妙地避开确指性内容的方法。在涉外接待活动中，与外宾交谈会话时，碰到“难点”就应巧妙回避。

一位美国客人在韶山毛泽东故居参观之后，中午在一家饭店吃饭，老板娘做的一手正宗的湘菜，使这位美国客人吃得非常满意。他在付钱时，看到老板娘家境富裕，突然提出如下问题：“老板娘，如果你的同乡毛泽东还在，会允许你开店吗？”这是明知故问，其中的含意不言自明。这时，老板娘略一寻思，就做出回答：“没有毛主席老人家，我早就饿死了，还能开什么店啊！”然后她接着说：“如今，邓小平接了班，党的富民政策好，日子越过越美好！”

以下是消息报道中的模糊法：

新华社北京电……宋健回答说，我们很多科学家希望同我国台湾科学家共同研究、讨论问题。现在我们很多研究课题与台湾的课题重复，我们很多科学家愿意到台湾与台湾科学家进行合作，我们欢迎台湾科学家到大陆来与我们一起从事科研合作工作。由于大家都知道的原因，我们不能去，他们不能来，只好在第三个地方会面，也就是在美国和西欧一些国家及日本等地会面。

以下是法律、政策条文中的模糊法：

第十三条，国家在必要时可设立特别行政区。在特别行政区内实行的制度按具体情况由法律规定。（《中华人民共和国宪法修改草案》）

居民安置住房的数量应根据原住房情况和家庭人口状况确定……原住房较宽松的被迁居民，可以根据其人口现状给以适当照顾，但不能保证其原居住面积。（《北京市基本建设拆迁安置暂行方法》）

（3）选择式模糊法

选择式模糊法，是根据不同的交际目的，用具有选择性的语言来表达的方法。

毛泽东同志于1944年给丁玲、欧阳山写了一封信，上面写道“……除了谢谢你们的文章之外，我还想多知道一点，如果可能的话，今天下午或傍晚请你们来我家一叙，不知是否可以？”

上海皂片使用说明：“3～4羹匙皂片，放入半面盆温水中搅和均匀。将欲洗的丝绸羊毛织物浸入皂水中，用手轻搓污处，再用清水漂净。”

4．激励法

激励法，是指以语言信息的反作用为刺激，激起对方依据说话人的意向说话或回答问题，也可以称为“激将法”。激励法的类型，按激励的内容、形式可分为反语激励法、身教激励法及贬低激励法三种主要类型。

（1）反语激励法

反语激励法是以正话反讲，用故意扭曲的反语信息和激励的语气表述自己的意念，以激起对方发言表态，达到目标的方法。

一家中外合资公司的总裁与一家乡镇企业厂长洽谈。厂长：“总裁先生赢利的能力的确比我们乡下人强得多，简直是一个大如牯牛，一个小如毫毛，这么大的魄力，虽然让我们折服，但我们实在不敢奉陪，只能收回土地，停止合作。

总裁：“好吧，我再让利一成！”

厂长：“不行，按我方投资比例，应当让利两成。”

总裁：“行，本公司原则上同意……”

此例中，厂长不说对方“黑心贪利”，却说其反语“魄力大”，又以“不敢奉陪”的“哀兵”战术以退为进，迫使对方同意。

（2）身教激励法

身教激励法是一种推己及人、将心比心的心理效应，激发对方进行角色对换，设身处地同意他人的语言反馈。

一位女公关人员负责同某公司女经理在上海参观浏览，上司关照这位女公关人员，要设法请客款待一次女经理。于是，在参观城隍庙时，经过两家饭店，这位公关小姐向华侨女经理询问两次：“夫人，您肚子饿吗？”

华侨女经理客气地摇摇头。后来这位公关小姐说：“我只吃了两三块饼干，就来接您了，现在我倒饿了，请您陪我吃点好吗？”

华侨女经理听了，欣然点头。

身教式的激励成功，就在于由此及彼，再由彼及此的有效反应。

(3) 贬低激励法

贬低激励法是说话人的一种善意贬低他人、促使发话生效、引起互动的言语激励方法。

晚餐的联谊舞会中，一位女宾邀请某中年男经理跳舞，对方以“我不会跳”或“跳不好”来推托。于是女宾就说：“哪是不会跳，您八成是‘妻管严’，怕跳完舞回家，被太太知道挨整吧？”对方被贬受激，仰头大笑，终于迈出舞步。

某厂改革人事制度，招聘车间主任，工人们都希望一位年轻有为的技术员受聘，但这位技术员犹豫不决。一位老工人当众说：“我说你啊，厂里花了上万元送你上大学，学了一手本领，连个车间主任都不敢当，真是窝囊废！”结果这个技术员在一激之下，终于出任了车间主任，果然不负众望。后来，他在一次授奖表彰大会上谈体会时说：“厂里出钱培养我，车间工人师傅信任我，我怎么能甘当一个窝囊废呢？”

5. 暗示法

暗示法是通过语言、行为或其他符号把自己的意向传递给他人，并引起反应的方法。因此，暗示法可以通过人（语言形式、手势、表情）施教，也可以通过情景（视觉符号、声音符号）施教。一般分为点化暗示法、引发暗示法、图像暗示法三种。

(1) 点化暗示法

点化暗示法，是用点化式与意向紧密相连的另外一件事来引起反应的方法。

某店门口一块标语牌上写着：“后天就要拆迁了！”

公路拐弯处，一块标语牌上写着：“这里已经有6人死于车祸！”

(2) 引发暗示法

引发暗示法，是以同一事物中的一对矛盾（甲与乙），用引发甲来暗示乙，从而引起双方反应的方法。

某大学数学系因进修生、旁听生多而时常挤得在校生没有座位。于是班长在课前说了一句：“为了尽可能让到我班听课的进修生和旁听生有座位，请本班同学坐前六排。”

(3) 图像暗示法

图像暗示法，是以图像来暗示并引起反应的方法。这种暗示法多用于广告。例如，生发灵电视广告是一则推销广告，但它并不直说其好处，而是用光头和擦药后满头黑发等几幅夸大性图像的对比来暗示它的商品效用。当然，所引起反应的程度决定于受暗示者，即生发灵实际的效用。生发灵的质量越好，受暗示者的反应（购买欲）程度越强烈。相反，就可能出现“一锤子买卖”的一次性反应。图像式暗示更广泛地运用于消防、装卸、用电和商品包装与提示徽记。例如，提示装卸搬运勿颠倒的“高脚酒杯”，防明火的“火焰”，防触电的“电波”等图像徽记等。又如，天津自来水公司的“节水徽记”。徽记左右上方的弧线代表着自来水管道及水龙头，水龙头中滴下一滴水，被一只伸出的手掌小心地接住，人们直观上看到的是用一只手接一滴水的图形，实际是利用谐音巧妙地使人由“接”水联想到“节水”，这是一种谐音图形暗示法。

技能训练

训练一

训练目的：培养学生改进目光交流的能力。

训练内容：与同学进行一次谈话，询问同学或朋友对你运用目光交流方式的感觉，让同学或朋友帮助你分析你在沟通中目光交流存在的不足。

训练要求：要求双方相互询问目光交流的感觉，在此训练中要真诚，勇于说出目光交流中的不足。

成绩评定：能够在交流中运用目光交流的技巧占 50%；能够在沟通中真诚地、准确地指出对方目光交流的不足占 50%。

训练二

训练目的：使学生认识衣着和装扮在沟通中的重要性。

训练内容：回忆开学第一天，你印象最深刻的同学的模样、着装、表达方式、发式饰物等，并指出哪些给你留下好印象，哪些留下坏印象。

训练要求：描述的内容越仔细越好，并把描述的内容用笔记本记录下来，认真分析。

成绩评定：回忆内容翔实、细致占 50%。对印象的影响分析准确、客观占 50%。

训练三

训练目的：使学生体验音色和音调在沟通中的作用。

训练内容：找出 5 个公司的电话号码并拨号，注意他们接听电话的音色和音调。模仿你在未来的工作岗位接电话的情形，用设备记录下自己的声音，听取别人对你说话声音的印象，并写下你本人是如何评价你在电话中给别人留下的印象。

训练要求：学习优秀的音色和音调，认真听取别人的意见并记录，客观真实地写下对自己的评价。

成绩评定：拨出 5 个客服电话号码，认真倾听客服的声音，并记录客服人员的音色和音调占 30%；设计工作情景，并模拟工作岗位接电话的情形占 40%；提交的录音音色、音调悦耳动听，能够找出自己音色、音调方面的不足，并有所改进占 30%。

训练四

训练目的：使学生在认识音色和音调重要性的同时，找出声音悦耳与否的原因。

训练内容：列出 5 个你认为有着动人悦耳的声音的人，再列出 5 个你认为不善于发声的人。分析他们发声好坏的原因。

训练要求：要保证分析对象的人数，并深入分析原因。

成绩评定：找出 5 个声音悦耳的人及 5 个不善于发声的人占 40%；能够分析并找出发声好坏的原因占 60%。

训练五

训练目的：使学生找出沟通障碍，提高学生的沟通能力。

训练内容：

【案例】李方是某大学人力资源管理专业的一名学生，热情、直率、坦诚，并因此在上学期间很受老师和同学的欢迎。经过四年的学习，即将踏上职业之路，他对自己的专业能力与沟通能力有很强的自信，对未来的工作有较高的期望。经过将近一个月的投简历和面试，在权衡了多种因素后，他最终选定了一家生产外单的民营服装企业。他之所以选择这家公司是因为该公司规模适中、发展速度很快，最重要的是该公司的人力资源管理工作还处于尝试阶段，施展能力的空间很大。但是到公司实习一个星期后，他就遇到了很多问题，陷入了困惑。

原来该公司是一个典型的家族企业，老板给李方安排了他的大儿子做临时上级，主要负责公司研发工作，缺乏人力资源管理理念，在他的眼里，只有技术最重要，公司只要能赚钱，其他的一切都无所谓。于是在到公司的第五天，李方就拿着自己的建议书走向直接上级的办公室。“王经理，我到公司已经快一个星期了，我有一些想法想和您谈谈，您有时间吗？”李方走到经理办公桌前说。“很好啊，小李，本来早就应该和你谈谈了，只是最近一直在研究产品开发，把这件事忘了。”“王经理，对于一个企业尤其是处于上升阶段的企业来说，要持续发展必须不断规范管理。据我目前对公司的了解，我认为公司主要存在的问题在于职责界定不清，进行大量重复工作，而且有些工作无人负责；员工薪酬结构和水平没有参考文件，随意性较强，薪酬的公平性和激励性都较低。”李方按照自己事先所列的提纲开始逐条向王经理叙述。王经理皱了一下眉头说：“你说的这些问题我们公司也确实存在，但是你必须承认一个事实——我们公司在赢利，这就说明我们公司目前实行的体制有它的合理性。”“可是，眼前的发展并不等于将来也可以发展，许多家族企业都是败在管理上。”“好了，那你有具体方案吗？”“目前还没有，这些还只是我的一点想法，但是如果得到了您的支持，我想方案只是时间问题。”“那你先回去做方案，把你的材料放这儿，我先看看然后给你答复。”说完王经理的注意力又回到了产品开发报告上。李方此时真切地感受到了不被认可的失落，而随后上交的管理建议书也没有回音。

训练要求：认真阅读背景资料，回答以下问题，并模拟演示最后一个问题。

1）李方在和王经理沟通的过程中遇到了哪些障碍？

2）李方沟通失败的原因是什么？

3）如果你是李方，你会怎样与王经理沟通？

成绩评定：找出李方和王经理沟通中的障碍占 20%，分析李方沟通失败的原因占 30%，改进并模拟李方与王经理沟通的方法占 50%。

训练六

训练目的：使学生认知沟通中的障碍。

训练内容：

【案例】一位演讲者想证明酒精的害处，于是在讲台上摆了两个透明的玻璃杯，一个装白水，另一个装酒精。演讲者抓了一只虫子放到装有白水的杯子里，虫子在里面游来游去，他又把虫子拿出来放到装有酒精的杯子里，虫子游了几下就死了。这时，演讲者非常得意地对观众说："各位，这个实验说明了什么？"台下沉默很久，突然，后排有一个醉醺醺的声音说："这说明，人要是喝酒就不招虫子。"

训练要求：这个演讲者沟通失败的原因是什么？

成绩评定：能够准确找出沟通中存在的障碍占 50%，能够根据案例给演讲者提出有益建议占 50%。

模块六 公共关系危机管理

学习导读

在西方国家的教科书中，通常把危机管理称为危机沟通管理，原因在于加强信息的披露与公众的沟通，争取公众的谅解与支持是危机管理的基本对策。在日益激烈的市场竞争环境下，企业随时可能遭遇危机，在危机处理中，危机管理在维护公众利益、争取舆论支持、重塑品牌形象等方面有着重要作用。本模块通过分析危机事件的基本类型、基本特征，以及危机事件的预防、处理、善后工作，增强对危机管理的重视和对危机的处理能力，以达到转危为安、维护形象的目的。

学习目标

1）了解危机的定义、特征、诱因及分类。

2）熟知危机管理的作用和原则。

3）增强危机预防意识，制订危机管理计划与培训。

4）掌握危机处理步骤、策略及注意事项。

典型案例

案例一

2010年8月下旬，金浩茶油被曝出“苯并芘”超标，国内最大茶油生产企业——金浩茶油股份有限公司（以下简称金浩公司）受到公众强烈质疑，与金浩茶油一起站在舆论风口浪尖的还有湖南省质量技术监督局。实际上，早在2010年2月18日，湖南省质量技术监督局即已通过抽检，查出金浩茶油的9个批次产品存在“苯并芘”超标，该公司却在长达半年时间之内未公之于众。国家质检总局和湖南省质量技术监督局也在2010年3月即获悉部分茶油企业抽查结果不合格的情况，企业也在内部自查中发现致癌物“苯并芘”严重超标。

9月1日，在曝光压力之下，金浩公司终于为这个隐瞒了5个月的消息道歉，并透露，尚有近10吨含致癌物质的茶油未被召回。金浩公司还承诺将按照相关规定对消费者进行退款和补偿。

9月2日，湖南省质量技术监督局也开始“发声”，就该事件进行说明，并采取了一系列处理措施，包括责令金浩公司停产整顿、召回问题产品等。

9月6日，金浩公司董事长在其微博上透露：现在消费者手中还未召回的9个问题批次的产品数量为491千克，价值约30万元。据不完全统计，事件导致的市场损失至今已过亿元。

案例二

据2010年7月14日香港媒体报道，香港有机构对霸王集团旗下的中草药洗发露、首乌黑亮洗发露及其生产的追风中草药洗发水进行化验，检出这几款洗发水中含有被美国列为致癌物质的二恶烷。二恶烷对人的皮肤、眼部和呼吸系统有刺激性，并可能对肝、肾和神经系统造成损害，急性中毒时可能导致死亡。消息一出，危机的狂潮即刻掀起，各大主流媒体、网站开始进行疯狂的报道。各种批判性很强的网络专题也随之推出。霸王集团的股价一天之内暴跌14%。

7月15日开始，霸王集团应对汹涌而来的质疑，开始了密集的危机公关工作。霸王集团发表声明称，集团的产品符合世界（包括欧盟及美国FDA）所定的标准，《壹周刊》文章所指产品所含的微量二恶烷远低于世界安全指引，绝对不会对人体健康构成影响。对于香港媒体失实报道及其所带来的影响，霸王集团保留采取进一步法律行动的权利。

强大的危机激流使霸王措手不及，但事件很快又“柳暗花明”。7月16日，广东省质量技术监督局发布新的检测报告称，霸王的二恶烷含量是安全的。对于霸王产品的合法性来说，质量技术监督部门的检测报告代表了官方对事件的定调。但对于市场与消费者来说，质量技术监督部门的报告无法在短时间迅速重振消费信心。

两个危机案例的相同之处是产品被检查出致癌物，且被媒体曝光。结果的不同根本上取决于产品本身是否过硬，而企业对危机的不同处理方法也决定了企业最终的主动或被动地位。两个危机管理中的不同在于，金浩公司没有规范的危机处理程序，而霸王集团具备一整套成熟的危机管理制度。突发的严重危机往往是对企业生死存亡的考验。在危机面前，所有企业都处在同一条起跑线上，采取应对危机的措施却千差万别。这一方面依赖于企业管理的积淀，另一方面则取决于企业全员危机意识和决策层的危机管理能力。

主题一　危 机 概 述

“天有不测风云，人有旦夕祸福”，对于组织而言，由于外部环境变化或内部管理不善，企业可能会陷入某种危机之中。认识危机的概念、特征及其分类，是有效开展危机管理、减少危机危害程度的前提和基础。

一、危机的概念与特征

（一）危机的概念

对于危机（crisis）的概念，不同的学者有不同的定义。

> **公关语录**
>
> 每一次危机的本身既包含导致失败的根源，也孕育着成功的种子。发现、培育以便收获这个潜在的成功机会就是危机公关的精髓。
>
> ——危机管理专家奥古斯丁

赫尔曼将危机定义为某种形势，在这种形势中，其决策主体的根本目标受到威胁，且做出决策的反应时间很有限，其发生也出乎决策主体的意料。

福斯特指出：危机具有四个显著特征，即急需快速做出决策、严重缺乏必要的训练有素的员工、相关物质资料紧缺、处理时间有限。

罗森塔尔等人将危机界定为：对一个社会系统的基本价值和行为架构产生严重威胁，并且在时间性和不确定性很强的情况下必须对其做出关键性决策的事件。

巴顿认为，危机是一个会引起潜在负面影响的具有不确定性的事件，这种事件及其后果可能对组织及其员工、产品、服务、资产和声誉造成巨大的损害。巴顿所给出的危机定义将危机的影响范围扩大到组织及其员工的声誉方面。班克思对危机做出的定义也考虑了声誉方面的影响，将危机定义为对组织、公司及其产品或名声等产生潜在的负面影响的事故。

里宾杰将危机界定为：对于企业未来的获利性、成长乃至生存发生潜在威胁的事件。他认为，一个事件发展为危机，必须具备以下三个特征：①该事件对企业构成威胁，管理者确信该威胁阻碍了企业目标的实现；②如果企业没有采取行动，局面会恶化且无法挽回；③该事件具有突发性。

综合不同学者给危机下的定义，我们认为，危机是一种对组织基本目标的实现构成威胁，要求组织必须在极短的时间内做出关键性决策和进行紧急回应的突发性事件。

这一危机定义强调了以下几点：①危机是对组织构成重大威胁的事件，妨碍组织基本目标的实现；②危机是一种突发性的事件，往往出乎组织的预料；③危机给予组织决策和回应的时间很短，对组织的管理能力提出了很强的时间性要求。

（二）危机的特征

认识危机的特征，是组织有效识别危机的前提。否则，对于危机的识别就可能出现盲点。通常而言，危机主要有以下几个特征。

1．突发性

“冰冻三尺，非一日之寒。”组织内部因素所导致的危机在爆发前大都有一定的征兆，是由一系列细小的事件逐渐发展起来的。然而由于人们的疏忽，可能对这些细小的事件一无所知，也可能对这些细小的事件习以为常、视而不见，因此，危机的爆发经常出乎人们的意料，危机爆发的时间、地点及影响的程度常常是人们始料未及的。

2014年3月8日凌晨，马来西亚航空公司一架航班号为MH370的波音777-200客机从吉隆坡飞往北京，计划6点30分抵达北京首都国际机场，却在凌晨1点20分失去联系。消息一经报道，瞬间在国内引发了全民的关注，更形成了全球范围的热议。一时间，MH370成为所有人的等待，而马来西亚航空公司也成为媒体关注的焦点。面对这一突如其来的状况，关系239条人命的事故，对于马来西亚航空公司来说无疑是一场巨大的灾难，更是品牌危机。

本来，在这场突如其来的、让人揪心的危难中，虽然身为航空事故当事责任方，马来西亚航空公司作为一个运营企业，也是“受害者”之一。可是，面对两百多个鲜活的生命不知所踪，由此牵系的家庭、亲朋如坐针毡，数十个国家的联合营救，数千军士海、陆、空全方位的大搜寻，甚至太空监测的配合，马来西亚航空公司竟然望风捕影，整个应急体系迟缓臃肿、混乱不堪。从一开始的隐瞒到之后一天以内发布无数次信息，推翻，再证实，再推翻，作为亚洲优秀航空公司之一，马来西亚航空公司不可能没有应对此类危机的预备方案。但可以猜测，预案没有包括“悬而未知”的因素，让当事高管措手不及，以至于马来西亚航空公司的危机沟通受到各方的诟病。

凡是预案能够囊括的紧急事件都不是危机。因为包括无法事先知晓的因素，系统才会失控，进而演变成危机。马来西亚航空公司危机沟通失措的现状也给每个企业提供了值得反思的教训。

2．危害性

由于危机常常是在当事者毫无准备的情况下瞬间发生的，容易给当事者带来很大程度的混乱和惊恐，很容易造成决策失误，给企业造成巨大的损失。对于企业而言，危机爆发之后，不仅会破坏企业当前的生产、经营秩序，而且会破坏企业可持续发展的基础，对企业未来的发展造成不利的影响，甚至还可能威胁到企业的生存。

2008年9月11日卫生部指出，近期甘肃等地报告多例婴幼儿泌尿系统结石病例，经调查发现患儿多有食用三鹿牌婴幼儿配方奶粉，相关部门调查后高度怀疑石家庄三鹿集团股份有限公司生产的三鹿牌婴幼儿配方奶粉受到三聚氰胺污染。卫生部专家指出，三聚氰胺是一种化工原料，可导致人体泌尿系统产生结石。

截至9月15日8时，全国医疗机构共接诊、筛查食用三鹿牌婴幼儿配方奶粉的婴幼儿近万名，临床诊断患儿1253名（其中2名已死亡）。其中，913名患儿的症状轻微，正在进行院外随诊治疗或已经治愈；现仍留院观察治疗的患儿有340名，53名患儿的症状较严重，其余患儿的病情平稳并趋于好转。石家庄三鹿集团股份有限公司11日则发布产品召回声明，称经公司自检发现2008年8月6日前出厂的部分批次三鹿婴幼儿奶粉受到三聚氰胺的污染，市场上大约有700吨。三鹿集团股份有限公司决定立即全部召回2008年8月6日以前生产的三鹿婴幼儿奶粉，至此，三鹿集团股份有限公司三聚氰胺事件全面爆发。因此事，三鹿集团股份有限公司现已破产。

3．公众性

大众传播业的发展，信息传播渠道的多样化、时效的高速化、范围的全球化，使组织危机情境迅速公开化，成为公众关注的焦点、各种媒体最佳的“新闻素材”。因

此，有人评价说有关危机的信息传播比危机事件本身发展还要快。在危机信息的传播中，各种媒体最有影响力，因为社会公众有关危机信息的主要来源是各种形式的媒体，而媒体对危机报道内容的选择和对危机报道的态度影响着公众对危机的看法和态度。有些组织在危机爆发后由于不善于与媒体沟通，导致危机不断升级。对于危机的利益相关者而言，由于危机涉及他们的切身利益，因此对危机事态的发展及组织对危机采取的措施更是十分关注。

2011 年 6 月 21 日，新浪微博用户“郭美美 Baby”备受网友关注，这个自爆“住大别墅，开玛莎拉蒂”的 20 岁女孩，认证身份却是“中国红十字会商业总经理”，网友对其真实身份也猜测万分，更有网友认为她是中国红十字会副会长郭长江的女儿，由此引发网友对中国红十字会的热议。6 月 21 日早上，新浪微博上出现了一个名为“郭长江 RC-”的未认证微博与“郭美美”互相关注。其发布的三条微博不到两个小时，就引来了诸多网友的口水，不少网友认为这是中国红十字会副会长郭长江的微博。有些网友还讽刺道：“唾沫淹死人啊，您闺女太高调了。”6 月 22 日，中国红十字会称“郭美美”与红十字会无关，新浪也对实名认证有误一事而致歉。6 月 29 日，天涯社区、猫扑网相继删除原始爆料郭美美炫富事件的帖子。而北京警方也对郭美美事件正式立案，通报结果为郭美美及其母亲与中国红十字总会无直接关联，其认证的“中国红十字会商业总经理”身份属于自行杜撰。警方的最终通报似乎将郭美美事件与中国红十字会彻底撇清关系，然而舆论浪潮早已一发不可收拾，红十字会深陷信誉危机。2014 年 8 月 20 日，北京市东城区人民检察院以涉嫌开设赌场罪依法对郭美美批准逮捕。

4．紧迫性

对组织而言，危机一旦爆发，紧迫性非常强烈。危机的紧迫性具体表现在：第一，危机潜伏期所积蓄的危害性能量在很短的时间内被迅速释放出来，并呈快速蔓延之势，要求组织必须立即采取有力的措施予以处理，任何延迟都会带来更大的损失；第二，危机事件之间具有传导效应，一个已发生的危机，会像石子投入水中一样引起阵阵涟漪，如果不对危机的发展势头进行有效遏制，可能引发一系列的不利影响，导致更大的危机；第三，飞速发展的现代通信技术极大地便利了沟通，如果危机爆发之后组织反应迟缓，必然使组织形象在社会公众尤其是利益相关公众心目中一落千丈。为获得社会公众的同情、理解和支持，需要组织迅速对危机做出反应和处理。

2008 年 6 月 28 日，贵州省黔南布依族苗族自治州瓮安县发生一起严重的群体性暴力事件。事件参与者放火焚烧了该县县委县政府大楼和公安局大楼。百余名警察在事件中受伤，50 余名事件参与者被警方控制。贵州省委书记石宗源将“6·28”事件定性为：一起起因简单，但被少数别有用心的人员煽动利用，甚至是黑恶势力人员直接插手参与的，公然向党委、政府挑衅的群体性事件。

据贵州省公安厅政治部主任王兴正介绍，“6·28”事件的起因是一起学生死亡事件。6 月 22 日凌晨 0 点 27 分，瓮安县公安局 110 指挥中心接到报警称，在县西门河大堰桥处有人跳河。雍阳镇派出所接到 110 指挥中心指令后，迅速派值班民警赶赴现场，并通知 119 人员赶赴现场。民警赶到现场后立即开展救捞，因天黑施救条件有限，经持续紧张工作，于凌晨3时许将溺水女孩打捞上岸后，急救人员证实其已死亡。经向在场报警人询问得知，溺水女孩为初中学生。

公安机关做出“自己跳河溺水身亡”的结论，死者家属对此不满。6月28日16时，死者家属召集300余人在瓮安县城游行，最终导致暴力事件。

游行者和警方发生了激烈冲突。事件中，瓮安县委大楼被烧毁、县政府办公大楼104间办公室被烧毁。县公安局办公大楼47间办公室、4间门面房被烧毁，刑侦大楼14间办公室被砸坏，县公安局户政中心档案资料全部被毁，42台交通工具被毁，办公电脑数十台失踪。事件共造成150余人受伤，大部分为轻微伤。

5．二重性

“祸兮，福之所倚；福兮，祸之所伏。”这句话辩证地阐述了危机的二重性。“危机”一词，可以用危害加机会来表达。危机所带来的危害很好理解。危机带来的机会包括两个方面：一方面，危机的爆发使组织认识到自己的不足，如果能对症下药，就可以有效克服自己的弱点，已经发生的危机可以看作组织的疫苗，避免今后危机再次爆发；另一方面，危机的爆发往往使组织成为公众注目的焦点，如果组织的危机处理措施得当，就可以使组织化险为夷、转危为安，坏事变好事，形成新的发展机会。不少组织在危机发生之后过于悲观，看不到危机所带来的机会的一面，在危机处理的过程中显得消极被动，危机处理效果不理想。

二、危机的诱因及分类

（一）危机的诱因

导致组织危机的诱因主要分为两大类，其一是外部环境变化，其二是内部管理不善。

外部环境变化包括政治和法律环境的变化、国家经济政策的变化、市场波动、金融风暴、产业竞争环境变化、科学技术的发展、社会文化环境的变迁、媒体负面报道、自然灾害等。外部环境对于组织来说大多是不可控的因素，是企业无法回避的。但组织可以通过建立并完善危机预警系统加强对外部环境变化情况的监测，并及时做出相应的反应。

内部管理不善包括管理观念落后、战略选择错误、战略执行不当、机构设置不合理、人际关系不协调、职能管理不到位、基础管理薄弱等。内部管理属于组织可控的因素，企业可通过改善管理来降低危机发生的概率。

（二）危机的分类

1．按照危机产生的诱因分类

按照其产生的诱因，危机可以划分为以下三类。

（1）外生型危机

外生型危机是指由于外部环境变化给组织带来的危机。例如，欧洲企业生产的奶制品和肉制品一直是世界市场上的“上品”，但受疯牛病的影响，欧洲特别是英国与畜牧相关的行业遭受了沉重的打击，有些公司甚至遭遇毁灭性的重创。甚至一些与畜牧无关的产业，仅仅因为使用了动物制品，如含有牛骨胶成分的名牌化妆品和以牛血

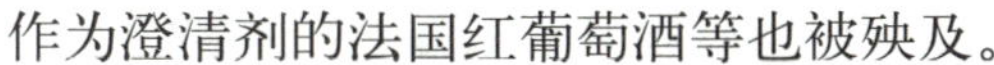

作为澄清剂的法国红葡萄酒等也被殃及。

（2）内生型危机

内生型危机是指由于组织内部管理不善所引发的危机。例如，2001 年日本雪印牛奶公司的生产线由于没有按照规定的时间要求进行清洗，导致细菌滋生而造成饮用者大量中毒。

（3）内外双生型危机

在不少情况下，组织之所以陷入危机，往往是外部环境变化和内部管理不善交互作用的结果。内部管理不善使得危机爆发的“火药库”不断增大，外部环境某一方面的突然变化，则成为危机爆发的直接“导火索”。此时，危机具有内外双生型危机的性质。三株口服液风波就是这类危机的典型例子。

2．按照危机影响的范围分类

按照影响的范围，可以将危机划分为国际危机、国内危机、区域危机、组织危机。

1）国际危机：国际关系行为体的冲突不断激化，导致现有关系发生质变的国际关系恶性状态，通常泛指从严重对抗到国际战争临界状态这一阶段，是国际冲突的一种形式和表现。

2）国内危机：一国境内的政治、经济、军事等关系行为体的矛盾激化，或引发国内政治、经济、军事等关系行为体不稳定的危机。

3）区域危机：存在共性或共同利益体的各关系行为体的其中两三个行为体之间的矛盾激化，引发整个利益共同体或共性区域的不稳定性，从而爆发的危机。

4）组织危机：组织与公众发生冲突，或出现冲突事件，使公众舆论反应激烈，组织形象受到严重损害而陷入困境的状况。

3．按照危机发生的领域分类

从公共管理的角度出发，按照其发生的领域，危机可以具体划分为政治危机、社会危机、经济危机、生产危机、自然危机。

1）政治危机：公众对政府当权者或当权党派发动的大规模示威、抗议活动，或政治家高层发生公开的分裂。

2）社会危机：主要是由社会问题引发的危机，如政府公信力缺失、媒体公信力缺失、贫富矛盾激化、经济停滞、失业率增高、通货膨胀、民族宗教分歧、食品安全问题等。

3）经济危机：一个或多个国民经济或整个世界经济在一段比较长的时间内不断收缩。

4）生产危机：生产过程中可能导致产品质量问题和生产事故的各种可能的缺陷。

5）自然危机：大自然的危害性灾难，如空气质量、水质量、地震、旱涝灾害等。

4．按照危机发生和终结的速度分类

根据发生和终结的速度，罗森塔尔将危机分为以下四类。

1）龙卷风型危机。这类危机来得快，去得也快，像一阵龙卷风。人质劫持即属于此类危机。

2）腹泻型危机。这类危机往往酝酿很长的时间，但爆发后结束得快。军事政变即

属于此类危机。

3）长投影型危机。这类危机会突然爆发，但影响深远。2003 年在我国爆发的非典型肺炎即属于此类危机。

4）文火型危机。这类危机来得慢，去得也慢。旷日持久的巴以冲突是此类危机的典型例子。

（三）企业危机的分类

具体到企业这一特定的组织而言，按照其发生的具体内容，危机可以分为以下四类。

1. 战略危机

战略危机是指由于企业对外部环境和内部条件的错误估计，使得企业战略选择失误；或者企业战略选择虽然正确，但由于战略执行不当而给企业造成的危机。韩国大宇集团在高负债、低竞争力基础上所实施的多元化战略就是战略危机的典型例子。过于冒险、过度扩张的直接结果是大宇集团破产，到 1998 年，其资产总额不足 25 万亿韩元，而负债总额高达 86 亿韩元，沉重的债务迫使大宇集团宣布解体。

2. 组织危机

组织危机是指企业组织结构与企业目标、战略、目标市场、产品特点及发展阶段不相适应，导致企业管理效率低下、组织文化落后而引发的危机。例如，管理层次过多，管理机构臃肿，决策迟缓，部门主义盛行；企业组织形式不适应企业发展的需要，在企业规模扩大后仍过分集权，事业部制未得到有效的运用；组织文化保守，安于现状，进取心不足等。

3. 职能危机

职能危机是指企业各项职能管理与企业的战略及变化的环境不相适应而产生的危机。职能危机具体包括以下类型。

1）生产危机。生产管理规章制度订得不健全，或者规章制度在生产过程中执行得不到位，一方面可能造成较多的产品质量缺陷，另一方面可能形成一系列安全生产的隐患，一旦产品质量给消费者造成重大的损失，如使其致残或死亡；或者某种安全隐患导致一场生产事故，就产生了生产危机。

2）营销危机。因营销观念、营销策略与企业战略及企业内外部环境不相适应而导致的危机属于营销危机。营销危机具体包括以下几个。第一，企业价格策略失误，过高估计目标市场顾客的价格承受能力，定价过高，造成产品严重积压，或者定价过于强调成本导向，价格不能适应市场需求变化或竞争需要，或者价格策略与市场营销其他职能脱节。第二，销售渠道出现问题，严重影响产品销售。例如，渠道设计不符合产品特性；不能随产品的更新而及时调整渠道；企业与经销商缺乏有效的沟通、协调与合作等。第三，促销活动不到位，严重制约产品的推广。例如，促销方案设计不合理，促销手段陈旧；促销费用高昂，促销效率低下；不能根据目标市场的特点开展针对性的促销活动，甚至与目标市场顾客的习俗相冲突。

3）人力资源危机。人才是企业发展的支柱。由于各种原因，掌握核心技术、商业机密、业务关系等关键知识的人才流失，将对企业造成巨大的损失。当员工感到待遇不公正或得不到信任时，必然影响士气。当企业士气普遍低下时，也可能引发人力资源危机。此外，当某位企业高层决策者突然死亡时也可能引发危机。

4）技术创新危机。如果企业忽视新技术、新产品的研究开发工作，固守原有技术和产品，导致企业产品缺乏市场竞争力，就可能使整个企业陷入危机之中。此外，如果企业不注重市场调查，盲目冒进，不顾市场需求的限制投入巨资开发并研制新产品，结果导致新产品专利无人问津或市场狭小，也可能引发技术创新危机。

20 世纪 90 年代初，广东太阳神集团有限公司依靠其太阳神保健口服液和猴头菇口服液曾风靡保健品市场。然而，由于该公司不重视新产品开发，在随后的 10 余年里，太阳神未成功推出一个新产品。由于保健品市场上不断推出新产品，消费者对其产品的兴趣转移，使得太阳神风光不再。

5）财务危机。由于企业投资、融资、并购决策的失误，利率、汇率的调整或者证券市场的波动，造成企业投入增加、收益减少，使企业财务陷入困境，资金难以为继，最终造成企业正常生产、经营秩序瘫痪，就形成了财务危机。巨人集团、爱多企业等的失败就与财务危机密切相关。

6）信息危机。在信息时代，市场瞬息万变，宏观环境的变化、消息者需求的变化、原材料及零部件供求关系的改变、竞争对手策略的调整等，都会对企业造成影响。企业必须准确、及时、灵敏地掌握各种信息，一条错误的信息可能给企业带来灭顶之灾。

4. 不可抗外力危机

不可抗外力危机指企业在生产经营过程中，由于人们无法预测和人力不可抗拒的外部强制力量，如地震、台风、洪水、疾病等自然灾害及经济危机、战争、国家政策变动等人为原因造成巨大损失的危机。这类危机不以人的意志为转移，严重影响企业各项业务的开展。

主题二 危机管理概述

鉴于危机可能造成的巨大危害，企业必须重视危机管理，通过有计划的专业预防与处理系统将危机的损失降到最低。越是在危机时刻，才越能体现出一个优秀企业的素质与实力。

一、危机管理的定义

对于危机管理（crisis management，CM）的概念，以下学者从各自研究的侧重点出发，下过明确的定义。

美国学者史蒂文·芬克对危机管理下的定义是：对于企业前途转折点上的危机，有计划地消除风险与不确定性，使企业更能掌握自己前途的艺术。

美国南加利福尼亚大学的鲍勇和陈百助认为，危机管理是一门研究为什么（why）人为造成的危机会发生，什么样（what）的步骤或方法可以避免这些危机发生，一旦危机发生，如何（how）控制危机发展和消除危机的影响的学科。

日本的企业管理顾问藤井定美认为，危机管理就是针对事先无法预想何时发生，然而一旦发生会对企业经营造成极端危险的各种突发事件的事前事后管理。

苏伟论认为，危机管理是指组织或个人通过危机监测、危机预控、危机决策、危机处理，达到减少、避免危机产生的危害，甚至将危机转化为机会的目的。

尽管上述定义的表述各不相同，但它们都强调以下两点：①危机管理是一个时间序列，既包括危机爆发前的管理，也包括危机爆发后的管理；②危机管理的目的在于减少乃至消除危机可能带来的危害。

通过对上述定义进行总结，我们认为，对于企业而言，危机管理是指企业在经营过程中，针对可能面临的或正在面临的危机，所进行的一系列管理活动的总称，目的在于降低或消除危机所带来的威胁和损失，乃至变危险为机会。

二、企业危机管理的作用

对于企业而言，成功的危机管理可以在以下几个方面发挥重要的作用。

1. 确保企业战略的实现

战略管理的任务在于立足企业的长远发展设计企业的竞争战略，并将这种战略有效地付诸实施。战略管理与危机管理的脱节，使得企业容易忽视战略管理过程中可能出现的各种危机诱因，对企业的活动可能给自然环境带来的不良影响、企业的活动可能引发的利益相关者权利的削弱、企业的产品可能存在的负面影响、生产经营过程中可能存在的安全隐患等问题缺乏足够的考虑和准备，危机一旦爆发，必然造成企业战略实施中断。因此，企业如果将战略管理和危机管理有效地融合在一起，可以弥补单纯战略管理的缺陷，确保企业战略的顺利实现。

谈到2010年的企业危机事件，不能不提到“腾讯QQ”和“奇虎360”展开的一场前所未有的互联网之战。

“腾讯QQ”和“奇虎360”的争端是从2010年初腾讯公司推出“QQ医生”开始的。5月31日，腾讯公司将“QQ医生”升级至4.0版并更名为“QQ电脑管家”，此软件涵盖“360安全卫士”的所有功能。而凭借着腾讯QQ庞大的用户基础，“QQ电脑管家”将直接威胁“奇虎360”在安全领域的生存地位。

9月27日，“360安全卫士”推出个人隐私保护工具“360隐私保护器”，目标直接瞄准腾讯公司旗下软件，两家企业在客户端领域再起冲突。

10月14日，腾讯公司正式起诉奇虎360公司进行不正当竞争，奇虎360公司提起反诉。10月27日，腾讯公司通过弹窗的方式，联合百度等网站发表声明，指责奇虎360公司的不正当竞争，并号召同行业拒绝与奇虎360公司发生任何形式的商业往来，奇虎360公司随之通过弹窗形式反击，掀起“弹窗”大战。

11月3日18点，腾讯公司发布公开信，将在装有奇虎360软件的电脑上停止运行QQ软件，必须卸载奇虎360软件才可登录腾讯QQ，这是冲突开始单方面迄今为止最为激烈的行动。晚上9点左右，奇虎360公司对此发表回应“保证360和QQ同时运行”，随后奇虎360公司“扣扣保镖”软件在其官网下线，4日，奇虎360公司发表公开信称

“愿搁置争议，让网络恢复平静”，“扣扣保镖”正式下线。

直至11月7日，腾讯公司与奇虎360公司同时发表声明：在工业和信息化部的调解下，双方决定休战，握手言和。至此，一场惊动中国、震惊4亿网民的“鹅虎”之战终于告一段落。

2. 维系员工忠诚度

在企业员工的眼中，危机中企业管理层的一举一动往往具有放大效应。如果企业管理层对危机管理不当，往往会导致员工对企业管理层失去信心，从而对企业的忠诚度下降。而如果危机管理妥当，则能够提高员工对企业管理层的信任程度，提高企业对员工的向心力。

3. 维护企业形象

良好的企业形象是企业长期以客为本、诚实经营的结果。有效的危机管理有助于维护企业形象，如果在危机管理中表现突出，甚至可能提升企业形象。而危机管理不当，很容易使多年来辛苦建立起来的良好的企业形象破坏殆尽。而企业要想在顾客、供应商、政府部门、媒体社区居民及其他公众中再次证明自己的信用，重新赢得信任，则需要花费时间和金钱。

2011年5月11日上午，故宫博物院和香港两依藏博物馆联合召开新闻发布会。故宫博物院新闻发言人冯乃恩就失窃一事向社会公众和两依藏博物馆鞠躬道歉。另据北京市公安局11日披露，涉嫌故宫展品失窃案的嫌疑人当晚已被警方控制，并已找回部分被盗展品。

其实对于故宫中的瑰宝，垂涎觊觎者不少，企图通过各种不法手段据为己有者也不少，而根据资料显示，新中国成立以来北京警方有记载的故宫盗宝案一共发生了5起。而这次因为失窃的为香港两依藏博物馆在斋宫临时展出的7件展品，虽然与故宫的珍藏文物不同，是现代工艺品，但不菲的价值仍让“故宫盗宝案”引人侧目。

也许是因为被盗物品的不同，故宫博物院新闻发言人冯乃恩专门两度鞠躬致歉，表达对社会公众和香港两依藏博物馆的歉意。与以前类似盗宝案后的态度相比，这种道歉态度无疑是对公众和对展出方的负责。

4. 确保企业盈利水平

如果危机管理不当，伴随着企业形象的受损，顾客由于对企业及其产品失去信任转而购买竞争者的产品，企业产品的销售量必然下降，销售收入减少。企业也可能因为危机管理不当而出现各种资源供销给的不足，导致市场机会的丧失和市场占有率下降。而且在危机期间，增加了许多正常情况下不可能发生的费用，呈现大幅度提高。收入减少与成本增加的双重压力，使得企业的盈利水平急剧恶化。为了避免这种不利局面的发生，企业必须重视危机管理。

2010年，阿里巴巴清理了逾千名涉嫌欺诈的“中国供应商”客户，以及近百名故意或疏忽纵容骗子公司存在的阿里巴巴销售人员。

2011年2月21日，阿里巴巴B2B公司发布公告披露了供应商欺诈事件的详细情况，同时宣布公司CEO卫哲、COO李旭晖引咎辞职，淘宝网CEO陆兆禧将接任。公告称，阿里巴巴 B2B 公司有近百名（2%）销售人员及部分主管和销售经理为了追求业绩，故意或是疏忽让一些骗子公司绕过阿里巴巴的诚信体系而加入中国供应商。在 2009 ~ 2010 年，共有 2326 家骗子公司（约占 1%）加入阿里巴巴中国供应商。

这些骗子公司大多是专门注册用来诈骗的，他们在阿里巴巴网站上发布价格很低的消费电子产品，通过低价、非常具有吸引力的价格，较低的最少购货量和相对不安全的付款方式进行交易。阿里巴巴的统计显示，这些欺诈事件的付款金额平均少于 1200 美元。

阿里巴巴中国供应商的会员价当时为 19 800 元，不包括在阿里巴巴网站上的其他花费（如投放广告），这 2326 家骗子公司可能让阿里巴巴获得了至少 4000 万元的收入。阿里巴巴在发现骗子公司后，可能存在将会员费退还的情况，所以阿里巴巴从这 2326 家骗子公司获得的收入难以具体计算。

5. 避免企业破产

据 1983 年壳牌石油公司的一项调查研究显示：1970 年名列《财富》杂志 500 强的公司，有 1/3 已经破产。根据壳牌石油公司的估计，大型企业的平均“寿命”不足 40 年，约为人类寿命的一半。在许多国家，40% 的新建公司在 10 年之内便“夭折”。在欧洲和日本，大大小小的公司平均“寿命”只有 12.5 年。但与此同时，也存在不少百年以上的“长寿”企业。事实表明，只要企业能有效实施危机管理，就能够化险为夷，实现可持续发展。

三、危机管理的原则

企业要进行有效的危机管理必须遵循一些基本的原则，这些原则主要包括以下几项。

> **公关语录**
>
> 使用少量钱预防，而不是花大量钱治疗。
>
> ——奥斯本和盖布勒

1. 预防第一原则

危机管理并不仅仅是将业已产生的危机加以处理和解决。如果危机管理仅仅局限于此，则不能达到企业危机管理的最佳状态。“凡事预则立，不预则废”，企业的危机管理应从事前做起，在机制上避免危机的发生，在危机的诱因还没有演变成危机之前就将其平息。

2. 公众利益至上原则

在危机处理过程中，应将公众的利益置于首位，以企业长远发展为危机管理的出发点。要想取得长远利益，公司在处理危机时若能以公众利益代言人的身份出现，则对于整个危机的处理来说，就奠定了良好的基础。

日本有一家生产饼干的小公司在这方面的做法就很到位。在激烈的市场竞争中，该公司的许多经销商都接到匿名电话，称食用该公司生产的饼干后中毒。消息传到公司，总裁立即要求收回全部饼干，重新更换包装上市。公司为此损失数千万日元。工人们日夜加班，将饼干检验后重新包装上市。意想不到的是，将产品重新包装上市后，消费者争相购买，品牌的知名度大大提高。消费者认为，这么负责的厂家体现了对消

费者的关怀。公司收回饼干的举动等于为自己做了一个广告。

3. 全局利益优先原则

企业在处理危机的过程中，局部利益要服从企业的全局利益。危机可能由局部产生，但其影响则是全局性的，因此必须从全局的角度考虑问题，关键时刻要敢于拿出“壮士断腕”的气概。

4. 主动面对原则

当危机发生时，企业应立即承担第一消息来源的职责，主动配合媒体的采访和公众的提问，掌握对外发布信息的主动权。如果企业作为第二或第三消息来源，很容易使媒体误导和公众误解，陷入被动。危机发生之后，即使受害者对于危机的爆发负有一定的责任，企业也不应急于追究，否则容易加深矛盾，不利于问题的解决。在情况尚未查明，公众反应强烈之时，企业可以采取“高姿态”，宣布如果责任在于自己，一定负责赔偿，以尽快消除危机产生的影响。

2009 年 8 月 28 日，在美国加利福尼亚州圣迭戈的高速公路上，一名警察驾驶一辆雷克萨斯轿车突然加速导致四人死亡。经过美国媒体的轮番报道，丰田汽车公司车的质量问题引发公众关注。政府部门介入，责令丰田汽车公司对其汽车安全系统进行检查，爆发了丰田汽车公司的“召回门”事件。

据统计，受丰田汽车公司的“召回门”事件影响，2010 年 1 月，丰田汽车公司在美国市场的销量同比下降 15.8%，市场份额环比下降 4.1% ~ 14.1%。

更为不利的是，召回事件对丰田汽车公司的品牌造成了巨大的负面影响。据调查机构的调查显示：在丰田汽车公司进行大规模的召回后，丰田品牌在国内消费者心目中的品牌影响力下降得十分明显，其品牌影响力由召回事件发生前的第一位，下降至当时的第五位。由于油门踏板和脚垫的安全故障，丰田汽车公司自 2009 年年底开始在全球大规模召回车辆，总裁全球“巡回道歉”。

在“召回门”愈演愈烈之时，国家质检总局就丰田车加速踏板等缺陷发出风险警示通告，希望消费者谨慎使用部分车型，同时在全国范围内搜集缺陷信息。

2010 年 3 月 1 日，丰田汽车公司总裁在北京举行记者会，就大规模召回事件进行说明，向中国消费者道歉，并宣布召回丰田汽车公司在中国销售的多款品牌汽车。

5. 快速反应原则

危机的突发性特点要求危机处理必须迅速有效。危机一旦发生，伴随着大众媒体的介入，会立即引起社会公众的关注。企业必须以最快的速度设立危机处理机构，调集训练有素的专业人员，配备必要的危机处理设备或工具，以便迅速调查、分析危机产生的原因及其影响程度，全面实施危机管理计划。由于公众对危机信息的了解愿望是迫切的，他们密切关注事态的发展。因此，企业发布信息必须及时，以便有效地避免各种谣言的出现，防止危机扩大，加快重塑企业形象的进程。

6. 统一对外原则

在危机处理过程中，企业必须指定专人负责对外联络与沟通，一个声音对外，以确保宣传口径一致，不出现矛盾或存在差异。在危机处理过程中，最好不要中途更换人员，否则需要花费时间重新了解事件真相，在沟通方法与口径上可能与原来不一致，从而导致公众对企业不信任，对企业处理危机的诚意产生怀疑。

7. 真诚沟通原则

当危机发生之后，大众媒体和社会公众最不能容忍的事情并非危机本身，而是企业千方百计隐瞒事实真相或欺骗大众。此时，企业应尽快与大众媒介取得联系，公布事实真相，不能利用记者不熟悉某一专业的弱点弄虚作假，也不能遮掩，否则会欲盖弥彰，不利于控制危机局面。为大众媒体设置障碍是愚蠢的，因为记者可以在最大范围内揭露疑点，从而引起人们的种种猜测，加大危机处理的难度，对恢复企业形象极为不利。有些危机本身就是由于公众误解而造成的，向公众提供真实的信息，通过大众媒介广泛宣传，误解自然就会消失。如果由于各种原因，企业不能完全讲出有关危机的各种细节，最起码应保证所披露的内容是完全真实的。

2011 年 2 月 17 日，新加坡卫生部发布一则通告称，卫生部调查显示，在新加坡国立大学医院、全国眼科中心等 4 家当地主要医院近期收治的 39 名真菌性角膜炎患者中，所有人都佩戴了抛弃型隐形眼镜，而且其中 34 人使用了“润明全护理液”。有关部门目前仍在寻找真菌感染的真正原因，估计几个月后才会有结果。由于受感染者大多使用“润明全护理液”，因此希望其他消费者暂停使用该品牌的护理液。

通告说，博士伦公司正在配合新加坡政府有关部门进行调查，并已主动通知零售商停止销售该产品，直到调查结束为止。新加坡卫生部相关人士同时表示：“可能真菌已经变种，使得它能在（润明）护理液所含的特定成分中滋长”。

2 月 18 日，中国香港卫生防护中心展开调查。由于在香港市面上出售的博士伦多功能隐形眼镜护理药水，与在新加坡出售的眼药水属于同一类型，并由美国同一间厂房生产，博士伦香港有限公司为谨慎起见，决定展开调查，并主动暂停发售相关产品。

博士伦公司一直在很积极地面对媒体，符合真诚沟通原则。危机发生给公众造成损失是十分不幸的事情，企业危机处理人员在同公众接触的过程中，要有诚意，站在受害者的立场上进行换位思考，表示同情和安慰，并愿意承担责任，不要一味地为企业辩解，防止公众产生不信任感。在听取公众的意见时，要让他们倾诉不满、宣泄情绪，以息事宁人，显示企业对公众的真诚。

主题三 危机预防

任何企业都可能遇到危机，但是这并非说危机不可预防。所谓“防患于未然”，危机管理首先在于预防。就企业危机管理而言，“防火”胜于“救火”，当“火灾”发生以后再去补救，造成的损失已经成事实。对于企业而言，明智之举是不使这种“火灾”发生，及早发现危机的某些早期征兆，将危机消除在萌芽状态。即便发生危机，也不至于措手不及；打有准备之仗，会使损失尽可能减少。

一、危机意识的培养

（一）温水煮蛙现象与企业危机意识

在《第五项修炼：学习型组织的艺术与实务》一书中，彼得·圣吉用一则温水煮蛙的寓言说明：导致许多企业失败的原因，不是因为突发性事件，而是常常对于缓缓而来的致命威胁习而不察。如果你将一只青蛙放进沸水中，它会立刻试着跳出来。但是如果你将青蛙放进温水中，不去惊吓它，它将待着不动。现在，如果你慢慢加温，当温度从 70℃升到 80℃，青蛙仍显得若无其事，甚至自得其乐。当温度慢慢上升时，青蛙将变得愈来愈虚弱，最后无法动弹。虽然没有限制它脱离困境，青蛙仍留在那里直到被煮熟。为什么会这样？因为青蛙内部感应生存威胁的器官只能感应出环境中激烈的变化，而感应不到缓慢、渐进的变化。

> **公关语录**
>
> 预防是解决危机的最好办法。
>
> ——英国危机管理专家 迈克尔·里杰斯特

“温水煮蛙”现象值得企业管理者深思。其实，造成危机的许多因素早已潜伏在企业日常的经营管理之中，只是由于企业管理者麻痹大意，缺乏危机意识，对此没有足够的重视，就放松警惕，不对危机进行有效的防范。有时候，看起来很不起眼的小事，经过“连锁反应”、“滚雪球效应”、“恶性循环”，有可能演变成摧毁企业的大危机。尤其是企业在取得一定成绩或达到一定的发展阶段的时候，往往就沾沾自喜，容易对危机丧失警惕，造成巨大的损失。

一个典型的案例是在全美轰动一时的 1977 年纽约大停电事件。1977 年 7 月，纽约的联合爱迪生电力公司的主席查尔斯·卢斯在一次电视采访中曾信誓旦旦地对外界宣称：“联合爱迪生电力公司的系统处于 15 年以来的最佳动作状态之中，这个夏天完全没有问题。”然而就在 3 天以后，由于公司的系统发生故障，整个纽约城区停电 24 小时。

因此，企业应树立危机意识，在经营形势不佳的时候，要看到企业危机的存在；在企业发展如日中天的时候，也要居安思危、未雨绸缪，因为危机往往在不经意的时候到来。树立危机意识具有以下好处：第一，使企业员工时刻提防危机的危害性，在工作中尽量避免不当行为，以消除引发企业危机的各种诱因；第二，使企业员工善于发现危机发生的征兆，将危机消灭于无形；第三，即便危机发生，也可以避免给企业造成不必要的慌乱，及时采取处理措施，防止危机进一步恶化和扩散。

（二）企业危机意识的形成

1. 积极灌输危机意识

企业要避免“温水煮蛙”现象的发生，首先要求其最高管理层具备危机意识，这样，才能使企业从战略上不致迷失方向，避免不经意之间滑入危机的泥潭之中。深圳华为技术有限公司以《华为的冬天》一文警醒员工：“华为的危机及萎缩、破产是一定会来到的……谁有棉衣，谁就活了下来！”青岛海尔集团的自下而上理念是“永远战战兢兢，永远如履薄冰”。在与国外品牌的激烈竞争中，作为海尔集团领军人物的张瑞敏一直不赞成“以市场换技术”的做法，认为国外企业进军中国的最终目的就是要占领中国市场，中国企业虽然学到了先进技术，但并不是真正的一流技术，失去的却是许多不该失去的市场。正是在这种危机意识的指导下，海尔集团按照自己的轨迹不断从事新产品的开发与技术创新工作。

值得重视的是，危机管理并非是企业最高管理层或某些职能部门，如安全部门、公关部门等的事情，而应成为企业每个职能部门和每位员工共同面临的课题。如果全体员工都树立起强烈的危机意识，就会大大减少危机发生的可能性。在最高管理层具备危机意识的基础上，企业要善于将这种危机意识向所有的员工灌输，使每位员工都具有居安思危的思想，提高员工对危机发生的警惕性，使危机管理能够落实到每位员工的实际行动中，做到防微杜渐、临危不乱。

2．主动制造危机意识

从前，有一个牧羊人在北方寒冷的地方放牧了一群羊。夏天温度适宜、水草茂盛，羊群过得很舒适，便养成了不爱动的习惯。随着冬天的到来，气温大大降低，寒冷的气候使羊群无法适应，很多羊被冻死了。为了使羊群能更好地生存下去，牧羊人采用一个看似残酷的办法，在羊群生活的区域放了几只狼。面对生存危机，羊群只能以不断地奔跑来防止狼的攻击。虽然有些羊不免落入狼口，但不断地奔跑有效地阻止了寒冷的侵袭，羊反而比以前死得少了。

这是主动制造危机的功效。为了激发员工潜在的积极性、主动性和创造力，一些企业的管理层经常有意识地制造危机，用危机意识来激发员工的奋斗精神，不断努力和创新，不断追求更高的目标。日立公司面对 20 世纪 70 年代的石油危机所实施的待业减薪政策，就是这方面的典型例子。

二、危机管理计划的制订与培训

根据有关对全球工业 500 强企业的调查显示：发生危机以后，企业被危机困扰的时间平均为 8 周半，未制订危机管理计划的公司要比制订危机管理计划的公司长 2.5 倍；危机后遗症的波及时间平均为 8 周，未制订危机管理计划的公司同样要比制订危机管理计划的公司长 2.5 倍。可见，制订危机管理计划十分重要。企业应根据自己所处的行业特点及可能发生的危机类型制订一整套危机管理计划，明确怎样防止危机爆发，一旦危机爆发应如何做出针对性的反应。有人将危机管理计划形象地比喻为“手电筒”，人们在遭遇突然停电的情况下，首先想到的是手电筒，修复通电。危机管理计划的制订可以帮助企业在危机时刻有条有理地处理危机。

通常而言，危机管理计划包括以下几项内容。

1．危机事件的界定

首先，企业需要确定可能对自身造成巨大的潜在威胁的事件的范围，即对潜在危机进行列表。有些危机是企业管理层决策的衍生物，在企业实施决策的时候，就可能引发相关危机，如裁员、并购、价格战等就属于此类；有些危机则超出企业的控制范围，如不良舆论、大宗订单的取消、人为的破坏、自然灾害等。在对潜在危机进行列表时，

应做到尽可能全面，不要遗漏重大的潜在危机。对潜在危机进行列表通常有以下两种方法。

1）历史发生法。分析企业历史上曾经发生过什么危机，因为发生过的事情可能再次发生。对于历史较为悠久的企业，此法较为实用。它能有效预防危机或提高危机处理的效率。例如，在20世纪80年代发生大空难以后，台湾某航空公司的高层领导经过商议，决定建立危机公关手册，内容涉及每个人的联络电话、职责，什么事情怎么应对，新闻发布会如何召开等。即便是新闻稿也事先拟好，用时只需填上时间。经过多年的演练，该公司摸索出较多的经验。

2）行业对比法。找出同行或类似企业发生过的危机，并对这些结果进行分析。此法对于新成立企业尤为重要。例如，对于烟花爆竹生产企业而言，同行业的爆炸事件及其教训就值得引以为戒。

对于所有可能发生的危机，企业应按照轻重缓急加以排列，并预测出危机发生的概率及对企业的危害后果及程度，从而为制定反危机措施做好准备。例如，1992年安德鲁飓风登陆美国南加利福尼亚州之后，电话公司发现，它们在南加利福尼亚州短缺的不是电线杆、电线或开关，而是日间托儿中心。原因在于，许多电话公司的野外工作人员都有孩子，需要日间托儿服务。飓风过后，托儿中心被摧毁，许多人必须在家照看孩子，这就造成在最需要人员的时候工作人员反而减少了。如果能事先认识到这一危机后果，电话公司就能尽早在日托服务上做准备。无奈之下，电话公司不得不紧急招募一些退休人员开办临时托儿中心，从而将父母解脱出来，投入电话网络的恢复工作中。

2．危机管理的目标

危机管理的基本目标是尽早发现危机，将危机消灭于萌芽状态；一旦危机爆发，将危机所造成的损失降为最低，并尽可能地变危机为转机。然而，正如企业经营的目标具有多元性一样，企业危机管理的目标同样具有多元性。尤其是当危机事件涉及不同的利益群体时更是如此。此时，企业可能需要考虑顾客、员工、股东、经销商、供应商等多方面的利益。上述众多的利益关系很难保持平衡，这就涉及危机管理目标主从性的确定问题。即使对于同一利益群体而言，是着眼于短期利益还是长期利益，危机管理的目标选择也大相径庭。

例如，在美国“9·11”恐怖事件发生的当天，一些电视台新闻制作流程被迫简化，结果导致第一时间出现很多不实的报道，使得新闻效果大打折扣。时效第一的目标选择显然对股东的长期利益不利。企业应根据不同的危机类型，考虑不同危机对不同的利益群体的影响程度和影响时间，确定不同危机管理目标的主从性。

3．危机管理的原则

在危机预防和处理中出现的各种失误，往往是各种危机管理原则执行不力所致。危机管理原则的确定，可以使企业有效地避免危机管理过程中可能发生的各种错误。预防第一、公众利益至上、全局利益优先、主动面对、快速反应、统一对外、真诚沟通等危机管理原则，值得企业在制订危机管理计划时借鉴。

1994 年年底，英特尔公司的奔腾芯片出现技术问题，但英特尔公司并没有意识到这是一场危机的根源，而仅仅将它视为一个技术问题，忽略了用户的感受。然而，随之而来的媒体报道及互联网上的批评是毁灭性的：不久，英特尔公司的收益损失了 4.75 亿美元。不过，颇为戏剧性的是，当公司对用户表示愿意负责更换芯片时，却很少有用户这样做，只有 1%～3% 的个人用户更换了芯片。可见，人们并不是真的要更换芯片，他们只是想知道他们有权利更换。在这次芯片危机中，英特尔先期的损失源于对快速反应和公众利益至上原则的忽视，而一旦它重新审视公众利益，危机很快就被化解了。

4. 危机管理小组的建立

就像一个城市一定要有消防队一样，设立危机管理小组是企业实施危机管理的组织保证。在危机管理计划中，应明确危机管理小组的人员构成及其相应的职责。

（1）危机管理小组的人员构成

危机管理小组是一个跨部门的管理机构，通常由最高管理层成员、公关部经理、保卫部经理、法律顾问等构成危机管理小组的核心层。再根据危机的不同类型，增加危机小组的成员。例如，针对财务方面的危机增加总会计师或财务部经理，针对产品质量方面的危机增加总工程师或技术部经理等。由行政部经理、人力资源部经理及其他后勤人员为实施危机管理计划提供后勤资源保障。危机管理小组成员也可以聘请外部专家。

（2）危机管理小组的职责

危机管理小组是企业危机管理的最高权力机构和协调机构，它有权调动公司的所有资源，有权独立代表公司做出任何妥协、承诺或声明。其具体职责包括：对各种潜在的危机进行预警；负责制订危机管理计划；在危机实际发生时，负责对危机情况进行调查，提出具体的危机处理方案，对利益相关者进行信息沟通，迅速控制危机，防止危机进一步扩大，消除危机产生的负面影响。

（3）首席危机官的确定

首席危机官（chief crisis official，CCO）又称首席危机管理者（chief crisis manager，CCM），是危机管理小组的负责人，通常由一位企业最高管理层成员担任，在危机管理计划中应规定发生哪种类型的危机由谁出任首席危机官。对于重大的危机，担任这一角色的往往是企业的一把手。首席危机官虽然不是像首席执行官、首席财务官、首席运营官那样的常设职务，但一旦危机爆发，首席危机官是处理危机的最高指挥官，对危机的处理负总责。许多企业都有过这样的教训：危机爆发后往往发生首席危机官缺位的现象，或者是“铁将军把门”，或者是保安拦住记者，或者是迅速消除危机的影响于事无补，社会影响很坏。没有危机管理计划的企业更容易犯这个错误。

（4）危机管理小组的联络

危机管理小组的成员必须提供 24 小时的联络方式，包括办公及家庭电话、手机、传真、电子邮件等，以确保在危机爆发后成员之间能形成顺畅的通信网。尤其是对于在非办公时间出现的危机，应明确相关当事人及危机管理小组的沟通渠道和沟通方式，以确保在第一时间内将危机通知危机管理小组成员。

5. 危机调查的内容

危机调查是制定相应的危机处理对策的基础。通常而言，危机调查的内容包括确定危机主要的利益相关者，这些利益相关者包括顾客及潜在顾客、员工、股东、供应商、经销商、政府机构、社会中介组织、大众媒体、社区内的其他组织或居民等；确定危机对不同利益相关者的影响后果及影响程度；确定导致危机爆发的原因。根据危机的不同类型，确定不同的调查方法。

6. 危机发展过程的记录

为给日后的法律诉讼及责任追究提供依据，在危机爆发之后，应确定专人负责记录危机的发展过程，包括时间、地点、人物、进展等。记录危机的发展过程不限于纸和笔，必要的时候，应积极使用照相机、摄像机器材，甚至请相关机构进行现场勘察。

7. 危机处理对策的提出

根据每一类危机的各种可能出现的状况，有针对性地提出相应的处理对策。一旦预料的危机爆发，即可按事先确定的处理对策行动，以节省时间对事先未能预见的事态进行决策。确定危机处理对策时，要特别注意行动的第一步，即首要事项的处理。例如，火灾发生以后，首先需要切断电源并报警；人身安全事故发生以后，首先需要紧急止血或进行人工呼吸等。

8. 危机沟通策略的制定

（1）发言人的确定

在危机管理小组中，确定企业对外的发言人。发言人可以是首席危机官。发言人必须具备良好的语言沟通能力和机敏的反应能力，熟悉企业及危机各方面的情况。同时，企业应确定 2 ~ 3 名候补发言人，以便在发言人缺席的情况下，能及时向外界发布信息。

（2）对内沟通策略的确定

规定企业应如何与员工及主要股东等内部公众沟通，使他们首先从企业内部而不是大众媒体或客户渠道获得危机的消息。

（3）对外沟通策略的确定

企业应确定危机的对外沟通名单，包括政府有关部门、大众媒体、顾客、经销商、供应商、社会中介机构、保险公司等，以便危机出现后能及时有效地与他们沟通和合作。同时，应确定对外信息沟通的渠道和统一口径，明确新闻发布会的举办时机及举办方式，确定新闻资料规范，建立经常被问问题（frequently asked questions）题库，注明不宜向外界披露的信息的范围，如产品原材料的配方、管理层的薪水等，以免在慌乱中向外界泄漏企业机密。

主题四 危 机 处 理

一、危机处理的步骤

一般情况下，企业危机处理包括以下几个步骤。

1. 建立危机处理机构

危机发生之后，应立即根据危机的类型，按照预先制订的危机管理计划，迅速组成由企业高层管理者、相关的职能部门乃至企业外部专家组成的危机处理小组，并明确规定危机处理小组成员之间的职责分工、相应权限和沟通渠道。

对于尚未制订危机管理计划的企业或危机管理计划中未曾提及的危机类型而言，企业应根据同一产业中其他企业的经验或比照类似危机的情形，组建危机处理小组，配备素质较高的人员，并注重人员的知识结构和素质技能的合理搭配。危机处理小组组建后，首先需要明确负责人，即首席危机官及危机处理期间的发言人。首席危机官和新闻发言人可以同时由一人担任，也可以由不同的人担任。

2. 表明危机处理的诚恳态度

一旦危机处理小组组建，应迅速对相关公众表明企业对危机处理的态度。尽管此时导致危机发生的诱因可能尚不明了，危机的影响程度、影响范围尚未确定，但企业只有本着诚恳、负责的精神，表现出对危机受害者的同情、关注，表明企业会立即着手调查并在调查结果出来之后给予公众满意的答复，就能够减少公众的反感和不满。为了避免使企业今后的危机处理工作陷入被动的局面，在事态的发展尚不明朗之前，企业对外的表态应尽可能原则化、大框架，尽可能避免拘泥于细节；在可能的情况下，表态应附加一定的前提条件。

3. 进行危机调查与评估

在对外表明企业危机处理态度的同时，危机管理小组应立即组织危机调查，以形成对危机的正确认识。深入的危机调查与正确的危机评估是制订有效的危机处理方案的前提。调查的重点包括：了解危机发生的详细经过；了解危机的受害者及受害情况；查明导致危机爆发的原因等。在危机调查的基础上，对危机所造成的实际损失程度、危机蔓延的可能性、危机对企业的长远影响、相关公众对危机的可能反应等进行评估。

4. 制订危机处理方案

对于已经制订危机管理计划的危机类型，企业危机处理小组应尽快启动危机管理计划，并结合危机调查与评估的结果，对原有的计划进行一定程度的微调。

对于尚未制订危机管理计划的危机类型，危机处理小组应根据危机调查与评估的结果，尽快制订危机处理方案。危机处理方案的主要内容包括：确定危机处理的目标和原则；选择危机处理的策略；制定对受害者的赔偿措施；明确危机沟通的对象、方式、策略；明确危机的恢复策略；确保危机处理所必需的人、财、物支持等。

5. 实施危机处理方案

根据危机处理方案的具体要求和时间安排，危机处理小组成员分别对危机处理方案进行改进和增施。如果危机尚未被媒体曝光，危机处理的重点是控制事件的影响，此时，企业可以在合理、合法的前提下，尽快与受害者达成相关协议，争取以牺牲小利换来事件的快速解决，以免因事态的进一步扩大对企业声誉造成巨大的损失。

如果危机已被媒体曝光并造成广泛的影响，危机处理的重点是转变公众的态度，为此应在对事件本身进行妥善处理的基础上，加强危机沟通工作，尤其应强化媒体公

关工作，让媒体了解事实真相，引导媒体客观公正地报道和评价危机，努力维护企业形象。

6. 对危机处理结果进行评估与总结

在危机事态基本得到控制之后，企业应对危机处理的结果进行评估，包括危机发现和报告是否及时？危机处理的基本目标是否达到？危机处理小组的工作效率如何？危机处理策略是否合适？危机沟通是否及时、准确？危机处理中人、财、物是否有足够的保障？危机处理是否影响了企业正常的生产、经营活动？通过评估，发现企业在危机处理中存在的不足，总结危机处理的经验。

在危机处理过程中，企业往往会发现一些平时未能发现或尚未引起重视的问题。这些问题有些是制度性的，有些是具体的人为因素造成的，在危机处理过程中逐渐暴露出来。通过对暴露出来的问题进行分析，企业可以发现自己在内部管理上存在的缺陷，为今后的改进指明方向。

在对危机处理结果进行全面评估的基础上，危机管理小组应撰写书面的危机处理总结，向董事会报告。在必要的情况下，通过媒体向外部公众公布危机处理结果。

7. 做好危机处理的善后工作

以上各危机处理步骤主要解决了危机发生后“救火”的问题。为了使企业尽快从危机的阴影中摆脱出来，实现企业的可持续发展，需要做好危机处理的善后工作。

第一，尽快消除危机的消极影响。一方面，企业需要举办富有影响的公关活动，主动创造良好的公关氛围，以实际行动表明企业重振雄风的决心和期待今后公众支持、帮助的愿望，努力在各种外部公众中全面恢复企业形象，消除各种不利的舆论对企业产生的影响；另一方面，企业需要努力消除危机可能对员工、股东等内部公众所造成的心理影响，以鼓舞员工的士气，获得股东的大力支持。

第二，进一步提高危机管理技能。将危机中所取得的经验、教训，制作成形象、生动的案例，作为对员工实施危机教育的内容，用以警示员工，提高企业今后的免疫力和员工的危机管理技能。对于尚未制订危机管理计划的企业来说，在遭受危机后，应立即着手落实危机管理计划。这样，企业的危机管理能力才能不断改进、不断提高。

第三，改进管理制度，减少管理漏洞。针对危机处理中所暴露出来的内部管理问题，企业有必要进行调整和改革，避免今后重蹈覆辙，甚至出现更大的错误。

上述各步骤说明危机处理的一般模式并非是僵化、一成不变的，不同的步骤之间可能存在着一定程度的重叠、交叉，甚至有可能出现顺序互换的情况。例如，鉴于危机发生的紧急形势，在危机处理小组的全部人选确定之前，企业可能已经派人前往现场控制事态的发展并着手开展危机调查。机械地理解危机处理步骤，可能使危机处理陷入被动的局面。

二、危机处理的策略

选择适当的危机处理策略，有助于改善危机处理的效果，减少危机的危害程度，甚至可以促进危机转变为商机。

1. 危机中止策略

如果危机的根源在于企业产品的质量出现问题、企业的生产经营过程出现污染等，企业就应立即实施中止策略，如停止销售、回收产品、关闭有关工厂或分支机构等，防止危机进一步扩散。

当中国香港维他奶在欧洲市场发生变酸事件之后，维他奶国际集团有限公司立即回收并销毁了当地市场上的全部产品，并请权威的研究机构进行化验，证明产品变酸是由少量无害细菌导致的，并不影响健康。为此，维他奶国际集团有限公司花费了6600万港元的处理费用，相当于公司半年的利润，维护了公司的形象。

2. 危机隔离策略

由于危机的发生往往具有“涟漪效应”，如果不加以控制，危机影响的范围将不断扩大。隔离策略旨在将危机的负面影响隔离在最小的范围内，避免造成更大的人员伤亡和财产损失，殃及企业其他的生产经营部门或相关公众。隔离策略主要有以下两种情形。

（1）危害隔离

危害隔离即对危机采取物理隔离的方法，使危机所造成的财产损失尽可能控制在一定范围之内。例如，当火灾发生之后，采取果断措施隔离火场，以避免“城门失火，殃及池鱼”。对于多元化经营的企业，在某一产品线发生信誉危机之后，要采取有效的隔离措施，避免对其他产品线造成不利的影响。

（2）人员隔离

危机发生后，应进行有效的人员隔离，即在人员资源上由以首席危机官为首的危机管理小组成员专门负责处理危机，其他人继续从事企业正常的生产经营活动，以防止危机对企业正常的生产经营活动造成巨大的冲击，使企业的市场被竞争对手所占据。

3. 危机消除策略

消除策略旨在消除危机所造成的各种负面影响，这种负面影响既可能包括物质财富上的损失，如企业生产场地遭受破坏、产品大量积压等，也可能包括精神上的损失和打击，如员工士气低落、股东信心不足、企业形象受损等。

“9·11”事件以后，美国通用汽车公司受到沉重的打击，北美地区销售额一度下降40%。在事件的发生地纽约，一段时间内竟无人购车。为了扭转销售局面，通用汽车公司顺应“9·11”事件后在美国民众中激发出来的空前高涨的爱国热情，不失时机地提出了“让美国继续转动起来”这一极富感情色彩的口号，并在媒体上大做广告。同时，公司考虑到“9·11”事件后的特殊情况，制订了新的促销方案，对所有车型实施零利息贷款购车的优惠政策。情感与实惠的双重功效，使得通用汽车公司的销售量很快恢复增长，并带动美国汽车工业在2001年第4季度增长了14.4%。

4. 危机利用策略

越是在危机时刻，越能反映出一个优秀企业的整体素质、综合实力和博大胸襟。企业在危机中处理得当、表现得体、诚实负责，往往有可能使坏事变为好事。例如，在2003年“非典”期间，北京所有的肯德基餐厅不但没有停业，反而为它们提供了利

用自身清洁、卫生，提供外卖这个独辟蹊径抢占市场的绝佳机会。很多餐厅外卖的销售额占营业额的 1/3 以上，餐厅的用餐量反而比过去增加了 100%。

> **公关语录**
>
> 逆境帮助生存，危机提高警觉，困境刺激思维。
>
> ——余世维

三、危机处理的注意事项

在危机处理过程中，企业必须注意以下几个事项，以免增加损失，陷入难以为继的困境。

1. 尽快确认危机

在危机管理的失败案例中，不少企业失败的原因在于：当危机发生以后，企业没有认识到问题的严重性，并不觉得危机已经发生，以致贻误最佳的危机处理时机。造成危机确认延误的原因包括：①企业预警系统出现障碍，没有及时发出危机警报；②企业组织结构不合理，造成信息传递迟缓，有关危机信息迟迟未能到达企业高层管理者；③一线员工害怕承担责任，对危机信息隐瞒不报；④企业高层管理者的危机管理意识淡薄，缺乏必要的警惕性，对于收到有关危机的信息没有引起足够的重视。为了以最快的速度控制并解决危机，首先必须在第一时间对已发生的危机进行确认。

2. 确保冷静决策

面对突如其来的危机，企业高层管理者不要受公众激愤的情绪的影响，切不可惊慌失措，而应镇定自若，保持清醒的头脑，沉着面对现实，迅速组织人员查清危机的真正缘由，准确地弄清楚危机的性质、趋势及发展后果，找到解决危机的有效办法，果敢地做出决策。

> **公关语录**
>
> 如果领导者的内心带着负面的阴影处理危机，结果肯定是负面的。相反，如果内心是正面的，处理危机思维也会不一样。
>
> ——国内知名危机处理专家谭小芳

冷静的决策可以确保企业高层管理者从系统思维的角度出发解决问题，将危机处理与企业的长远发展紧密结合在一起，而不是孤立地看待危机，简单地采取“头痛医头，脚痛医脚”的处理方法。

IBM 在处理“千年虫”问题上的做法值得其他企业借鉴。自 1993 年接任 IBM 的 CEO 之后，郭士纳将处理“千年虫”的区重新编程看成一次绝好的内部重新整合的机会，成功地将 IBM 从技术型、硬件型、大型主机型计算机企业转变为服务型、软件型、系统整合型信息效能企业，使 IBM 从 1993 年的亏损（87 亿美元）转变为 2000 年的盈利（87 亿美元）。

3. 迅速做出反应

久拖不决是危机处理的大忌。危机发生之后，伴随着大众媒体的介入，企业往往处于公众的一片指责声中。企业必须认识到，只有保持诚恳的态度才是挽救企业损失的有效途径，傲慢无礼或推诿责任只能招致公众的更大反感。企业应就危机处理的相关事宜进行诚恳的表态，及时对事件的真相进行调查。在确认自己的责任之后，以凌厉手段尽快给公众以满意的答复。否则，不但对企业声誉造成损害，而且给竞争对手以可乘之机。

2001 年春节期间，几十位中国乘客在乘坐日本航空公司的航班途中遭遇了不公正的待遇。一家媒体报道了这一事件，引起了其他媒体和公众的广泛关注。2 月 17 日，这批中国乘客向中国消费者协会递交了投诉书，要求日本航空公司赔礼道歉，并向每名中国乘客赔偿 1000 万日元的损失。但日本航空公司方面反应迟钝，直至我国外交部发言人敦促日本航空公司方面对此事件进行全面调查并尽早给予答复的第二天，即 2 月 23 日，日本航空公司才表示将在两三天内向中国乘客发出公开信表示歉意，一周后再交给中国消费者协会调查时间表。结果，到 7 月 29 日，日本航空公司的风波才以日本航空公司道歉并支付适当的和解金告一段落。此次事件使日本航空公司在中国消费者心目中的形象大为下降。

4．有重点地采取行动

由于危机发生后反应的时间和资源有限，企业如果采取“撒胡椒面”的策略，平均地使用力量，将不利于抓住危机中的主要矛盾，导致重大的损失。因此，在危机反应行动中应有主次之分，首先解决危害性较大、时间要求紧迫的问题，再着手解决其他问题。一般而言，及时对危机的受害者进行救治、切断危机蔓延的途径、尽快地澄清事实等是最紧迫的事情，要求企业立即采取行动。

5．主动纠正错误，赔偿损失

企业在发生危机，特别是出现重大责任事故，导致公众利益受损时，应进行妥善的善后处理，尽快纠正错误，赔偿受害者的物质和精神损失。第一，迅速改正错误，采取有力的方法纠正过失，不惜代价迅速收回存在问题的产品，关闭造成污染或引发安全问题的生产场所，以表明企业解决危机的决心；第二，第一时间在媒体上刊登公开致歉信，或直接登门拜访受害者及其家属，争取社会公众的谅解，安抚受害者及其家属；第三，对受害者及其家属给予相应的物质补偿。

6．积极利用外部专家

在企业危机处理的过程中，外部专家的介入具有以下好处：①弥补企业某些方面知识、能力和经验的不足；②在与公众进行沟通的过程中，外部专家由于其特殊的身份，具有较强的权威性和公正性，更容易取得公众的信任；③由于外部专家的利益与企业无关，分析和处理问题往往更为客观冷静，尤其是在企业的危机管理遭遇重大障碍的时候，利用外部专家往往能取得“山重水复疑无路，柳暗花明又一村”的效果。忽视对外部专家的利用，往往造成企业能力、经验的不足，决策缓慢，沟通不畅，执行不利，产生较多的失误。

北京大华衬衫厂所遭遇的“蚂蚁风波”很能说明外部专家的作用。北京大华衬衫厂曾经因为运往日本东京的衬衫被发现蚂蚁窝而被外商要求退货索赔，并寄来 2 瓶蚂蚁样本以作证据。厂方经过仔细检查衬衫的生产、包装、储运等各个环节，未发现有蚂蚁窝的可能，无奈对方证据确凿，厂方难以进行有力的反驳。为此，大华衬衫厂带着蚂蚁样本找到浙江农业大学教授、著名昆虫学家唐觉。唐教授凭借丰富的学识，断定这种蚂蚁系伊氏臭蚁，它由日本人伊藤在日本大阪发现，主要分布在日本本州岛南部的东京、大阪及四国岛、九州岛等地。

在中国，除福建鼓山有少量存在外，其他地区尚未发现。唐教授的权威的鉴定报告证明蚂蚁是在衬衫到达日本后侵入的，不仅使大华衬衫厂免予赔偿，而且还额外获得了外商追加的每年 100 万件的衬衫订单。

7. 重视政府部门和社会中介组织的作用

政府部门的权威是任何其他机构或个人所难以比拟的。在危机发生之后，公众往往希望了解事实真相，尤其是在公众对企业怀有疑虑的时候，政府部门公正的声音、权威的论断能够为企业澄清事实，使公众对企业形成正确的认识。不少企业在危机发生以后，没有意识到政府部门的特殊作用，不主动寻求政府的帮助，使企业的危机处理十分被动。更有甚者，一些企业在危机发生以后，不注意配合政府部门开展工作，给企业形象及企业的可持续发展造成极为不利的影响。

消费者保护协会、行业协会、环保组织等机构具有准政府部门的性质，在公众心目中也具有很大的公信力。在危机处理过程中，充分利用这些社会中介组织的力量，可以有效地帮助企业扭转不利的舆论环境，对企业重塑良好的形象非常有利。

英国的通用食品公司曾成功地利用了社会中介组织化解危机。20 世纪 80 年代初，绿色浪潮在全球掀起，由于当地渔民大多采用电鱼的方式捕捉金枪鱼，金枪鱼罐头受到了人们的抵制。针对这种情况，通用食品公司一方面在制造金枪鱼罐头时全部采用使用传统的鱼枪捕捉的金枪鱼，并在新的产品包装上做了相应的标志；另一方面，积极参加并资助环保组织的活动，在全英国倡导使用运用鱼枪捕捉的金枪鱼作为罐头的原料。通用食品公司的努力不但使其生产的金枪鱼罐头在市场上站稳了脚跟，而且还成为环保组织推荐的产品，销售量不断增加。

四、危机沟通管理

在危机处理中，与各界公众沟通是十分关键的一环。良好的危机沟通有助于缓和企业与公众之间的矛盾，维护企业的正面形象，促成危机的尽快解决。

（一）危机沟通的对象

在危机处理过程中，对于员工、股东等企业内部公众而言，企业应学会如何通过有效的沟通安抚他们的情绪，以免使企业遭遇雪上加霜之灾；对于媒体、顾客、政府部门或社会中介组织、供应商、经销商、社区居民等外部公众而言，危机沟通的重点在于改变企业在他们心目中的不良形象。企业应针对不同的对象，确定不同的危机沟通重点和危机沟通策略。

1. 员工

对于企业员工而言，危机沟通应注意以下事项。

1）及时通报情况，让所有员工了解危机真相，稳定人心，以免产生不必要的猜疑，避免谣言从内向外传播。

2）设身处地为员工着想，向员工说明：企业会尽一切努力确保他们的切身利益不受到危机的影响，或尽量减少危机对他们的切身利益的影响程度，使员工能够与企业一起同舟共济，共渡难关。

3）如员工有伤亡损失，应全力做好救治和抚恤工作。

4）明确员工对外发表相关言论的统一口径。

5）采用员工大会、企业简报、内部网上论坛、电子邮件等诸多方式加强与员工的沟通，并为员工提供表达个人意见的机会。

2．股东

对于股东而言，危机沟通应注意以下事项。

1）尽快向股东详细报告危机发生的原因、处理过程、处理结果。

2）向股东说明危机所带来的负面影响是暂时的、可以克服的，树立股东对企业长远发展的信心，确保股东对企业的长期投资。

3）对于主要的股东，在危机发生后，可以邀请他们亲临企业视察，让他们看到企业处理危机的决心和员工的士气，使他们能够给予企业危机处理必要的支持。

3．媒体

对于媒体而言，危机沟通应注意以下事项。

1）主动向媒体提供危机信息，积极配合记者的采访，正确地引导记者。

2）在向媒体公布危机信息之前，应在企业内部统一认识，以免引起不必要的麻烦。

3）指定专门的发言人负责对媒体发布信息，接受媒体的采访。

4）为了避免媒体的报道不准确，重要事项一定要以书面材料的形式发给记者。

4．顾客

对于顾客而言，危机沟通应注意以下事项。

1）通过在大众媒体刊登致歉广告或登门拜访等方式对受到伤害的顾客表示诚挚的歉意，并尽快赔偿有关损失。

2）通过经销商或在各种媒体上刊登公告，及时告知顾客产品存在的潜在缺陷，并尽快回收有缺陷的产品。

3）认真听取顾客对有关事故进行处理的意见和愿望。

4）邀请顾客代表参与危机处理过程，强化与顾客的双向沟通。

5）通过多种渠道将危机的发生经过、处理过程和处理结果告知顾客。

5．政府部门或社会中介组织

对于政府部门或社会中介组织而言，危机沟通应注意以下事项。

1）危机发生之后，尽快向相关的政府部门或社会中介组织报告，争取它们的帮助与支持；在危机处理过程中，形成定期报告制度。

2）主动配合政府部门或社会中介组织的调查，如实向它们反映情况。

6．供应商

对于供应商而言，危机沟通应注意以下事项。

1）将涉及供应商利益的有关危机的消息及时以书面形式通知供应商，并告知供应商危机对他们的业务可能造成的影响。

2）对于主要的供应商而言，企业应直接派人员前去进行面对面的沟通、解释。

3）危机处理完毕之后，应以书面形式表示歉意，并对理解和援助企业的供应商表示诚挚的谢意。

7．经销商

对于经销商而言，危机沟通应注意以下事项。

1）及时将危机可能对产品的供货和销售造成的不利影响以书面形式通知经销商。

2）对于主要的经销商而言，企业应直接派人员前去进行面对面的沟通、解释。

3）对于需要经销商配合开展的问题产品回收工作，事先以详细的书面材料的形式告知经销商回收应注意的事项。

4）将危机处理结果以书面形式告知经销商，并对危机处理期间经销商的理解和支持表示谢意。

8．社区居民

对于社区居民而言，危机沟通应注意以下事项。

1）针对火灾、爆炸、污染等涉及社区居民利益的危机，企业应通过地方性媒体刊登公开致歉信，或者派人员到居民家中一一道歉。

2）通过与社区居民中的舆论领袖或其代表进行有效的协商，确定双方都能接受的赔偿金额。

3）及时向社区居民公布危机发生的原因及其处理结果。

4）向社区居民宣传企业致力于改善社区关系的各种公益计划，赞助社区活动、向社区开放企业的相关生活服务设施等，以增进企业与社区居民之间的情感。

（二）危机沟通的3T原则

危机沟通的3T原则是由英国危机公关专家里杰斯特提出的，即主动沟通（tell your own tale）、全部沟通（tell it all）、尽快沟通（tell it fast）。

1．主动沟通原则

主动沟通原则是指企业主动将危机有关信息对外披露。采用主动沟通原则，意味着企业成为信息沟通的主渠道。此时，公众将企业作为主要的信息来源。如果在危机发生后，企业不出面澄清，人们就很可能用自己的主观臆测来填补所有的疑问，企业有效的危机沟通渠道的缺失将导致谣言四起，使企业丧失危机沟通的主动权，为以后的工作埋下隐患。

2．全部沟通原则

全部沟通原则是指企业将自己知道的危机事实全部告知公众。采用全部沟通原则，意味着企业在对外沟通时讲真话，不隐瞒有关事实。

如果将危机相关者分为当事人和旁观者两类，旁观者对危机真实情况可能知情或不知情，当事人对危机信息可采取的策略包括隐蔽或公开两种，则危机沟通策略有四种选择，如表6-1所示。

表 6-1 危机沟通策略的类型

当事人＼旁观者	知情	不知情
隐藏	全盘否认	无可奉告
公开	被迫承认	主动披露

1）全盘否认。即在旁观者已经知情的情况下，当事人竭力隐藏危机的相关信息。如果企业执行全盘否认的危机沟通策略，实际上是一种自欺欺人的做法，一旦事情败露，对维护企业的形象极为不利。

2）无可奉告。即在旁观者不完全知情或不知情的情况下，当事人竭力隐藏危机的相关信息。执行无可奉告策略的基本假设是有关危机的信息可以被控制。很多企业在遭遇危机时，总想尽量保持低调，能避开就避开，奉行“沉默是金”的处事之道。但由于现代社会是一个高度曝光的社会，任何秘密都可能被暴露出来，因此无可奉告策略带有较大的危险性，一旦危机有关信息被旁观者知晓，企业就显得十分被动。况且，企业一旦采取无可奉告策略，往往引起公众的各种猜疑，造成谣言四起，对企业极为不利。

3）被迫承认。即在旁观者已经知情的情况下，当事人被迫承认危机的相关信息。一旦企业在危机沟通中到了被迫承认的地步，它必然给公众留下不诚实的形象，影响相当严重。

4）主动披露。即在旁观者不完全知情或不知情的情况下，当事人主动向外界公开危机的相关信息。对于企业而言，虽然主动披露相关信息可能导致一定的法律成本，但企业信誉资产的价值要远远高于企业短期的法律成本，因此主动披露策略对企业往往是有利的。

波音公司在 1988 年的爆炸事件中的表现就是主动披露的突出例子。3 月 27 日，一架波音 737 飞机在从檀香山起飞后不久便发生局部爆炸，一名空中小姐因被气浪抛出窗外而殉职。幸好飞机驾驶员沉着操纵，飞机才得以安全着陆，旅客和其他机组人员全部平安。事件发生后，波音公司没有采取回避策略，而是迅速做出反应，积极调查，主动宣传，解释发生事故的原因系飞机太陈旧、金属疲劳所致。原来，这架波音 737 客机起落已达 9 万次，飞行时间已达 20 年，大大超过了保险系数。在发生爆炸事故的情况下，它依然能够安全着陆，足以证明波音飞机的优越性能。而且，新型波音飞机已经解决了金属疲劳的技术难题，飞机将更安全。成功的危机传播策略使波音公司掌握了主动权，不但没有损害公司的形象，反而进一步增加了客户的信赖感。

3. 尽快沟通原则

在实施危机沟通时，企业不但要积极主动、讲真话，还要注意在第一时间进行沟通。如果企业不及时采取措施，各种传言往往就会起到先入为主的效果，企业要想改变公众的认识、信念和态度就很困难。奥古斯丁对此深有体会：“我自己对危机的最基本的经验，可以用六个字概括，即‘说真话，立即说’。”

（三）危机沟通的技巧

1．确保畅通的沟通渠道

有效的危机沟通渠道具有全方位的特点。企业应综合运用多种形式的危机沟通渠道，以使公众对危机的实情有正确的认识，避免公众产生误解。常见的危机沟通渠道包括以下几个类型。

1）通过大众媒体进行沟通，具体包括召开新闻发布会、向媒体提供新闻稿、接待记者采访等。

2）设立专门的接待人员。其职责在于接待各方面来访的公众，包括媒体、政府部门、受害者及其家属、供应商、经销商等。

3）设立热线电话。在危机爆发之后，应立即开通并对外公布专门的热线电话，以应对公众的投诉和咨询。有条件的企业，热线电话应在 24 小时之内开通。热线电话能否发挥良好的作用，取决于热线电话接听人员的素质，为此，企业应对他们进行针对性的培训，并就最常见的问题准备规范的答案。

4）企业网站。企业可以在自己的网站澄清危机的有关事实，发布危机处理的最新进展，并就公众关注的各种问题给予明确的答复。在危机处理期间，网站上的有关内容要注意及时更新。

2．注重与公众的情感沟通

在危机发生以后，公众除了利益抗争之外，还存在着强烈的情感对抗。如果企业不注意危机对公众的情感造成的影响，则很容易使公众的情绪进一步激化。因此，在解决直接的、表面的利益问题的基础上，注重与公众的情感沟通就显得非常重要。企业应根据所面对的公众的心理特点，采取恰当的情感联谊手段，解决公众深层次的心理问题，平息公众的怨恨心理，强化企业与公众的情感关系。

3．避免使用生僻的技术术语

在对外部公众开展危机沟通时，一味从技术上对危机进行解释，使用大量生僻的技术术语，往往会招致公众的反感和厌恶。正如唐纳德·斯蒂芬指出的：“堆积数据令公众烦躁，唯有用带有感情色彩的语言，简洁明了地概述关键性事实，才能使你的信息传播主动，并显示出组织对公众的关心。”

4．注重双向沟通

危机沟通应该是双向的。企业及时向各界公众沟通信息，可以帮助公众了解危机的实情，避免谣言的产生，使公众认识到企业为解决危机所付出的巨大的努力；而企业建立各界公众发表自己意见和建议的渠道，则有助于企业了解公众的真实想法，使企业明确危机症结之所在，找到合适的危机解决途径，同时，可以为公众提供一个情感宣泄的机会。在危机处理过程中，一些企业十分注意将危机发生的经过、处理过程、处理结果及时告知各界公众，但由于过分依赖这种单向的沟通方式，没有建立有效的信息反馈渠道，结果事半功倍，效果很不理想。

5．一个声音对外

企业危机管理小组不但要明确专门的发言人，还应明确危机沟通的具体内容，确定统一的危机沟通口径。在危机沟通中，前后矛盾、数据冲突等往往在公众中造成很不好的影响。对于暂不能确认的事情，企业应说明实践情况，并表明自己正在着手开展调查或制订方案，而不能随便表态，以免陷入被动的局面。

6．实施持续沟通

许多企业往往犯以下错误，在危机爆发之初，迫于社会公众强大的舆论压力，它们很注重沟通，希望通过频繁的危机公关尽快控制事态的恶化。但随着危机激烈程度的缓解，它们便减少乃至停止沟通。事实上，采取合理的途径将危机处理结果向公众传播能够为危机处理过程画上一个圆满的句号。持续沟通是企业增进与公众的感情、确保企业尽快从危机中恢复的有力保障。

7．树立全员危机公关意识

在危机处理中，尽管有专门的发言人负责对外沟通工作，但企业对危机的基本态度体现在每位员工的精神面貌上，落实在员工的具体行动中。在危机发生后，企业应让全体员工树立危机公关意识，使他们掌握必要的危机公关技巧，与公司的对外态度保持一致，并通过员工的言行举止感染外部公众。

日本名古屋褚本电力公司下属有一家发电厂因造成海水污染，威胁当地居民的利益而被查封。事件发生后，在完善环境治理措施的前提条件下，公司制订了长远的公关计划，并将实施消费者亲善行动的任务落实到1.8万名员工身上，使每位员工平均走访了20位当地居民。这些员工不但主动拜访当地居民，在路上也与居民聊环保问题，不少人还穿上公司的工作服参加当地的慈善活动。全体员工通过几年不懈的努力，终于改变了当地居民的看法，赢得了他们的谅解。

技能训练

训练一

训练目的：培养学生对危机事件的分类和判断能力，提高学生的语言表达能力。

训练内容：把学生分成若干组，分别搜集近三年的危机公关案例，并根据危机类型把案例进行归类。

训练要求：对搜集到的案例进行认真的分析，提出准确的分类理由。

成绩评定：本次训练成绩由三部分组成，搜集到的案例完整、具体占30%，分类理由是否充分、正确占30%，学生复述案例的语言是否精练、准确占40%。

训练二

训练目的：使学生了解危机管理的作用和原则，树立危机意识。

训练内容：

【案例】某食品有限公司的一位业务员向公司打电话称，一位消费者吃了该公司的方便面后眼睛红肿，要求公司赔偿损失。食品安全总监迅速赶到现场，发现产品没有质量问题，经了解，当时这位消费者要求业务员赔偿一袋方便面，大约3元，但这位业务员坚决不答应，导致这位消费者直接向公司索取。

训练要求：学生可分为3人一组，分别扮演业务员、总监和消费者，其余学生作为评委，每组选派一名学生回答下列问题。

1）这个事件是否属于危机事件？如果是，属于哪种类型的危机？

2）在这个事件中，业务员的处理方式是否恰当？并说明理由。

3）如果你是这名业务员，你会如何处理这个情况？

4）如果你是总监，你应如何处理这个情况？

成绩评定：情景模拟占50%，回答问题占50%。可根据学生的语言是否流畅、准确，消费者是否满意，危机处理过程是否恰当等方面来评分。

训练三

训练目的：提高学生的危机预防意识，学会制订危机管理计划。

训练内容：

【案例】××品牌熟食被《城市新闻》报道其熟食加工不符合卫生要求，根据“卧底”爆料：熟食加工工人没有按要求佩戴口罩、手套等卫生用具，熟食加工区脏水很多，苍蝇满天飞。“卧底”说：“我自己再也不会吃××品牌的熟食了。”一时间消费者对××熟食品牌的信赖急剧下降，该熟食的销售额大受影响。

训练要求：将学生分成若干组，分组讨论，制订危机管理计划，并选出一名代表进行总结性发言，发言可分为两部分，一部分为小组危机处理方案陈述；另一部分为答辩，针对方案，回答其他学生的提问。

成绩评定：发言中两部分分数各占50%，要求方案设计合理，能够正确地处理危机事件，学生的表达语言流畅。

训练四

训练目的：使学生学会运用危机处理的步骤、策略及沟通管理，提高危机处理的能力。

训练内容：

【案例】××市劳动稽查大队接到举报：称该市宏达超市严重违反相关劳动规定，要求促销员加班加点。促销员早上与该超市正式员工一起8点上班，但下午3点正式工下班了，他们却不能下班，还要协助收银员装袋2小时，而且每个月盘点时都在晚上2～3点才能下班，正式工都有加班补贴，他们因为没有与超市签订有关劳动协议，所以不享受加班补贴，促销员们感慨：在超市，一等员工正式工，二等员工联营员工，三等员工才是促销员。此事被媒体爆出，在《××日报》上刊登，并以“超市打工妹的权利谁来保护？”为题引发社会广泛讨论，一时引起社会对宏达超市的强烈不满。

训练要求：将学生分成若干组，分组讨论，以组为单位按照危机处理的步骤、策略制订一份详细的危机处理方案，并选出一名代表进行总结性发言，由指导教师作为评委，对学生的方案进行评价。

成绩评定：方案步骤是否完整占30%；方案策略是否有可行性占30%；方案是否合理，最终解决问题的效果占40%。

模块七 公共关系专题活动

学习导读

公关专题活动又称“公关专门事件”，是社会组织围绕某一明确的目标而开展的活动，是一项操作性、应用性和技术性很强的工作，是提升主体形象，利用特定的时机，举办有特定主题的公共关系活动。公共关系专题活动有利于改善组织的公共关系状态，使组织集中地、有重点地与目标公众进行沟通，传播自己的思想和行为，影响和转变公众的看法，并在社会上产生极大的“轰动效应”。因此，成功地举办公关专题活动，不仅是社会组织传播自己的一次行为，更是组织与公众沟通的必要手段。

学习目标

1）了解公共关系专题活动的价值作用及基本形式。

2）了解新闻发布会、展览活动、庆典活动、联谊活动、签字仪式等专题活动策划的基本流程。

3）初步具备策划专题活动方案的能力。

4）初步具备专题活动主持、活动组织、活动实施的基本能力。

典型案例

大连借助自身优势及时空特点，灵活运用公关庆典活动，刺激了旅游业的发展，拉动了经济的快速增长。中国国际啤酒节自1999年开始举办，其中前三届在北京奥体中心举办，2002年起在大连，由中国轻工业联合会与大连市政府举办。为了使这项活动能在大连长久地办下去，大连市政府进行了周密的部署，投入人力、物力进行活动组织，而不是由经销商、代理商现场运作。大连国际啤酒节争创参节啤酒品牌最全的盛会，邀请30余家中外啤酒集团和企业携400余种啤酒品牌亮相啤酒节，囊括了海内外知名啤酒品牌。中国国际啤酒节组委会在进一步完善与丰富节日内容的基础上，将把游客的组织招徕作为工作重点，立足东北市场，逐步向东北亚市场拓进，辐射日韩等国际客源市场。

中国大连国际啤酒节的成功举办，不仅对推动城市旅游业和地方经济的发展起到很好的促进作用，而且进一步提升了城市的知名度和美誉度。

大连市不仅举办啤酒节，还推出了一系列专题旅游活动，如烟花爆竹迎春会、赏槐会、国际服装节、国际马拉松赛等活动，在国内外具有很强的影响力，办展经验丰富，成为北方重要的展会城市。

通过举办节庆活动塑造城市形象，展开一系列独具特色的活动，传达给公众关于城市自然、人文和经济等方面的信息，加深公众对城市的了解，从而达到公关的效果。通过节庆活动可以凝聚人心，增强城市居民的主人翁意识和自豪感。通过信息交流可以建立和维持与城市区域外公众的联系，提升公众的心理预期。

随着市场经济的发展，公共关系专题活动已经被越来越多的社会组织所接纳，举办有组织特色的公关活动已成为更多社会组织生存发展的重要课题。利用公关专题活动为组织发展创造更加优越的环境，赢得更多公众的支持，是每个社会组织都希望看到的结果。

公关专题活动的类型很多。社会赞助、新闻发布会、展示会、公关谈判、庆典活动、参观、签字仪式、宴请等活动都是专题活动的方式。我们将在本模块介绍几种常见的专题活动。

主题一　新闻发布会

新闻发布会又称记者招待会，是社会组织为有效树立良好形象、形成有利于自身发展的社会舆论而召集新闻记者，就某一问题说明事实、表明立场并回答记者提问的一种特殊的公共关系活动。它是社会组织广泛传播各类信息、吸引媒介报道并搞好媒介关系的重要手段。通过新闻发布会，组织可以将有关信息迅速传播扩散到公众中。在新闻发布会上可以公布本组织的一些重大新闻，如方针、政策、措施等方面的新举措，加强公众对组织的认可。

新闻发布会具有信息发布的权威性、信息发布的真实性、信息传播的快速性的特点。与其他传播方式相比，新闻发布会无论在深度还是广度上都更为优越，公众可以通过多种渠道获得消息，信息的受众面广，不受各种自身条件的限制。

一、新闻发布会的工作安排

（一）确定新闻发布会的主题

确定新闻发布会的主题应从新闻价值和社会组织的自身利益出发。新闻价值，是指所发布的信息能否引起社会公众的兴趣，是否具有吸引新闻记者采访和报道的价值。在新闻发布会中，要明确所发布信息的内容，注意主题的单一、集中。

（二）准备相关材料

新闻发布会之前要准备好各种相关资料，主要有发言稿、组织宣传材料、答记者问的备忘录和为记者准备的新闻稿等。另外，还应该准备各种宣传辅助材料，包括口头的、书面的、实物、图片、模型等，注意资料的全面、详细、具体和生动，以便增强记者招待会的效果。

（三）选择会议主持人和发言人

新闻发布会的主持人一般由社会组织公关部的负责人担任。主持人要在把握会议

主题的基础之上引导记者提问，并控制会议时间。主持人必须熟悉主题和公关目标，对所要发布信息的重要性和社会价值有清醒的认识，要求思维敏捷、口齿伶俐、语言表达能力强，具有较高的文化修养和专业水平，对突发状况有解决和掌控的能力。

发言人一般由社会组织高级领导人担任，因为他们不仅对本组织的整体情况有全面的了解，而且其身份也决定了他们的发言和回答更具权威性。

（四）确定会议的时间和地点

新闻发布会的时间选择，一要与将发生或已发生的事件在时间上靠近，但又不能太紧迫；二要考虑到邀请对象是记者的特点，应避开节假日及社会上的重大活动的日子，以免影响新闻发布会的效果。地点的选择应根据发布信息的内容和影响的区域，选择新闻中心、宾馆、会议厅或会议室等具体场所。

（五）确定应邀请对象

组织新闻发布会应根据所发布信息的重要性、涉及的范围等因素来确定邀请人员的范围。在邀请记者时要特别注意，与社会组织有密切关系的新闻机构的记者不能遗漏，并适当邀请一些权威性的新闻机构的记者参加。确定邀请范围后，要提前发出邀请，落实出席人员。

公关语录

在公关方面，史蒂夫·乔布斯是这个行业最成功的人士。但是，他是通过说别人如何糟糕才做到这一点的。

——比尔·盖茨

（六）预算会议经费

新闻发布会的会议经费应根据发布会的规格和规模做出预算，并适当留有余地。一般应考虑印刷费、场租费、会场布置费、音响器材费、照相费、礼品费、茶点费、交通费和会后餐费等。新闻发布会的议程应力求周密、紧凑。

二、新闻发布会的具体流程

通常在召开发布会时，要做出如下的安排。

1）与会记者签到登记，同时分发会议资料（应有导引生服务）。

2）会议正式开始。

① 会议主持人简要说明召开新闻发布会的目的，所要发布的信息或某一事件发生的背景和经过等。

② 发言人讲话，宣布重大新闻，介绍新闻的具体信息。

③ 记者提问，发言人回答记者提问。

④ 主持人宣布新闻发布会结束。

3）安排新闻发布会会后的重点采访。

例如，“中国最具投资价值城市展”新闻发布会流程如表 7-1 所示。

表 7-1 “中国最具投资价值城市展”新闻发布会流程

事件	时间	主持人	主题	备注
签到	下午 1:30			
新闻发布会开始	下午 2:00	×××	代表主办方简单介绍活动	
主题发言	下午 2:02 ～ 2:12	×××	详细介绍展览内容	
	下午 2:12 ～ 2:27	×××	详细介绍展览意义	
	下午 2:27 ～ 2:34	×××	参与此次活动的目的和意义	
	下午 2:34 ～ 2:40	×××	参与此次活动的目的和意义	
提问	下午 2:40 ～ 3:10	×××	记者提问	
新闻发布会结束	下午 3:10		新闻发布会结束	

三、新闻发布会应注意的事项

1）按照新闻发布会的议程做好演练，以发现准备工作中的不足，及时加以改进。

2）对各媒体记者、来宾应一视同仁，不能厚此薄彼。

3）发布新闻和回答问题应口径统一，并与社会组织一贯的宣传口径保持一致。

4）会议主持人、发言人应精神饱满、落落大方、风趣幽默、热情自信，以自身的人格魅力增强信息的可信度。

5）会议主持人、发言人应善于把握主题，对无关或太长的提问，要通过语言变化技巧有礼貌地转移话题，但不能正面拒绝回答问题，以免伤害感情，产生对立情绪。

6）在会议结束后，还应整理记录，总结经验，并以书面的形式存档。搜集舆论反应，检测活动效果，把握公众的反应和舆论走势，检测发布会的效果。

主题二 展 览 活 动

展览活动是一种综合运用实物、文字、图像、音像资料或操作演示等形式，在一定时间和地点集中向公众展示组织的成果、风貌、特征，树立组织形象的公共关系专题活动。

“金至尊”珠宝是一个源自香港的极具创意的品牌，无论是产品设计还是营销手段均有独到之处。其品牌特色是注重个性与创新，在具有数千年传统的中国珠宝文化中融入大量现代的设计元素，使得品牌不失传统的文化底蕴，又有着非常强烈的时尚感。2005 年，造价超过 6000 万元、由 280 千克黄金和上万颗珠宝钻石制成的“金钻马车”在上海、南京、武汉、沈阳、哈尔滨等地巡回展出。活动期间，主办方积极邀请各地媒体进行采访活动，提供大量背景材料和精美图片，在严密的保安措施下为媒体提供各种采访便利条件。

每一场商业秀都不仅仅是一场表演，而是在富有个性的主题下，力求运用各种体验元素，全方位地调动观众的感官，创造完美的体验。在场地的选择、现场灯光和布景的安排、产品的展示形式、短片的制作、嘉宾的互动方式及现场表演的内容上，主办方都做出了独特的安排，并预先做好人流控制、突发事件的处置等预案，以保证各项活动达到预期。同时，每场活动都有一套完整的传播方案和行程计划，在每个城市邀请当地主要的媒体参与，进行阶段性传播。

通过各个媒体对于活动的内容丰富的相关报道，进一步加强了消费者对于“金至尊”完美品牌形象的认知，传递“金至尊”品牌魅力与时尚的内涵。

一、展览活动的特征

1）展览活动具有传播方式的复合性。它既运用人际传播的方法和技巧，又运用大众传播的方式和策略。

2）展览活动具有沟通方式的双向性。组织通过对自己产品和服务的展示、咨询、洽谈来传播和反馈组织信息，这是一种传播沟通的极佳形式。

> **公关语录**
>
> 高手做事时，往往会考虑到社会舆论方面的导向性，很少做对自己舆论不利的事情。
>
> ——舒乾

3）展览活动具有宣传的直观性。展览活动以产品实物展示、解说员的生动讲解、现场的具体操作、生动形象的示范表演等给人以生动直观的印象。

4）展览活动具有形式的活泼多样性。展览活动可以通过声、电、光等现代化手段，把展览活动搞得有声有色、丰富多彩。

二、展览活动的类型

展览活动作为一种传播活动方式，可以促进公众对企业的了解、促进产品或服务的销售、促进信息的交流。作为一种综合运用各种传播媒介，推广组织的产品或服务，宣传组织形象的展览活动，可以从不同的角度分为以下几种不同的类型。

（一）按照性质划分

按照性质划分，展览活动分为贸易展览活动和宣传展览活动。

贸易展览活动就是通过实物、文字、图表、音响、图像等综合性手段进行展示，其目的是让参观者很好地、直观地了解某种商品，来直接促成交易。宣传展览活动主要是通过展出有关组织的照片资料、图片、实物等，来宣传组织的成就、观点、思想、价值观念和信仰，或者是让人们了解某一段史实等，以扩大组织的影响。

（二）按照规模和内容划分

按照规模和内容划分，展览活动分为大型的综合展览活动和小型的专题展览活动。

综合展览活动通常是由专门性的组织机构或单位负责筹办，不同组织应邀参加的一种全方位的展示活动，如世界博览会。专题展览活动通常是由组织或行业性组织围绕某一特定专题而举办的展示活动，如中国酒文化博览会。

（三）按照地点划分

按照地点划分，展览活动分为室内展览活动和露天展览活动。

室内展览活动往往在大厅或展览馆举行，显得较为隆重，它不受气候影响，展出效果较好，但展台租金较贵，所需费用较大，且受空间限制。露天展览活动一般在室外的广场、操场等空旷地带举行，布置较为简单，所需费用较少，但受气候影响较大。

（四）按照时间划分

按照时间划分，展览活动分为固定（静态）展览活动和流动（动态）展览活动。

固定展览活动一般在某一固定空间举办，地点和名称往往长期稳定不变。流动展览活动则没有固定的举办地点，而是利用交通工具，如火车、轮船等进行流动巡回展览。

三、展览活动的组织实施

展览活动是一种综合性的活动，需要耗费大量的人力、物力和财力。因此，举办展览活动是一件比较复杂的工作，需要公共关系人员利用自己的聪明才智对其进行策划和实施。为保证展览活动的成功举办，公共关系人员需要做好以下几项工作。

1. 分析参展的必要性和可行性

经过精心分析，认为有必要举办，并且举办方案也切实可行，才决定举办展览会。

2. 明确展览活动的目的和主题

每次展览活动都应有明确的目的，并将主题以各种形式反映出来。例如，科技产品展览的主题为“时尚生活，科技魅力”。

3. 确定参展项目和单位

根据展览活动的目的和主题，确定参展项目和参展单位。例如，大型综合展览会，通常可采用广告和发邀请函的形式体现展览会的宗旨、项目类型、要求及费用预算等，为潜在参展组织提供决策所需要的资料。

4. 选择展览时间和场地

专题展览活动首先要考虑时间性、季节性；其次要考虑场地的大小、质量、设备等。最好租用交通方便、环境适宜、设施齐全的展览馆，这样既方便展品运输，也方便参观者参观。

5. 分析参观活动的目标公众

展览活动的对象是谁，范围有多大，参观者的层次、要求、数量等状况如何，都关系到展览场所的布置、各种辅助工具和辅助宣传材料的准备、讲解员的选择等。

6. 准备各种宣传资料

展览活动需要设计展览活动的徽标、纪念册、纪念品、展览的平面导游图、展览活动的宣传招牌、图片、展品、广告、气球等。

7. 培训展览活动的工作人员

展览活动既是组织产品、服务的展示，也是组织员工精神面貌和综合素质的展示。工作人员的公关素质、接待、礼仪、讲解的技巧，都影响着展览活动是否能成功举办。

8. 完善参展辅助设施的相关的服务项目

公共关系人员筹办展览活动应准备好电源、电话、照明、音响、影像等辅助设备，以及邮政、检验、保险、银行、交通、住宿等相关的服务项目，以保证展览活动集中、高效率地进行。

9．成立专门的新闻发布机构，做好与新闻界的联络工作

展览活动要利用传播媒介进行公关活动，使公众通过视、听等多种渠道了解有关社会组织的信息，尽可能多地在报刊、广播、电视、网络中报道展览活动的消息。

10．编制展览费用预算

经费预算是把展览活动所投资的总金额落实到展览活动的每一项具体项目中，使每一个项目的经费得以落实。

11．评估展览活动效果

展览活动结束后，公共关系人员应注意收集新闻媒介对展览展销会的有关报道，做好评估，留档保存，总结经验，吸取教训，作为下次举办展览的参考依据。

主题三 庆典活动

庆典活动是组织在内部发生值得庆祝的重要事件，或在人们共同庆祝的重大节日里举行的一种隆重的公共关系专题活动，包括节日庆典、开业庆典、竣工典礼、表彰庆典、组织周年庆典等。

一、庆典活动的作用

庆典活动是组织向社会公众“亮相”的宝贵时机，有助于增进公众对组织的了解，增进感情，沟通关系，塑造组织良好形象。

1）适时举办庆典活动，可以为组织广造声势，吸引社会各界对组织关注。

2）举办庆典活动，使组织无形中向外界表明了自身的强大实力，可以使公众产生和增强对组织的信任感。

3）对于组织内部的员工而言，开展庆典活动，有助于增加他们的自豪感，增强组织的凝聚力和向心力，形成组织发展的强大合力。

二、庆典活动的策划

社会组织庆典活动是所有公共关系活动中“表演”色彩最为浓厚的活动。要把庆典活动开展得有声有色，引起社会公众的广泛注意，社会组织公关人员应做好以下策划工作。

公关语录

生存下来的第一个想法是做好，而不是做大。

——马云

（一）确定庆典活动的主题

确定庆典活动的主题是选择活动内容和形式的基本依据，如宣传组织精神、显示组织实力、传播组织业绩等。主题设计如“AA 装饰，让人人都有舒适的家”、“年轻的首创，互联的世界”等。

（二）设计庆典活动的形式和程序

组织庆典活动的形式和程序会因组织的性质、活动的目的和主题的不同而呈现出多样性。一要明确庆典的中心内容和辅助内容；二要明确庆典活动的具体做法和措施。策划设计程序具体到每个活动，设计要严密有致，做到隆重热烈而有条不紊。特别是如何营造气氛和烘托高潮，是活动能否获得喜庆效果的点睛之笔。

（三）邀请庆典嘉宾

商务组织公关人员在庆典活动之前应拟好庆典的嘉宾邀请名单，并做好邀请工作。邀请嘉宾不仅要考虑有关单位，还要考虑邀请社会名流和新闻人士，以及股东代表及员工代表等。对于重要嘉宾，应当面邀请，以示尊敬和重视。

（四）落实致辞和剪彩人员名单

庆典活动之前，应落实庆典致辞和剪彩人员名单。工作人员应事先通知致辞人员和剪彩人员，并为他们拟好发言稿。

（五）安排礼仪人员和工作人员

为使庆典活动显得隆重和热烈，组织公关人员应安排好礼仪人员和工作人员。礼仪人员应端庄大方、服饰得体、举止高雅。入场、签到、奉茶、录音、摄像、留言、现场布置等均应安排专人负责。

（六）做好庆典接待工作

重要来宾应由组织高层领导人亲自接待，以示重视和礼貌。设置专门的接待休息室，以便正式活动开始前供来宾休息并相互认识。准备好相关物品，包括款待嘉宾的茶水、糖果、香烟，以及乐队、音响、话筒、摄影器材、横幅、鲜花、彩带、鞭炮、签名簿、纪念品等。

三、庆典活动的举行程序

不同类型的庆典活动各有不同的举行方式，以开业典礼为例，一般包含以下几个部分。

（一）典礼的筹备工作

1）拟定邀请嘉宾名单并发放请柬。

2）选择、布置场地。

3）完成文字稿件录入工作。

4）安排并培训礼仪人员和工作人员。

5）准备活动物品。

（二）典礼进行中的程序

1. 嘉宾签到

嘉宾到来后，要由专人负责并引领他们到签到处签到，同时发放宣传资料。

2. 典礼开始

1）典礼主持人宣布典礼开始，鸣炮或奏乐。

2）隆重介绍嘉宾。

3）重要领导、嘉宾致辞。

4）典礼仪式活动（如剪彩、揭牌等），安排节目，如奏鼓乐、歌舞表演或文艺表演。

（三）典礼后的活动

主持人宣布仪式结束，引导嘉宾参观组织的设施设备、服务条件等，介绍主要设施设备或产品特色。

以下为健身会馆开业庆典活动的时间安排。

健身会馆开业庆典活动

开业庆典于5月1日上午11点在某SPA健身会广场举行。

9点30分，会场音乐嘹亮，彩旗飘飘，迎宾、军乐队、醒狮队伍、礼仪小姐到位，工作人员准备工作就绪。

（说明：狮乃百兽之强，军为民之依望，二者也为刚强及气势的象征。某SPA健身会所不仅要在本地成为龙头企业，还要在将来打造成为全国知名品牌。因此，不管在何时何地都应以大气、霸气的形象亮相在公众面前。）

10点10分，公司领导、嘉宾陆续进场，礼仪小姐为来宾办理签到、佩戴鲜花、引领入座，导位礼仪小姐在入口处等候，做好引领准备工作。

10点55分，庆典司仪（邀请电视台主持人担任）宣布庆典即将开始，请领导、嘉宾就座，请参与庆典所有人员就位。

11点00分，庆典正式开始，庆典司仪朗诵司仪词开场白；庆典司仪宣读出席庆典主要嘉宾名单；庆典司仪宣布：某SPA健身会开业庆典开始！（金鼓齐鸣10秒）；庆典司仪请军乐队奏乐一首；庆典司仪请舞龙队表演；庆典司仪请醒狮队表演；庆典司仪宣布：请（公司领导）讲话；庆典司仪宣布：请（贵宾）讲话；庆典司仪主持剪彩仪式，礼仪小姐引领公司领导、嘉宾就位；庆典司仪请出某SPA健身会领导主持剪裁仪式。某SPA健身会所领导宣布：某SPA健身会开业！（各位领导、嘉宾剪彩！）剪彩一刻，音乐嘹亮，礼花漫天，龙狮起舞，庆典达到高潮；举行各种丰富多彩的表演，如健美操或拉丁舞等；庆典司仪宣布：宴请各位贵宾！其他与会人员到现场参加抽奖活动（中奖者入会费可打折）；在歌声中，庆典司仪朗诵结束语；庆典结束。

主题四　联谊活动

联谊活动的形式有很多种，如座谈会、交际舞会、茶话会、文艺演出及电影招待会、沙龙、旅游、体育友谊赛等。下面重点介绍三种主要形式。

一、座谈会

日常工作中，组织为了了解情况或征求意见，经常召开座谈会。开好座谈会要注意以下几个方面。

1）召开座谈会要有明确的目的，准备好座谈会的提问、调查或讨论的提纲。

2）根据需要座谈的内容、性质，确定参加座谈会的人员名单，要注意吸收不同层次、不同意见的人员参加，一般征求意见或纪念性座谈会的人数可多一些，为深入探讨某一问题而召开的座谈会的人数可少一些。

3）做好通知工作。最好用书面形式，拟定通知时要明确座谈会的议题、时间和地点，并将通知及时送到参加会议人员的手中。

4）为了防止会议冷场，对于探讨性和纪念性座谈会，可以事先安排人员进行引导发言和重点发言。

5）会议主持人要善于引导和把握会议进程，调动与会者积极地思考与发言，使座谈会能深入进行。但对为考察某一成员或处理某一事件而举行的座谈会，主持人应避免对答案具有暗示性的提问（说明对方接受某一观点的情况例外）。例如，“我觉得这样做是对的，你说呢？”这时对方很可能出于礼貌而同意你的意见，使你没有机会了解对方真实的看法。

> **公关语录**
>
> 大成功靠团队，小成功靠个人。
>
> ——比尔·盖茨

6）做好座谈会记录。根据需要于会后整理成文，报送有关部门或领导。

7）根据会议内容和座谈对象等情况，可适当准备水果或茶水。

二、交际舞会

交际舞会是一种社交活动，也是公关部门经常举办的联谊活动的一种形式。有计划地举办交际舞会，通过组织内部管理人员和职工之间的联谊，组织员工与社会公众间的联谊，不但可以使职工从中获得娱乐，同时也加深了职工与管理人员之间的感情和组织与社会公众之间的友好交往。

1．组织工作

1）被邀请的男女客人在人数上要大体相等。对已婚者一般均应邀请夫妇，若是内部舞会可根据人员状况，邀请外单位参加。例如，钢铁厂的男性多，可有计划地邀请棉纺厂等女性多的单位参加。

2）正式舞会要发请帖。请帖上要写明舞会开始与持续的时间，客人可在其间任意到场或离场，不可强求。

3）舞会场地要与被邀请人数相适应，人数过多显得拥挤，人数过少又会造成冷场。

4）舞厅光线要柔和，不要过强，有条件的要安排乐队伴奏，总之，在场地、灯光、音乐、伴奏舞曲等方面要创造热烈的气氛。

5）有条件的可准备茶水、饮料和点心，以方便客人随时食用。

2．注意事项

1）提醒参加舞会的客人服饰要整洁，举止要端庄、热情。舞会前不要吃味道强烈的食物，更不要饮酒。

2）较正式的舞会，第一舞曲由主人夫妇、主宾夫妇共舞。第二舞曲由男主人与主

宾夫人、女主人与男主宾共舞。舞会上，男主人应主动陪无舞伴的女宾跳舞，或为他们介绍舞伴，并要照顾其他客人。男主宾则应轮流邀请其他女宾共舞，其他男宾则应争取先邀女主人共舞。

3）组织者应避免男士全场只与一位女士共舞，尽量避免男士与男士、女士与女士共舞。

4）习惯上由男性邀请女性跳舞，如果彼此熟悉，女性邀请男性跳舞也是可以的。男方邀请女方跳舞，如其丈夫或女方父母在场，应先向其丈夫或父母致意。

5）跳舞时要注意舞姿，遇到不熟悉的舞曲不要下场。跳舞时，男方不可把女方的手握得太紧，更不可和女方的身体贴得过近或盯着对方的脸，以免引起女方的反感。女方也应稳重，不可左右摇晃身体，频送秋波，以免造成误会。

6）一曲舞毕，男方应向女方致谢，将其送其回原座位，然后离去。

三、文艺演出及电影招待会

邀请客人观看文艺演出、电影等，不仅可以让客人获得艺术享受，而且可以加深客人对己方组织文化的了解，增进感情。通常文艺演出及电影的组织活动应做好以下工作。

1）选定节目。节目的选定既要从活动的目的与主题出发，也要考虑客人的兴趣和演出的可能。

2）发出邀请。先拟定邀请名单。拟定名单时要考虑场所的容纳量。名单拟定后，应提前向客人发出邀请，以便客人做出安排。

3）制作节目单或说明书。

4）安排座位。一般应根据客人的身份事先安排好座位。通常将贵宾席留给主人和主要客人，其他客人可以排座位，也可自由入座。

5）入席与退席。专场演出，可安排普通观众先入座。主宾席客人在开幕前由主人陪同入席。演出中，观众不要退场。无论入场还是退场，都应保持良好秩序。

主题五　签字仪式

各种组织之间就某些重大问题达成协议时，通常要举行签字仪式。签字仪式是政府、部门、企业之间通过谈判，就政治、军事、经济、科技等某一领域相互关系协议缔结条约、协定或公约时，举行的仪式。

举行签字仪式时通常要考虑以下几个方面的问题。

1．签字人的选定

签字人根据文件的性质由协议双方确定，但双方签字人的身份要大体相当。

2．签字仪式前的准备工作

签字仪式前，首先应做好文本准备工作，包括文本的定稿、翻译、校对、印刷、装订、盖火漆印等，同时，备好签字用的文具、国徽等物品。

3. 签字仪式对参加人员的要求

参加签字仪式的主要有双方参加会谈的全体人员。如一方要求由未参加会谈的人员出席，另一方应予同意，但双方人数应大体相当。有时为了表示对政府间协议的重视，往往会由更高或更多的领导人出席签字仪式。

公关语录

感情投资是所有投资中花费最少、回报率最高的投资。

——日本麦当劳董事长藤田田

4. 签字地点的布置

各国举行的签字仪式有一定区别。例如，我国政府举行的签字仪式，一般在签字厅内放一个长方桌，桌面覆盖深色台呢布，桌后放两张椅子，为双方签字人员座位，主左客右，座前摆放的是各自保存的文本，上端分别放置签字文具，中间摆一个旗架，悬挂签字双方的国旗。

5. 签字仪式的程序

仪式开始时，双方签字人及其他人员进入签字厅，签字人员入座，其他人分主客各方按身份顺序排列于各自签字人员座位的后边。双方助签人员分别站立在各自签字人员的外侧，协助翻开文本，指明签字处。在由己方保存的文本上签毕后，由助签人员相互传递文本。再在对方保存的文本上签字，然后由双方签字人交换文本，相互握手。

有两个以上国家签约时，签字仪式也大体如此，只是相应增加签字人员座位、签字用具和国旗。但政府间签订多边公约时，通常仅设一个座位，由公约保存国代表先签，然后由各国代表依次序轮流签字。

技能训练

训练一

训练目的：培养学生策划发布会专题活动的能力，提高学生的组织能力、管理能力、表现力。

训练内容：

【案例】随着当今社会人们对健康生活的需求，肥胖和糖尿病是目前全球面临的健康问题，饮料市场发生着激烈的变化。低糖低热量饮料、健康营养饮料等的发展前景看好。《2015 年美国居民膳食指南》将低糖摄入的建议纳入其中，美国公共卫生界人士也利用政治手段，包括给含糖饮料增税和对某些食品饮料的限制来引领营养政策的走向。同时，控制含糖饮料的消费问题已纳入中国公共卫生政策的日程。百事可乐中国公司经过研发和市场调研，准备于 2016 年推出三款低糖低卡饮品。为了更好地推广产品，赢得消费者的青睐，该公司决定在 3 月初召开本次新产品的上市发布活动。

训练要求：将学生分组，每组 6 ~ 8 人，选出负责人。下发学生训练资料，提供电子网络环境（便于学生查找资料）、用于发布活动的教室或训练室。具体完成下列训练内容。

1）根据提供的背景资料，查找新闻发布会主题设计的基本要求，设计出本次新品发布会的主题名称。

2）召开本次发布活动，拟定邀请的媒体及人员。分类别列出媒体单位，如电视媒体、网络媒体、报纸媒体等，并列出应出席本次发布活动的人员。

3）设计本次发布活动基本流程，拟写主持稿、发言稿，设计场地布置图、签到簿。

4）邀请教师、学生配合参与，现场演绎整个发布活动的过程，并对活动进行总结。

成绩评定：学生策划设计发布活动流程是否合理、完整占 40%；邀请的媒介及人员是否符合活动主题要求占 20%；活动操作中是否能掌握主持人和发言人的角色要求（学生语言是否流畅、准确），能较好地组织活动占 30%；设计的合理性和主持发言的规范性占 10%。

训练二

训练目的：培养学生策划庆典活动的能力、团结合作精神，提高学生的语言表达能力、活动组织能力。

训练内容：

【案例】"打造经济型酒店，提供最优服务"是速 6 酒店的使命，"立足春城，遍及全国"是酒店的战略发展目标。速 6 酒店外观宏伟、气势豪华、交通便利，环境幽雅。每家门店都拥有各类套房、双人房、大床房超过 200 间；风格迥异的宴会厅和包房可同时容纳近千人用餐。酒店同时附设大型桑拿中心、夜总会及 KTV 包房、棋牌室、美容中心、购物中心、桌球房、乒乓球室，是休闲、度假旅游、会议的理想场所。酒店支持各种国际国内信用卡。到明年 5 月，速 6 酒店落户长春将要达到 10 年，取得了良好的口碑和经营效益。在成功进驻长春 10 周年之际，公司决定在明年年初做一次盛大的庆典活动，为速 6 酒店在长春赢得更大的发展空间。

训练要求：将学生分组，每组 6 ~ 8 人，选出负责人。下发学生训练资料，提供电子网络环境（便于学生查找资料）、用于庆典活动的教室或训练室。具体完成下列训练内容。

1）设计本次庆典活动的主题名称。

2）设定本次活动时间、地点，拟写出邀请各界人士的名单（可以邀请长春市委领导、同行企业领导、长春各大媒体参加）。

3）设计本次庆典活动的基本程序，并拟写一份欢迎词、一份同行业领导的贺词。

4）邀请教师、学生参与本次活动，模拟整个活动过程。

成绩评定：本次训练成绩可由两部分组成，庆典活动策划设计占 50%，现场模拟表现占 50%。可根据学生策划设计是否合理、可操作性，现场组织是否有序，学生语言是否流畅、准确及现场气氛等方面来评分。

训练三

训练目的：培养学生策划设计展览活动能力，提高学生合作探究知识的能力、组织能力、活动表现力。

训练内容：

【案例】今年10月，“让孩子摆脱落后教育，让孩子真正快乐成长”教育展即将在国际会展中心举办，届时全市百所大学、中小学、特色职业学校都将参加。很多学校都力图通过本次展会向社会介绍自己，宣传学校的特色，赢得家长和学生的青睐。你所在的学校也希望通过参加本次展会，树立自己的品牌形象。

训练要求：将学生分组，每组6～8人，选出负责人。下发学生训练资料，提供电子网络环境（便于学生查找资料）、用于展览活动的教室或训练室。具体完成下列训练内容。

1）小组研讨，查阅资料，掌握学校的详细信息，确定本学校的主要特色，并拟定一个本次参展的主题名称。

2）设计本次参展要推出的主要项目，如学校简介、主要教学环境、专业教学活动、教学特色等。

3）设计活动现场的布置简图、人员安排，拟写活动展示解说词。

4）邀请教师、学生作为观众参与本次活动，模拟展示活动过程。

成绩评定：可根据学生对展会的特色把握、环境设计、解说流畅程度给予评分。活动策划设计占50%，现场模拟表现占50%。

训练四

训练目的：使学生掌握舞会的组织与策划，了解舞会礼仪，懂得如何在交谊舞中搞好公共关系。

训练内容：

1）将全班学生分成三组，第一组为主办方，第二、第三组为客户方。

2）确定舞会时间、地点，确定邀请对象及主宾，制订舞会方案。

3）主办方发出请柬。

4）客户方做出回应。

5）选好舞会音乐，做好舞池及周围环境布置。

6）舞会开始。

7）舞会善后。

训练要求：准备好活动的相关设备，为活动营造活跃气氛，在活动中除注意重点掌握舞会的组织与策划外，还要注重礼仪的训练。

成绩评定：舞会方案合理占30%，舞场布置得当、有创意占20%，司仪表现良好、主次分明占10%，舞会服务到位、气氛活跃占20%，舞会礼仪恰当得体占20%。

训练五

训练目的：使学生了解签字仪式的注意事项，掌握签字仪式的程序，布置签字仪式场地，检验学生理论知识的综合应用水平。

训练内容：

【案例】华邦集团有限公司于12月20日到合作伙伴英迪公司与之进行新技术合作的会谈，会谈成功后于12月22日进行签字仪式。如果你是华邦集团有限公司的一名秘书，接到任务负责这些签字仪式的准备工作。

训练要求：以小组为单位进行全过程演练，分角色扮演，模拟以下各个工作场景：①华邦集团有限公司接待英迪公司的场景，包括互通电话、坐电梯、引导、介绍、握手、递送名片；②华邦集团有限公司与英迪公司举行签字仪式的场景。

成绩评定：接待过程中服饰得当、礼仪标准、符合商务礼仪规范占25%；小组分工明确、合理，团队成员协作完成任务占15%；签字仪式所需材料准备细致全面、实用性强占30%；签字仪式流程设计合理，演练严谨认真占30%。

附录　公关策划案例

附录一　2013“人·沙·敦煌”沙裸艺术行动

一、项目简介

项目名称为IBC公益计划——2013“人·沙·敦煌”沙裸艺术行动。项目主体为森博公关集团。项目执行为中国国际公共关系协会与森博公关集团联合主办。

公关作为一个创意产业，在通过创意帮助各企业践行CSR、提升品牌美誉度的同时，对解决社会问题同样有着义不容辞的责任。带着这种责任感，2013年5月，中国国际公共关系协会与森博公关集团联合主办，发起“IBC公益计划”。

IBC即idea beautify china，创意美丽中国。

IBC计划旨在用极具创意的艺术活动，呼吁公众关注自然环境保护、文化生态保护、社会留守儿童等公共话题。

IBC不仅是一次活动，更是一种呼吁大家利用自身优势向善的理念。

二、项目背景

2013年，IBC公益计划聚焦文化生态保护问题，重点关注“敦煌文化生态保护”，将敦煌作为“创意美丽中国”大型公益活动的第一站。

敦煌壁画距今已有2000多年历史，是中华文明的瑰宝；今天，随着环境被破坏，正面临着消失的危险。

在敦煌莫高窟，壁画霉变、腐蚀、脱落的情况十分普遍。例如，156窟原有墨书《莫高窟记》，在20世纪60年代仍依稀可见，但现在已经看不到了。敦煌研究院早前的调查结果称，敦煌莫高窟4.5万平方米的壁画中，有20%受到不同程度的损坏。

莫高窟目前存有壁画、彩塑492个，一半以上的壁画和彩塑出现了起甲、空鼓、变色、酥碱、脱落等病害。

千年彩绘的褪色、剥落，窟墙的腐蚀、风化，正对莫高窟构成前所未有的威胁。有考古学者曾感叹说，莫高窟的衰颓与毁坏速度惊人，正以“比古代快100倍的速度走向死亡”。

全球10处将消失的美景中，国内敦煌莫高窟唯一上榜。

我们该如何通过IBC公益计划，呼吁人们关注敦煌莫高窟的消亡，从而发动全社会的力量，保护敦煌莫高窟的文化瑰宝?

三、项目调研

敦煌研究院研究人员的一项模拟试验表明，相对湿度反复上下起伏，是造成洞窟常见病酥碱的主要原因。“二氧化碳长时间滞留窟内及窟内相对湿度增加，空气温度

上升，都有可能侵蚀壁画，加速已有病害的发展。”敦煌研究院的负责人表示，虽然旅客过多对壁画的损害短时间内看不出来，但会加速对壁画的损害这一点是非常肯定的。

二氧化碳和空气相对湿度是莫高窟壁画消亡的两大祸首。而日益增多的游客量成为莫高窟的致命杀手。对于风沙的侵害，或许难以在短时间内得到有效改善；但对于人为的破坏，是可以通过公益活动，唤醒人们的保护意识，从而起到有效的保护作用。

因此，我们的IBC计划将针对敦煌莫高窟的游客而展开。

四、项目策划

根据专家研究，在人流量不断增大的情况下，戴口罩是目前现实环境中保护莫高窟的最有效的措施。因此，我们需要一个呼吁游客戴上口罩进行参观的活动。

除此之外，如果把敦煌的这些文化遗产看成一个人，水草树木就是她们抵御寒冷、抵御风沙的衣服。在历史演绎的过程中，敦煌文化的防护——她们的衣服，在一件一件被剥掉。失去“衣物”的抵挡，在风沙漫天的环境中，面对沙尘、寒风的侵袭，她们不停地颤抖、战栗着……满身病痛的敦煌文化，正在发出生命消亡前的最后嘶鸣：快来救救我吧……

然而，敦煌文化所遭遇的这种痛苦，离普通人的生活又太遥远，绝大多数人难以感知到。如何运用最具冲击力的创意表现形式，引起社会的高度关注？

发起一场“口罩会议”：将“口罩”的元素在活动的启动会中进行无限放大，举办一场人人都戴着口罩的发布会！

“人·沙·敦煌”沙裸艺术行动：失去“衣物”的敦煌莫高窟，就像是被剥光衣服的人被遗弃在寒风凛冽的沙漠中一样。我们通过在人体上彩绘莫高窟的相关元素，并将其置身于敦煌的沙漠中，以种种痛苦、抗争的肢体语言，暗喻莫高窟壁画的悲惨境遇。

五、项目实施

1. 名家助阵

邀请明星公益大使闫妮全程参与、支持活动；

中国国际公共关系协会常务副会长兼秘书长赵大力代表中国国际公共关系协会加盟IBC计划；

众多志愿者加入IBC公益计划：中国摄影家协会副主席、著名军旅摄影家张桐胜；森博公关志愿者赵刚与名模赵　樨拍摄沙裸艺术。

2. 层层推进

(1) 北京“口罩会议”——启动2013年“人·沙·敦煌”——沙裸艺术行动

最大限度地减少二氧化碳的呼出量，将是游客观光敦煌莫高窟时可采取的直接保护措施。通过一场戴口罩的启动会，在全国招募公益志愿者，表明公益主张，呼吁社会各界参与活动。国内著名影视明星闫妮，作为公益行动大使，出席现场活动发出倡导。

（2）敦煌 2013 年“人·沙·敦煌”——沙裸艺术行动

组织一支包括新闻媒体记者、专业摄影师、公益志愿模特、彩绘师、化妆师在内的拍摄团队。拍摄期间，整合强势媒体资源，覆盖五大门户网站，进行多角度的报道；公益大使闫妮参与其中。

敦煌之美：以此主题，摄影师记录下敦煌之行的秀美风光；

敦煌之痛：以此主题，摄影师的镜头中，彩绘模特将用身体语言，哀怨、痛苦、无助、惨遭蹂躏的表情，展示莫高窟惨烈的生态环境。

（3）北京“留住敦煌”——敦煌沙裸艺术影展

以一场现场感十足的敦煌沙裸摄影展，重温现场，扩大影响力，传递公益主张，为本次“人·沙·敦煌”——沙裸艺术行动画上完美的句号。

六、项目评估

IBC 公益计划启动仪式召开首周，实现平面、网络、电视、视频、微博、微信媒体全方位连续报道；搜索覆盖 IBC 公益计划、敦煌沙裸艺术、壁画保护等多个关键词信息；覆盖行业首个创意公益、外媒关注、登入纽约时报广场等多角度内容；引发各大主流媒体高度关注，具有极强的话题性……

百度指数：近一周内，IBC 用户关注度提高 34%，媒体关注度提高 300%。

合作媒体：IBC 公益计划相关新闻在重点合作媒体的公益频道“首页焦点图”、“明星公益”、“企业公益”、“志愿者”、“推荐活动”、“公益资讯”等多个平台实现落地；落地形式涵盖网站头条、首页焦点图、首页文字链新闻等位置，并获得大幅转载；同时，中国公关网、17PR、我爱公关网的微博、微信等平台，均已同步报道本次活动及后续进展。

“口罩行动引爆华尔街”：同时，此次 IBC 公益计划还成功登陆美国纽约时报广场的大屏幕，引发近 30 家外媒竞相报道，其保护世界文化遗产的理念得到了世界范围内的极大认同。

附录二 “牛奶的秘密”——恒天然品牌微电影整合传播

一、项目背景

项目名称为“牛奶的秘密”——恒天然品牌微电影整合传播。项目主体为恒天然商贸（上海）有限公司。品牌名称为恒天然。

恒天然作为全球乳品营养的领导者，长期致力于为全世界提供安全、优质的乳品，并在全球范围内不断创新与消费者的沟通和交流方式，将牛奶中蕴含的简单而纯粹的爱传递给亿万消费者。2013 年，面对数字化、社会化变革引领的品牌体验创新时代，恒天然开始在中国市场探索品牌沟通方式的新方法，希望借助新媒体平台及整合互动模式，与消费者开展更为情景化、情感式的沟通和交流形式，演绎更加精彩、生动、共鸣的恒天然品牌故事。

二、项目调研

近年来，政府对互联网传播信息的监管和一系列事件所传递的信号表明，舆论营造及品牌传播应该以更加透明、真实、积极向上的元素，给网络社群及社会公众带来实用内容营养、积极情绪支持、主流价值观拥护等信息，才能顺势而为，与目标社群形成有效沟通及良性互动。

在结合传播环境对品牌沟通内容及调性形成初步判断后，基于数字媒体、社会化媒体的品牌沟通表现形式是进一步思考的问题。根据品牌现状，最能契合品牌内容调性并更好地承载价值主张，且可以整合驱动全传播手段和工具的形式是什么？答案是已经越来越成为品牌传播创新标配的微电影，自然成为当仁不让的最佳选择之一。

2013 年，《致青春》《小时代》《那些年我们一起追过的女孩》等青春电影再一次推动了一波电影商业文化的盛筵，为行业、观众在商业元素表达及情感沟通方面，提供了很多丰富的感官体验及运营借鉴。

在对受众层面的调研中发现，受众对微电影商业化传播的态度更加包容，对商业化模式的电影更加关注其所传递的情绪或情感共鸣层面的价值，多数微电影爱好者或观影人不排斥品牌信息的植入，在意的是品牌植入对内容情节感官及精神诉求形成干扰。

上述发现表明，微电影传播面临的挑战是：

如何营造触动受众情绪的情感共鸣的内容及内容传播？

如何让品牌信息植入及传播解读更顺其自然、水到渠成？

如何让影片内容或传播解读所传递的情绪或情感共鸣，与品牌价值主张一脉相承？

三、项目策划

1. 公关目标

策划一部恒天然品牌的微电影，创新演绎恒天然品牌价值主张，并以微电影驱动恒天然品牌整合营销传播价值，形成恒天然品牌与社会公众及消费者全方位的沟通和互动，以创意、整合、互动思维，传递恒天然品牌的价值主张及精神诉求。

2. 公关策略

延续年度商业电影中形成广泛关注氛围的“青春热”元素，同时融合恒天然品牌的纯净、简单、专注、阳光的品牌价值，以唯美、文艺气质的青春校园爱情演绎“恒天然之爱”的故事，影片发行中在各大主流视频平台形成首发和联动，同时，将社交网络作为观影及互动的核心阵地，引发网友对影片及传递情感元素的沟通和互动参与，进而以线上线下整合传播的布局，形成围绕“恒天然推出首部微电影”的品牌事件整合传播战役。

3. 目标受众

媒体、意见领袖、消费者、行业等所有与恒天然品牌在中国市场有关的社会公众。

4. 核心信息

恒天然“牛奶的秘密”：纯净、简单、专注、阳光。

5．传播策略

线下活动观影、视频网站首发、社交网络引发观影讨论、媒体报道品牌事件，进而形成立体式的品牌事件整合传播及互动战役。

6．媒介选择

1）视频网站：优酷、土豆、新浪视频、搜狐视频、腾讯视频、电影网等。

2）社交网络：新浪微博、腾讯微博、微信、人人网、QQ空间等。

3）网络媒体。

门户：新浪、搜狐、腾讯、网易等。

党政：新华网、人民网、光明网等。

行业：中国奶业协会网、荷斯坦等。

财经：和讯网等。

区域：新民网、华龙网等。

4）平面媒体：光明日报、中国食品报、工人日报、消费日报、北京青年报、深圳晚报等。

四、项目实施

STP1：微电影策划、拍摄及制作。

1）微电影主题：《牛奶的秘密》。

2）时长：17分钟。

3）风格：校园怀旧、爱情文艺、清新自然、执着信念。

4）拍摄时间：2013年6月～2013年7月。

5）拍摄地点：河北唐山恒天然牧场、内蒙古工业大学、内蒙古石梁草原。

6）故事梗概：微电影《牛奶的秘密》再续青春主题，在17分钟的片长中，讲述了一对校园情侣跨越6年的纯爱之旅。

7）拍摄小结：前期剧本经过反复详细推敲，在拍摄过程中给予了清晰明了的指导性作用；在较短的筹备期内，顺利完成前期筹备工作，在天气不理想的状况下，克服多种困难，按时完成了拍摄任务。

STP2：微电影首映暨媒体观影会。

1）活动主题：恒天然媒体联谊暨品牌微电影观影会。

2）时间：2013 年 9 月 23 日 17:30 ～ 20:00。

3）场地：北京市朝阳区工体北路 Bali- 空中海滩酒吧。

4）到场人员：包括央视等影视媒体、财经及大众媒体、食品及乳品行业媒体、时尚媒体、网络媒体等在内的近百名媒体从业人士。

5）活动内容：恒天然高层、品牌微电影主创团队与媒体进行现场互动、观影交流，媒体及业内人士对恒天然微电影传递的价值观念和恒天然战略表达给予高度评价。

STP3：微电影上线推广及整合传播。

1）视频首发覆盖：《牛奶的秘密》在优酷、土豆等各大视频平台联动发布，引发微电影关注者推荐。

2）形成观影评论：微电影以其清新、简单的艺术元素及正能量的价值导向引发各大平台网友积极观影。

3）社交网络扩散：视频平台与社交网络互动打通，大量网友的观影评论在社交网络扩散。

4）意见领袖影评：时尚、娱乐、电影等意见领袖加入对微电影的专业影评，通过微博、微信、人人网、QQ 空间等平台整合互动，引发观影互动高潮。

5）微博话题热议：新浪微博 # 牛奶的秘密 # 生成微博讨论话题，网友对“是否相信纯爱”展开观点 PK 及争议，进一步对影片、故事及情感主张展开热议，进而关注品牌行动及价值传递。

6）媒体关注报道：媒体形成对恒天然微电影及品牌行动的新闻和评论报道，扩大品牌事件影响力。

7）品牌活动发起：引发网络维度对微电影《牛奶的秘密》的积极反响后，恒天然官方微博及微信推出 # 说出你的秘密 # 有奖互动活动，鼓励网友在体验《牛奶的秘密》的纯情故事后，对心爱的人“说出内心依旧埋藏的秘密”，通过恒天然提供的 # 说出你的秘密 # 互动活动平台“大声表白”，见证属于每个人的 # 恒天然之爱 #。

五、项目评估

恒天然集团秦敏说：“《牛奶的秘密》这部微电影中所表现的简单、纯净、专注与阳光，恰恰契合了恒天然品牌的核心价值。微电影对于恒天然是一个全新的尝试，未来我们还会不断运用各种艺术元素和手段，与消费者开展更为密切的沟通和交流，演绎更多更精彩的恒天然故事。”

1. 媒体互动与反馈

新华社记者：“如果有续集，希望能看到更多的新西兰元素，给大家展示真正的恒天然源头的本真面目。”

《经济日报》记者：没有想到恒天然会拍一部这么纯粹的片子，我本人并不是很相信纯美的爱情，但是影片的纯粹会让我联想到恒天然，恒天然就是一个有高品质追求的公司。

荷斯坦记者：“我是一个 90 后的观影人，我觉得影片也很符合我们的时代，很有致青春的气息。”

《中国奶牛》记者：“看到这部影片，首先让我想起了我自己的青春和爱情，拍得非常动人。其次，我觉得恒天然是一个非常有企业责任感的公司。”

《时代周报》记者：“电影表达的纯净与牛奶是非常契合的，没想到恒天然拍出的微电影是这样一种感觉，非常出乎意料。”

中国网记者：“看完这部关于牛奶的电影，让人感受到爱情是无添加（杂质）的，有很纯的感觉。”

2. 传播小结

微电影自然播放量数十万次；在优酷、土豆、新浪视频、搜狐视频、腾讯视频、电影网等几大平台引发了积极的互动反响。

以微博为核心观影互动平台，同时在微信、人人网、QQ 空间等社交网络也引起了大量的网友自发互动，在社交网络中形成了数万条微电影讨论。

上百家包括大众、财经、行业、时尚、网络等不同类型的媒体对恒天然推出首部微电影展开了全方位的传播及跟踪报道。

恒天然首部品牌微电影在网络互动的表现被卫视媒体相关栏目主动关注，进一步拓展了品牌创新传播的纵深影响力。

附录三 少年警讯环保小侦探

——香港恒生银行环保小侦探比赛

一、项目背景

项目主体为恒生银行、香港警务处。项目执行为恒生银行、香港警务处、世界自然（香港）基金会。

“环保”是全球要面对的重大挑战。联合国2002年约翰内斯堡可持续发展世界首脑会议通过的《21世纪议程》，肯定了儿童及青少年参与环保的重要性。恒生银行作为良好企业，一向重视环保及青少年的发展。2004年，恒生银行主动联络警方，筹办“恒生银行之少年警讯环保小侦探比赛”，这是警方及商业机构首次发起的最大型环保活动。

本次比赛由警方属下、全香港最庞大的青少年组织少年警讯主办，恒生银行赞助及世界自然（香港）基金会协办。比赛目的是加强青少年的公民教育及提高他们的环保意识，让他们对香港特区成为可持续发展的城市尽一份力。

整项比赛于香港举行，历时4个月，于2005年4月展开，8月圆满结束。

二、项目调研

香港拥有独特且美丽的自然环境，但急剧的经济发展及人口增加使自然环境承受了不少压力。香港的空气污染问题严重，调查显示香港的空气污染物比亚太区其他富裕城市更高，在2004年，香港大气中的可吸入悬浮粒子和臭氧（两者同样是烟雾的主要成分）的浓度，分别较2003年增加11%及8%。年内，空气污染指数录得87日（甚高）水平，较2003年的53日为多，不但影响环境及市民健康，更有碍旅游业及经济的发展。

调查发现，香港平均每人每日弃置五个胶袋于废物堆填区，每日达33 000 000个。而现有的废物堆填区将会在6～10年后饱和。很多环保组织及香港政府已不断宣传减少废弃物和环保的信息，而香港亦受到水质污染及自然保育的问题困扰，情况亟待改善。

经过资料搜集及咨询特区政府环保署意见后，发觉仍然有很大的空间向青少年推广环保信息，因此主办、协办及赞助机构于2004年7月便锁定受众目标，并制定宣传策略，制定出整个活动的蓝图及时间表。

三、项目策划

1. 公关目标

加强青少年的公民教育及提高他们保护环境的意识，以及培育青少年的使命感和领导才能。

2. 目标受众

第一线的目标受众：中小学生、大专生、学校及教师。

第二线的目标受众：普通市民。

3．关键信息

鼓励每一位年轻人用侦探查案的精神关注环保问题，而且要关注自己身处的社区问题，身体力行，从生活中的每一个细节实践环保。

4．活动策划

创意的比赛形式：首创以侦探破案的形式查找环保问题，兼具挑战及趣味性；利用警方资源及网络宣传，配合警方支持环保的形象。

奖品吸引兼具教育元素：得奖学生及教师可到泰国参加环保考察活动，扩展环保的知识及体验。考察活动包括参观联合国环境规划署、泰国环境素质促进局及被列为世界遗产的大山国家公园及监察湄南河水质等环保活动。

网上参与环保：主办单位抓住青少年喜爱上网的习惯，因此特别为比赛设计了网页及网上游戏，此举吸引了不少学生参加，包括非少年警讯会员。

邀请重要嘉宾支持：比赛得到香港警务处处长、恒生银行行政总裁及自然基金的主席支持，在恒生银行总行举行开展仪式，不但凸显了各单位对其的高度重视，更吸引了广泛的媒体报道。此外，为给比赛增添代表性，得奖者被特别安排与特区政府环境运输及工务局局长分享支持环保的心得。

卡通小侦探形象鲜明：比赛特别设计了卡通小侦探作为所有宣传品的代表人物，此举能针对受众目标的口味。恒生银行亦制作了一条以有关单位之徽号及恒生银行环保大使的卡通人物代表各主办单位的宣传短片，在开展仪式及讲座时播放，使受众目标更清楚了解此活动的由来。

专业组合全情投入：凭着警方、恒生银行及世界自然（香港）基金会的现有网络、专业的工作态度及彼此紧密联系，全力策划比赛的每一个环节，使活动成为一个高素质的比赛。

5．传播策略

（1）对外宣传

网上宣传：比赛的宣传品及参加表格除上载于少年警讯的网站外，亦有 5 个网站协助宣传此比赛，包括恒生银行、世界自然（香港）基金公，以及浏览人数极高、又受年轻人欢迎的香港环保署、香港教育城及生活易网站。

开展仪式及颁奖礼：发放新闻稿及邀请传媒采访；主办及协办单位之最高领导人亲临主持别具心思的亮点仪式，活动得到传媒的广泛报道。

电视台报道：比赛亦通过在 3 个中文电视台（香港无线电视、亚洲电视及有线电视）播出的《警讯》节目中报道。

报章特辑：挑选两份受年轻人欢迎的报章刊登 3 次半版的特辑报道比赛内容（报章的读者总人数超过 1 600 000）。

宣传品直达受众：10 000 张参赛表格直接寄发到全香港 873 所学校及 20 个少讯分区网络、恒生银行超过 150 间分行及政府各区民政署。所有印刷品以再造纸印制。

电台访问及宣传：比赛特别邀请深受年轻人喜爱的新城电台协助宣传，不但安排于年轻人节目时段播放 4 次访问，亦设计了 10 次与比赛有关的环保问题电话游戏及播

放130次的环保生活小提示。

庞大会员网络：警方向设有少年警讯支会的学校及每所学校的少年警讯联络员进行推广，并于少年警讯定期刊物及网站报道比赛活动花絮。

旅行社赞助：邀请新华旅行社赞助及安排海外考察行程，并得到泰国旅游局的支持，令比赛更具规模及多方面支持。

（2）对内宣传

比赛的有关资料亦刊登于警队及少年警讯的刊物（印刷量约120 000）。而恒生银行的对内宣传则包括派发给约7500名员工的员工通信、内联网及内部广播等。

四、项目实施

1．实施细节

活动	时间
开展仪式	4月13日
参加者讲座	4月23日及30日
警方及恒生银行接受新城电台访问	4月19日
颁奖礼	7月23日
本地自然保育区考察	7月25～26日
小学组冠军接受新城电台访问	8月3日
曼谷环保考察	8月22～26日
会见特区政府环境运输及工务局局长	8月29日
中学及少年警讯咨询会组冠军接受新城电台访问	8月29日
比赛总结汇报	10月8日

2．实施调整

由于比赛设有两场讲座使参加者了解比赛的细则，大会通过网页解答及修正有关细则，并由少年警讯的联络员跟进，使参加者得到全面的信息。由于反应热烈，大会更增加了奖品的数目。由于部署周详、紧密地跟进及做出应变的安排，活动的环节全都根据计划顺利进行，并得到预期的理想反应。

3．控制与管理

品质控制：严格控制宣传品使用再造纸印刷，尽量减少不必要的宣传品和鼓励网上宣传，开展仪式上的场地布置亦于颁奖仪式中再使用，贯彻环保精神。

成本控制：整个活动之策划及宣传全由警方及恒生银行统筹，没有聘请外间公关及广告公司协助；恒生银行免费设计所有的宣传品及网页；主动联络新城电台协助宣传及新华旅行社赞助泰国之旅，向报章争取一个优惠的价钱刊登特辑；所有公关活动均在恒生银行或警方的场地举行。

参与率跟进：在网上设监察完成网上游戏及浏览人次的程式，每两星期汇报一次及统计数据，并即时跟进每区的少年警讯联络员，了解参加者的意向及加紧宣传。主办单位于比赛结束后向参加者派发问卷，借此了解比赛的成效及改善之处。

五、项目评估

1．现场效果

开展仪式的记者会及颁奖仪式场面热闹，两次活动共有超过 80 名传媒出席采访，并录得 40 份报章及杂志剪报（见媒体监测统计表），剪报标题如“恒生全力推动环保”《东方日报》、“环保小侦探 恒生乐赞助”《新报》、“一哥号令小侦探推动环保”《成报》、“郑海泉李明逵携手‘缉凶’”《明报》、“Green Light For Green Fight”《南华早报》，此外还在《警讯》节目中被报道。读者总人数超过 5 900 000，约占香港阅读人口的 85%。

2．受众反应

此次比赛共有 575 所小学（占全香港小学的 70%）及 420 所中学（占全香港中学的 81%），超过 100 000 人次参加网上游戏，23 所学校录得 100% 参与率；收到由超过 7000 名参加者提交的超过 1200 份的环保研习报告。

100% 问卷调查的回复者皆表示此次活动能提高青少年的环保意识及增加环保知识；83% 认同比赛能够发挥青少年的领导才能及组织能力；逾 50% 认为可以增加青少年的使命感，对香港成为可持续发展的城市做出贡献。

3．市场反应

少年警讯会员增加：比赛于 2005 年 4 月推出至 9 月，新增会员超过 11 000 人，较 2004 年同期上升了 16%，反映了警方及少年警讯通过此次活动建立正面及积极的形象奏效。

加强良好企业公民形象：由于传媒的广泛报道，向约 6 000 000 人次成功传递环保信息；通过赞助此比赛提高了恒生银行的环保形象，进一步提升了银行作为良好企业公民的形象。根据艾德惠研市场调查有限公司于 2005 年上半年进行的市场调查认为，恒生银行是“良好企业公民”的人数较 2004 年下半年上升了 3%。

自然基金工作得到认同：由于自然基金会工作人员专业及对环保工作的热诚，警方、恒生银行及参加者均对自然基金会的工作非常欣赏。得奖者对自然基金会的工作产生共鸣并承诺会身体力行，宣扬环保讯息及保护环境。

4．媒体监测统计表

报章 / 电视台	开展仪式	颁奖仪式	读者人数
	剪报数量 / 篇	剪报数量 / 篇	
文汇报	2	—	150 000
香港经济日报	2	—	151 000
新报	2	2	77 000
东方日报	2	2	1 663 000
太阳报	2	1	259 000
成报	2	3	109 000
星岛日报	2	—	175 000

续表

报章 / 电视台	开展仪式	颁奖仪式	读者人数
	剪报数量 / 篇	剪报数量 / 篇	
苹果日报	2	2	1 228 000
大公报	—	2	190 000（发行量）
南华早报	1	1	254 000
南华早报　青年报	1	2	50 000（发行量）
明报	1	1	304 000
快周刊	1	—	310 000
壹周刊	—	1	485 000
都市日报	1	—	330 000
观察星报	1	—	1 200 000（发行量）
总数	22	17	5 915 000

本次传播成功的关键在于商业信息和公众服务性信息实现了有机的融合。单一地宣传恒生银行的环保意识或者警务处对环保的关注，都是以个体的传播利益为目标的，其本质都是商业的，可能会引起受众的接受或抗拒。而两者的结合，辅以世界自然基金会的参与，以比赛的模式进行长时间传播，使得本次传播的信息定性为服务性信息，同时对参与者来说具有传播利益，商业传播目标被隐含的寓意达成。

“小侦探”这一口号和主题活动巧妙地暗示了本次活动的娱乐意义，大大增加了学生的参与度。网上游戏、卡通形象作为传播要素，对直接受众来说具有先天的亲和力和参与度。而警方高层出席活动赋予报章媒体以“八卦”意味，增强了活动的媒介关注。

本次活动以环保为切入点，不但直接表达了发起者对社区关系内涵的表达，而且主题诉求了“生存，生活”内涵，这个内涵正是认知心理学中受众先天会关注的信息之一，对受众有直接的吸引力。

在预算有限的情况下，在媒体高度功利化的传播环境中，活动实施了长达半年的媒介日程建构。通过本次传播，恒生银行加强了和属地的社区关系，提升了企业的公益形象，警务处也得以宣传少年警讯这一组织，而世界自然基金会香港分会也通过活动充分被认知，因此这是一次有效的、多方受益的联合传播，充分体现了组织者的传播智慧。

附录四　中华煤气“和气暖万家”社区关系活动

一、项目背景

项目主题为凝聚和谐，传递暖意。项目主体为香港中华煤气有限公司。获奖情况：

第六届中国最佳公共关系案例大赛社区关系类银奖。

香港过去数年经济不景气，2002 年还经历了非典型肺炎，市民情绪低落，“和气暖万家”计划正是针对社会上有需要的人士而设计的。

二、项目调研

香港中华煤气有限公司（简称煤气公司）为一家上市公司，亦为香港首家公用事业机构，主要生产与分销煤气、销售煤气及燃气炉具。公司除致力为 150 万住宅及工商用户供应煤气外，还不断筹办和参与社会服务。2003 年 7 月，煤气公司推出一项名为“和气暖万家”的社区计划。

三、项目策划

1. 公关目标

1）令各界人士更加关注有需要的社群，包括青少年、长者以及家庭。

2）巩固煤气公司良好企业及肩负社会责任的机构形象。

3）吸引传媒广泛报道，令目标受众更了解计划的意义及内容。

4）与目标受众建立更紧密的关系。

5）通过煤气公司的“温馨义工队”，教育青少年帮助社会上有需要的人士。

2. 活动策略

以四季为主题，推出针对不同受众的公益活动。

1）春季：以促进家庭和气及温馨为主，筹办以创意及健康为主题的烹饪比赛，鼓励一家人要互相支持。

2）夏季：推出名为“阳光历程”的青少年义工体验计划，招募中学生提供服务予有需要的社会人士。

3）秋季：以中秋为主题，制作月饼以敬送长者，并举办为长者剪发和摄影的服务。

4）冬季：举办长者关怀活动，包括“爱心汤送暖行动”及送御寒衣物和春节赠新年糕点等。

四、项目实施

1）“和气暖万家”计划推出两个多月内，先后举办了夏季的“阳光历程”青少年义工体验计划及秋季的月饼送长者计划。

2）“阳光历程”青少年义工体验计划。与《明报》合办“阳光历程”，招募了 32 位中学生，组成阳光义工队，参与超过 300 小时的社会服务，包括教导新移民学童学习英语等；尾声是由煤气公司带领这些学生义工筹备策划一个活动，节目包括与出席的长者和小朋友一起做健身操、演话剧、唱歌和玩游戏。

3）月饼送长者计划。举办第三届“爱心月饼显关怀”活动；中秋节前夕于一家大型商场举办“中秋 Teen 爱心大行动”，煤气温馨义工及青少年义工于现场合力制作月饼；中秋节当日，煤气温馨义工队联同香港电台第二台招募的青少年义工赠送月饼予 100 位长者；在各社区派发了 1.5 万个月饼予长者。

五、项目评估

1）“和气暖万家”计划一直受到公司管理层、员工以及外间社区团体的支持。传媒亦有广泛报道，包括以下几个。

①共有来自5家传媒机构的8位记者出席“和气暖万家”社区计划推出的记者招待会。两家报纸及杂志做了正面的报道。

②安排了两次传媒专访参与计划的青少年义工。两家报纸/杂志做了报道。

③“爱心月饼显关怀”计划亦获得11家报纸报道。

④报道该计划的主要报章，包括《星岛日报》、《明报》、《信报》、《大公报》、《文汇报》。

2）“和气暖万家”计划给社会有需要人士提供了关怀和帮助。

①两个多月内，共吸引了32名青少年参与义工服务。

② 15 300名长者受惠于“阳光历程”及“爱心月饼显关怀”计划。后者的受惠人数更较2002年增加50%。

③ 32名新成员加入煤气公司“温馨义工队”，参与“和气暖万家”活动。

④获得各界人士支持，包括志愿机构、长者服务机构、立法会议员、区议员及义工团体等。

六、案例点评

本案例以香港煤气公司通过青少年义工向社区老年人派发月饼等形式来强化企业的社区公民形象，一方面透过媒体报道渲染企业良好形象，另一方面也着眼于青少年的教育培养，还迎合社会尊老爱幼的美德，可谓“一箭三雕”。同时，整个计划细致入微，更使人感到煤气公司一丝不苟的关爱。

附录五　中电通信公司HELLO CHOW事件

一、项目背景

项目主题为运用大众传播科学，精确引导舆论走向。项目主体为中电通信公司。项目执行为时空视点公关顾问有限公司。获奖情况：第六届中国最佳公共关系案例大赛危机管理类银奖。

中电通信公司是一家从事手机设计和生产的大型通信企业。2003年2月，一款以卡通狗开机画面为卖点的928型手机引发了消费者的不满。伴随开机画面的问候语“HELLO CHOW”原意指中国特有的犬种“松狮犬”，但部分英文字典中直译为中国狗。这一含义引发了部分消费者的不满，被视为对中国人的侮辱。2月18日，事件经南京《现代快报》报道后迅速引发公众关注，包括《北京青年报》在内的各地媒体开始对事件进行连续报道。中电通信公司在承受舆论指责的同时，受到来自消费者和经销商的双重压力。该款手机的消费者在看到报道后纷纷致电中电通信公司要求退机，部分消费者提出索赔要求。各地经销商也极为关注此事，要求中电通信公司迅速解决，部分经销商开始提出退货要求，某地经销商甚至以“爱国，拒卖中电手机”为卖点开始炒作自己。事件开始引发普遍的公众关注，中电通信公司面临巨大的危机。

二、项目调研

1）2 月 22 日，中电通信公司委托时空视点公关顾问有限公司为本次危机公关事件的项目顾问。

2）2 月 22 日，时空视点公关顾问有限公司与中电通信公司磋商后迅速成立了危机管理小组，小组由策略中心、新闻中心、监测中心三部分组成。

3）2 月 22 日，时空视点公关顾问有限公司对总部相关人员，尤其是 800 电话服务人员进行了危机公关培训，同时时空视点公关顾问有限公司协助制订了消费者来电回答规范。

4）2 月 23 日，时空视点公关顾问有限公司制订《问候语事件危机管理办法》用以指导、协调危机的处理。

三、项目策划

1．传播策略

通过大众传播学分析话题的核心信息，利用语义学、心理学思想逐步引导舆论意见。

2．活动策略

1）第一阶段：控制。与主流媒体及时沟通，了解报道计划和趋向，化解负面信息传播。

2）第二阶段：疏导。发布对事件的声明，传播正面信息，出台危机处理办法，让公众感受到中电通信公司切实解决问题的姿态与解决问题的力度。

3）第三阶段：转移。通过延伸话题的设置，转移事件焦点，将关注引至文化、语言等视角。

4）第四阶段：利用。前几阶段的传播引起受众对企业的名称与产品初步认知，在此基础上企业推出有关新产品、服务、市场活动等信息，有利于实现传播效果的最大化。

四、项目实施

1．组织体系及沟通渠道

2 月 23 日，时空视点公关顾问有限公司制订《问候语事件危机管理办法》用以指导、协调危机的处理。

2．统一口径，统一行动

1）指定新闻发言人、媒体联络人、公关公司联络人、信息监控负责人。

2）确认核心传播媒体名单，建立企业与媒体、公关公司和媒体顺畅沟通的渠道。

3．核心媒体沟通会

内容：沟通事件真相，规范传播口径，了解并引导媒体报道倾向。

4．引导性发布

1）发布主题：中电通信致力服务声明。

2）转移性稿件安排：从危机事件入手，强化传播中电通信公司致力产品自主研发，精于服务。将话题转移至对国产手机竞争力和民族风格的讨论，同时传播中电通信公司对技术研发的重视。

3）利用性稿件安排：延续转移阶段的传播，吸引更多关注。主动出击，在市场行动上屏蔽竞争对手可能的攻击。

5. 内部沟通

内部信息的准确传递和及时沟通，是在形势迅速变化的危机公关推进过程中必须密切关注的问题。HELLO CHOW 事件危机管理小组制定了严密的内部沟通规范。在危机处理过程中，时空视点公关顾问有限公司与中电通信公司通过每天提交的日工作报告保持密切的联系。

五、项目评估

1）24 ~ 28 日，在对计划的准确执行下，话题在全国范围内逐渐消退。大量的话题转移报道开始出现在舆论重灾区：江苏、陕西、安徽、广东等重要市场的媒体。在计划安排下，以新浪为主的网络媒体大量转载了这些正面报道。

2）经过充分沟通，《半岛晨报》《新陕报》《首都经济报道》等原计划进行负面报道的媒体开始客观关注事件，最终控制了大量负面报道的传播。

3）至 28 日，经监测中心监测，话题报道已经停止。整个舆论环境向良性发展。媒体开始以善意姿态关注中电通信公司在企业层面的动向。传播导向开始向塑造企业形象阶段过渡，危机的控制与疏导阶段成功结束。

4）危机的成功处理表现了中电通信公司关注消费者、高度市场化的一面，为中电通信公司建立了良好的企业形象。

六、案例点评

由于文化差异而引发的危机事件在当今信息传播发达的时代越发得到大家的重视，稍有不慎即酿成重大损失，HELLO CHOW 事件则是其中的一个典型案例。本案例显示了专业顾问公司在危机管理方面娴熟的技术，通过控制、疏导、转移、利用等阶段性的工作，化危险为机遇。如何牢牢把握危机事件中的信息传播控制权，并有针对性地加以引导是解决危机事件的关键所在。

附录六　西门子“自动化之光”中国十六城市巡展

一、项目背景

项目主题为科技美化生活，创新引领未来。项目主体为西门子（中国）有限公司。项目执行为帕格索斯公关传播机构。获奖情况：第六届中国最佳公共关系案例大赛高科技公关类金奖。

2003 年 10 月 10 日，一辆蓝色的列车缓缓驶入哈尔滨火车站，开始了与中国工业界数万人士的史无前例的沟通和交流。“自动化之光”专列于2002年3月从布拉格出发，经过一年半的欧洲之行后，从满洲里出发开始其全球行中国十六城市巡展活动，活动将于12月初在深圳结束。作为科技使者，此行列车的使命旨在将其与国际同步的以“全集成自动化”为核心的理念传递给中国工业界、中国相关政府部门和中国的主流媒体，从而提升公司在业内的美誉度。

二、项目调研

帕格索斯作为西门子的合作伙伴全程操作“自动化之光”的中国行，工作内容包括16个途经城市及周边主要城市的公关传播、超过2万名目标客户的专业系统化邀请及跟进、平面及网络广告的购买、16个城市现场设计搭建、全程现场物流管理及活动管理等。随着“自动化之光”中国行的展开，帕格索斯和西门子的合作也达到了沟通的无限顺畅和配合的无比默契。

三、项目策划

1. 公关目标

1）传播西门子自动化科技的崭新理念和代表未来自动化发展趋势的尖端科技，加强与客户之间的联系。

2）向中国工业界和大众传达西门子自动化科技与自身生活息息相关的信息，并推广西门子科技创新、关注未来的企业形象。

3）向各级政府部门传达关注中国各地区工业建设，谋求共同发展的良好企业形象。

2. 传播受众1——媒体

关键信息：“自动化”无处不在，身边一切文明的成果和实物都离不开自动化。

1）提前两个半月预熱，图片影像作为吸引注意力的关键。

2）根据认知曲线选择合适的、丰富的新闻点作为媒体宣传的关键。首先，利用列车本身全新的展示形式和图片新闻的说服力吸引大众的关注，营造憧憬。其次，渐次传达列车作为科技使者背后的科技原动力和中国之行的使命，宣告列车来到中国。

3）新闻稿和广告宣传并进，各有侧重。前期宣传以新闻稿为主，旨在介绍列车的基本情况。

选择各个巡展城市的主流平面媒体，保证前期宣传的信息到达率，并兼顾媒体报道时段与参观者邀请进程的配合。

活动开始后，在重要各站前辅以广告宣传，提升活动的口碑效应。

4）电视媒体报道的深度挖掘。提供影像充足的视频资料和安排深度报道所需要的专访等环节。

利用各个巡展城市的主流电视栏目的前期宣传，让视觉冲击力带来更多关注。活动开始后，周密细致的媒体环节保证电视媒体的深入报道。

5）媒体兴奋点的节奏的把握。活动进行中，以4个主要城市丰富的活动内容为新闻点，不断推进全国媒体的报道热潮。

3．传播受众2——工业用户

关键：展览的专业性要求参观者的专业性，邀请参观者为主要来宾。

1）现场氛围的有序、国际化、亲和力。

2）讲解和交流的时间及环境。

3）来宾邀请工作决定启用专业化的 Call Center，保证接待工作的可控性。

4）现场搭建物必须保证充分的交流空间和舒适的环境。

5）车厢配备讲解员。

4．传播受众3——政府相关部门

各城市政府部门领导的邀请从开始便纳入巡展工作进程计划，从而加强与政府部门的关系，加强媒体报道的力度。

5．活动管理1

1）活动设计与其他大型展示活动的结合，如与北京中国铁道博物馆展示、上海外滩巡游、工业博览会展示的结合，以及在长春站开进一汽大众厂区等，以便加强媒体报道的力度和提升活动背景。

2）各城市活动流程环节设计充分考虑媒体报道的需要。

6．活动管理2

搭建物的“弹性”设计，以提供交流空间为导向，兼顾人流导引和控制，并且可以方便组合，适应场地变化。

7．活动管理3

内部会议记录、文案管理、工作日程和分工标准化，以保证各城市巡展质量的稳定性。

8．活动管理4

启用物流系统的标准化管理，保证活动的流畅性。

四、项目实施

1）保证16个城市目标参观者出席各站活动是整个巡展成功的关键。起用专业化的 Call Center，把2万多由西门子中国各地办事处提供的用户信息做成功能强大的数据库，按照既定时间和步骤对这2万名参观者逐一进行电话联络、寄送背景资料、确认参观意向、发出邀请函、确认回执、提前致电提醒参观，即时更新数据库，最后根据现场的来宾出席情况对数据库进行最后更新。

2）现场装饰布置和流程设计完全体现了西门子国际化风格，从着巴伐利亚式民族服装的礼仪小姐、整个展区醒目的5座来宾休息帐篷到清晰明确的指示牌，处处体现着西门子对来宾的关心和重视，很多现场来宾都纷纷表示参观西门子“自动化之光”就像是参加一个 Party。

3）16个途经城市和若干周边主要城市的媒体传播工作也是整个巡展工作的重中之重。前期预热、中期现场报道、后期深度挖掘、新浪网长达2个月的现场报道专栏，结合北京、上海主流媒体的广告投放等都向公众全面展示了专列的方方面面。

4）专业化的团队是整个项目顺利进行的保证，帕格索斯内部组建近 20 人的项目团队进行专业分工，并按照项目管理标准严格按照时间表操作，使各项工作都按部就班。

五、项目评估

1）“自动化之光”每经过一个城市都在当地掀起波澜。在北京，铁道部副部长参观了专列并为“自动化之光”题词。在上海，“自动化之光”更成为工业博览会现场的最亮丽的风景，先后有几位部长、副部长参观。

2）长达 300 米的西门子“自动化之光”的车厢共有 14 节，展示了全球工业自动化领域的最尖端的应用实例和技术：令人应接不暇的视觉震撼、丰富详尽的介绍、动态的多媒体声像演示，零距离的接触完全凸显了自动化解决工业系统实际问题的高效率。

3）截至 12 月 6 日深圳站结束，共有约 5 万名参观者光临现场，超过预计人数，不仅使西门子“自动化之光”接触了更多的现有用户和潜在用户，同时也有效降低了单个用户成本。

4）无论是大众媒体、经济媒体还是专业技术媒体都对活动进行报道，中央电视台新闻联播先后两次对“自动化之光”中国行给予了高度评价。截至 12 月 18 日，共有 738 篇以上平面或网络报道及 93 条电视报道。

5）西门子“自动化之光”专列于 12 月 6 日在深圳结束其中国之行，它与中国工业界所碰撞出的科技灵感和得到的来自中国政府、媒体的广泛关注成为其全球行的宝贵财富。

六、案例点评

西门子“自动化之光”专列走进了中国，走进了平常百姓家。高科技列车本身就吸引了社会公众的广泛注意，它展示了西门子最新的科技成就，并以特有的方式让平常百姓参与并体验高科技带给人类的喜悦。本案例是一种战略公关案例，它需要从战略高度着手，并强调非常细腻地执行，让人身入其境，为其感动，为其骄傲，从而创造最大的品牌价值。

附录七　中国网球公开赛传播项目

一、项目背景

项目主体为中国网球公开赛组委会。项目执行为北京迪思公关顾问有限公司。

中国公开赛（China Open）是获得 ATP（世界男子职业网球的管理机构）和 WTA（世界女子职业网球的管理机构）的认可的国际一级网球巡回赛，是中国网球界最高级别的赛事之一，世界上最好的男子和女子选手可以在这个赛事上角逐奖金和世界排名积分，有数百位世界级球员参加，规模可以媲美大满贯赛事。赛事由国家体育总局和北京市政府主办，TOM 集团公司拥有赛事十年的经办权。赛事在北京举办。

2004年是中国网球公开赛的第一年，品牌尚不被知晓；另外，网球在中国尚属于少数高收入人群的运动，直接受众缺乏对网球运动和网球文化的了解；赞助商对网球运动的商业价值持观望态度。

二、项目调研

经过因特网、问卷访问、行业媒体调查等，得出以下项目SWOT分析结论。

1）优势：世界赛事，起点高。众多球星加盟其中，吸引眼球。得到国家体育总局及北京市人民政府的大力支持，资金雄厚，并且建设了一流的网球中心。

2）劣势：作为第一届比赛，尚无品牌知名度。赛事运作和管理经验尚待积累。

3）机会：网球运动得到越来越多的关注；网球文化也渐渐发展起来；奥运带动体育经济的发展。

4）挑战：上海大师赛已举办几年，有更高的知名度和级别。

三、项目策划

1. 项目目标

短期内促进售票、吸引赞助，长期内建立与政府、网球界、媒介等利益相关者良好的关系，提高中国公开赛的知名度和美誉度，最终达到与四个大满贯相媲美的第五个国际顶级网球赛事的品牌建设目标。

2. 公关策略

担当“网球公开赛”在中国的教育者角色，突出国际网球明星相关活动的“形象大使”作用，公关事件和新闻传播渗透结合。

3. 目标受众

潜在赞助商、收入较高的30岁以上白领为核心受众，大学生群体为外围培养受众。

4. 关键信息

最大限度地挖掘网球赛事的商业价值以吸引赞助商，准确传达赛事的可观赏性和国际级别以吸引受众的注意力。

5. 传播策略

“先商业后大众，先知晓后知名”是本次传播策略。先期快速建立赛事知名度，引起潜在赞助商的关注，重在传播赛事的商业价值；后期建立广泛的关注，传播赛事的可观赏性，吸引现场观众。

6. 媒介选择及媒体计划

财经管理类媒体、政府媒体、航空类媒体等高端媒体是针对赞助商的媒介主体，而体育类、时尚类和一般大众媒体兼顾一般受众；明确划定寻找赞助阶段和售票阶段，也针对赞助商和一般受众进行不同传播，深度报道、新闻稿件、事件策划和其他传播方式结合。

每月2～4篇适合周刊和月刊(杂志)的深度稿件，又以时尚、休闲、大众生活类为主，明细如下。

1）女性杂志：《瑞丽》《风采》《ELLE》《摩登》《时尚》。

2）男性杂志：《环球企业家》《中国经济周刊》《新经济》《中国企业家》《当代经理人》等。

3）体育休闲类杂志：《运动与休闲》《网球》《网球天地》《时尚旅游》《竞赛画报》。

4）周刊：《三联生活周刊》《新周刊》《北京青年周刊》《生活新周刊》《北京电视周刊》《周末新生活》《科技新闻（生活周刊）》《环报周刊》《新财富周刊》《上海壹周》。

5）其他：《新华航空》等。

7. 传播形式及方案要点

重量级网球明星的参赛、网球文化和网球历史的传播，利用受众对网球类国际赛事的关注打造中网赛事的影响力。例如，“对网球相关经济的拉动”的讨论也强化了“网球在中国逐步兴起”的认知。

前美国公开赛冠军马拉特·萨芬和亚洲排名第一位的帕拉多恩·斯里查潘等明星的签约和到访让受众感受到赛事的切实分量；“更优雅运动”的网球文化氛围营造带给大家更多网球知识，吸引众多时尚人士和准时尚人士的注意力，如法网、温网等网球重大赛事介绍、网球历史、网球明星推介、网球与时尚、网球礼仪、赛事与城市品牌等。

四、项目实施

1. 稿件撰写及投放

根据不同媒体的特点，配合公开赛内容，拟定具有新闻价值的主题，在全国100多家主流平面媒体及门户、行业网站全方位、多角度投放稿件，以高质量的稿件保证高发稿率。

2. 策划专题节目

喜欢网球的人群和有车一族高度重合，广播是近几年更接近这个人群的成长性媒体，且具有高性价比，非常适合相关专题的设计。与北京人民广播电台交通台、动感北京栏目、北京音乐台、爱车时间栏目合作，谈论内容围绕中网球星、网球历史、网球文化、网球趣事、四大满贯赛事举行国家的风土人情及与网球的关系。

3. 公关事件

备受关注的中国公开赛新闻发布会隆重召开，中网公开赛的国际地位不言而喻，

ATP董事总经理布莱德·德鲁沃特、前美国公开赛冠军马拉特·萨芬、亚洲排名第一位的帕拉多恩·斯里查潘的参与，吸引了超过100家媒体参与，世界上100多个国家进行了电视报道，国内超过120篇报纸文章和200多篇网站文章进行大力报道。

明星萨芬和斯里查潘在国内参加的活动，相当于为中网赛的“形象大使”，“润物细无声”地将对他们的关注转移到对中网赛的关注上，他们参加的中国公开赛发布活动有：与前中国政协主席李瑞环先生的球叙；拜访北京市副市长刘敬民先生；拜访第 29 届奥林匹克运动会组委会；在清华大学与学生进行体育交流；在北京网球中心与中国顶尖青少年选手进行教学活动；在天坛和北京市民一起晨练；观赏京剧，了解中国文化；参观天安门广场和故宫，感受历史。

中国网球公开赛与CCTV签订协议，“这个历史性协议确定将有超过150小时的转播时段，比世界上任何网球赛事的本土转播时段都多。中央电视台覆盖国内10亿人口，中央电视台5套则覆盖7亿人口，毫无疑问，这是网球历史上最庞大的本地观众群”。同时宣布了将会参与中国网球公开赛的十大球星：马拉特·萨芬、帕拉多恩·斯里查潘、莫亚、费雷罗、纳尔班迪安等，邀请100多家国内国际媒体到场，发稿率100%。

“中国网球公开赛主题周末”活动于 8 月 28 日和 29 日在北京举办，庆祝中国网球公开赛这一国际网球赛事即将开赛和中国获得首枚奥运会网球金牌。“中国网球公开赛主题周末”在遍布北京的 40 多片网球场举行，由北京 60 多名专业网球教练进行免费指导，参与者对网球得到了更深刻的认识：初学者得到了网球入门指导，如如何握拍和基本的挥拍动作；孩子们生动地感受到这种充满乐趣和激情的运动；网球爱好者也能根据专业建议进一步提高自己的球技。活动免费参加，参与者有机会得到由 Wilson 公司提供的精美纪念品。同时，现场参与“中网主题周末”的幸运儿还有机会赢得在中网比赛期间与网坛举行莎拉波娃和萨芬面对面的机会。配合活动，在现场进行宣传单页的派发及现场售票。

开展为期一个月的中国网球公开赛京城路演系列活动。路演活动的第一站在国贸地下商城的公共区域进行，现场分为拍照区域、游戏区域、主持互动区域和材料发放区域。拍照区域摆放网球明星大幅的宣传海报及漫画版的海报，供人们拍照。游戏区域提供 3 种老幼皆宜的免费网球游戏，帮助顾客测试网球知识及技巧，并提供丰富的奖品。主持人后面的背景布上印有各赞助商的标志。场地里绿色的地毯，让人们想起温网的草坪。路演的前半段是主持人对网球常识的讲解及有奖问答，并请到专业教练客串主持。在提问中人们对网球的理解不断加深。后半段玩游戏赢奖品的活动激发人们参与的热情。路演持续了一个月，在东方广场、太平洋百货、SOGO 等几家商城举行，并配合现场售票。此外，在中国网球公开赛赛场全面竣工、球童培训、志愿者招募等环节，策划举办了媒体聚会。

五、项目评估

1. 效果综述

无论是在商业利益、精神意义还是城市塑造上，此次中网赛事都为中国的体育营销树立了典范。

1）商业利益层面：电视转播权、商业赞助和门票等诸多方面给赛事主办方带来收益。在9月的“网球之月”里，央视体育频道每天腾出7个小时来进行中网赛事的直播；潜在赞助商对赛事的商业价值有一定的认知；且赛事的观众人数与目前世界上观众人数最多的美网持平。使得第一届中网赛事达到盈亏平衡，甚至有盈利。

2）精神意义层面：此项目使以白领阶层和大学生群体为主的观众群对网球公开赛的赛事本身有了更全面的认识，并将这种认知延伸到文化层面，促进中外文化的交流与融合。

3）城市塑造层面：为期半个月的赛事，全球传播，仅国内就达60万字传播量，验证了北京对大型赛事的管理能力，为2008年奥运会练兵，有力塑造了北京城市的品牌形象，拉动了北京旅游经济。

2. 现场效果

充分的前期宣传调动了观众的热情，加上众多网球明星的加盟，使得能容纳万人的赛事会场常常人满为患，现场气氛热烈。与比赛相关的各个延续活动，如球星在清华、北京网球中心、天坛、天安门广场、故宫等地的参观交流，主题周末和京城路演等，现场效果火爆。

3. 媒体传播

对新闻价值的挖掘，高质量的稿件保证了100%的发稿率，60万字传播量自然完成。数十篇关于网球历史、网球文化、网球人物、网球逸事等可读性极佳的深度文章，配合公开赛内容，在中高档体育、时尚、经济类杂志及知名大众媒体上得到了广泛的刊载，新闻稿件传播数量434篇，其中深度报道174篇，全国主流平面媒体120家，门户及行业网站20家。

比较有代表性的深度报道有以下若干：《从中网赛看体育经济蛋糕》《晒在罗兰·加洛斯，晒在木樨园》*promoter has big plans for China Open*、《中国网球公开赛北京递给你的一张城市名片》《中国公开赛的融资平台》《两大网球赛场竞逐中国ATP新亚洲公略能否成功》《莫亚，China Open的第一位冠军》《别样风情小威廉姆斯》《体育赛事为品牌国际化“搭台”》《中国网球公开赛开启体育赞助新市场》《沙场秋点兵》《网球，由爱开始的运动》。

新闻稿件包括《中国网球公开赛金秋9月开拍》《中国网球公开赛中国企业首获国际赛代理权》《CCTV 150小时传播China Open》《惠尼特休斯敦为中网助威》《中国网球公开赛三天预赛售门票10万元》《中国网球公开赛招募志愿者》《中网公开赛开始京城路演》《爱玛票务牵手中国网球公开赛》《与波娃亲密接触中网主题周末举行》。

北京奥运会成功申办以来，一系列重大体育赛事陆续在中国举办，这里既有顶级的F1方程式赛车比赛，也有顶级的网球巡回比赛。2004年，由国家体育总局和北京市政府主办、TOM承办的中国网球公开赛（China Open）经过精心策划，在媒体大量报道和各类公关活动推动下，获得了良好的商业价值和社会价值。无论是在商业利益、精神意义还是城市塑造上，此次中网公开赛都为中国的体育营销树立了典范。

从专业角度来看，本案例通过大量调研活动，牢牢把握了体育赛事这类大型活动的运作特点，明确了受众人群（潜在赞助商、高尚白领和大学生）、传播载体（电视台、电台和平面媒体）及传播渠道（财经管理类媒体、政府媒体、航空类媒体等针对赞助商的高端媒体及针对一般受众的体育类媒体、时尚类媒体和一般大众媒体），非常准确地传递了符合该赛事公关目标的主要信息，而专业化的媒体传播和公关活动则是强有力的保证。

活动组织和媒体传播全方位多层面配合，渗透在项目执行各个阶段。成功举办中国网球公开赛发布会、与 CCTV 5 签约新闻发布会、与多家知名电台合作策划多期专题节目、萨芬和斯里查潘参加中网发布活动，以及中国网球公开赛主题周末和京城路演等众多公关活动，配合以数十篇可读性极强的深度稿和新闻稿件的撰写和投放，使项目的传播得到了极佳的效果。

尤其令人感到欣慰的是，该案例的成功之处还在于对体育赛事的深刻理解和节奏的良好把握，活动和媒体的互动传播，商业价值和社会价值的相应影响，达到了精准传播的专业目标和传播效果的商业目标。电视转播权、商业赞助和门票等诸多方面获得收益，大众对赛事本身有了更全面的认识，并将这种认知延伸到文化的层面，促进了中外文化的交流与融合，该赛事的成功举办也证明了北京管理大型赛事的能力，为 2008 年奥运会奠定了基础，通过“城市名片”的塑造促动北京的旅游经济发展。

附录八　一次亡羊补牢式的政府公关

——看美国政府公关如何应对“卡特里娜”飓风

一、项目背景

项目主体为美国政府。项目执行为美国政府。

“卡特里娜”飓风 8 月 29 日在美国新奥尔良市附近登陆，使得该市 80% 的地区被洪水所淹没，数万灾民被困。灾后，城市治安一片混乱，救援不力更令灾区雪上加霜。

随后，媒体对灾区惨状的跟踪报道，引发了民众对美国政府官僚主义和种族、阶级等社会问题的大讨论，布什政府面临空前的舆论压力。

这场被美国媒体用“卡特里娜门”来称呼的危机事件，使布什政府面临着被认为是自 20 世纪 70 年代“水门事件”以来美国政治稳定所面临的最大挑战。一场区域性自然灾害，逐渐演变成以包括经济稳定、社会安全、政府信誉为内容的复合型危机，无论是救援工作的官僚主义还是由飓风暴露出来的种种社会问题，都让布什政府及相关官员饱受指责。

二、项目实施

美国政府采取的公关策略有以下几个。

1．否认

危机传播研究专家威廉·L.班尼特认为，危机公关的第一个战略是否认。布什政府就采用了否认战略。

否认分为简单否认和转移视线两种。转移视线的好处在于它可以把个人或组织描绘成不公正环境的牺牲品，以引起人们对替罪羊的直接责问。随着“卡特里娜”灾后救援不力的报道频频见诸报端，舆论压力也日渐加大。民意调查显示，布什的支持率在最近几次调查中已经降到担任总统以来的最低点。布什政府9日宣布就地召回联邦紧急措施署署长迈克尔·布朗，试图转移视线，以此稍稍平息公众怒气。但是直接导致布朗被召回的不是救灾不力、行动迟缓、指挥混乱，而是美国媒体对布朗“职业水准”的揭露。美国《时代》周刊指出，身为联邦紧急措施署署长的布朗根本不具备专业的应急培训。布朗在官方网站的资料显示他曾经担任过埃德的“紧急设施助理主管”，但《时代》求证表明，他担任的只是“主管的助手”。埃德蒙市政府发言人告诉《时代》：“所谓助手更像是实习生的概念。”

2. 逃避

第二个战略是逃避责任，这是最复杂的策略。这个策略有以下四个方面的战术差异。

1）不可能性：在危机状态发生，由于信息不对称，并不是由于组织内部自身的原因而导致危机的发生。

2）刺激性：行为自有害因素产生的起始而发生，这样，这种行为天生具有防御性。

3）偶发性：危机发生时往往不被人注意，总存在缓和敌对行为的可能。

4）良好意图：坏的事件发生，但它总预示着好的真挚的解决意图。在此，美国政府利用的是第一种战术。

美国国土安全部秘书长迈克尔·谢托夫在公开解释联邦政府为什么会在应对“卡特里娜”飓风危机时反应不够及时时说：“这场风暴是难以预料的，而且政府没有想到固守新奥尔良的堤坝会大面积倒塌。”虽然媒体和民众依然不依不饶，但是，毋庸置疑，美国官方和民间的侥幸心理也的确是造成灾后损失重大的原因之一。

3. 减少敌意

班尼特的第三个战略是减少敌意。他提出六个战术方法，以使组织减少其责任，保护其声誉和形象。这六个战术是援助、最小化、区分、超脱、反击、补偿。援助是指为了补偿受害者的损失而采取的救助措施。最小化包括减少或者轻描淡写错误行为，以使负面影响降到最低。区分是指把人为错误与社会大环境的深层次矛盾区别开。超脱是指向人们描绘一种美好前景或新的发展机会，而不是局限于危机事件。反击就是进行申辩和分散公众注意力。补偿包括直接向受害者提供帮助，以减轻其痛苦。总而言之，这一战略就是从各个方面减少错误行为传播的范围和程度。

美国南部路易斯安那州官员 15 日宣布，该州因“卡特里娜”飓风，死亡的人数已升至 792 人。当晚，美国总统布什在一次全国性的电视讲话中向遭受“卡特里娜”飓风灾难的路易斯安那州的国民许诺“联邦政府将承担因飓风造成的大部分损失”，并安抚说：“在前进的道路上，你们不会孤单。”另据报道，美国总统布什 9 月 23 日签署了金额为 61 亿美元的灾后紧急减税法案，以帮助“卡特里娜”飓风灾民渡过难关。61 亿美元的灾后紧急减税法案，对那些为灾民提供住处的居民给予减税优惠，同时允

许灾民可以提前从银行退休账户中取钱，而不用缴纳罚金。法案还保证受灾家庭不会因为失业而丧失儿童退税额等税务福利。政府的种种援助和许诺，不仅安抚了民众，也为他们解除了一些后顾之忧，这也在一定程度上消除了人们的怨恨和敌对心理。

4．亡羊补牢

第四种战略是亡羊补牢。这种战略是通过制定相关法律、规定来减少以后类似事件的发生。这种亡羊补牢式的做法，与上面提到的补偿的区别，在于它是针对未来的，而补偿则针对当前的损失。

15日，布什任命联邦紧急事务管理署消防局长戴维·保利森为代理署长，取代引咎辞职的布朗。布什说，国土安全部不久将对美国所有大城市的防灾和灾难救援计划进行检讨和审查。这也回应了民众对美国有效地对付恐怖袭击威胁而进行的机构改组和转型的疑问。

5．自责

第五个战略是自责。这项战略包括道歉、忏悔和寻求公众的宽恕。班尼特认为，其他战略必须互相依赖，而这项战略可以单独发挥作用。

面对持续不断的尖锐批评和任职以来最低的支持率，布什已于13日承认自己应为联邦政府处理“卡特里娜”飓风灾难不力承担责任。

6．人性化

据美国《国家询问报》9月23日报道，因为政府对“卡特里娜”飓风救援不力，美国总统的声望一路下跌，加上驻伊美军伤亡不断上升，更使民众对他的支持率降到了谷底。布什为此相当烦恼，并承受着巨大的压力。为了舒缓郁闷的心情，已经戒酒快20年的布什又开始“借酒消愁”，这让美国第一夫人劳拉非常忧心。《国家询问报》向读者展示了一个承受着巨大压力、深深自责的总统，把高高在上的总统塑造成一个善良的、烦恼的、平常的丈夫。对于一个已经很自责、很烦恼的像大家一样的平常人，虽然犯了错误，但是我们何必过分“苛求”呢?

三、项目评估

从某种意义上讲，美国政府努力进行危机公关，不仅是为了组织和引导公众度过眼前的危机，也是为了使自己度过执政的危机，或者化危机为转机，重塑一个负责任、强有力的政府形象。所以，政府的危机公关比一般的公关行为更具有生死攸关的决定意义。做好了，可以化险为夷、转危为安；做砸了，可以“一招置人死地”。所以，作为政府危机公关的主体——政府组织，应该对危机公关有更多的认识和重视。

总结由“卡特里娜”飓风引起的美国政府的公关危机事件，我们可以看到美国政府虽然错过了危机处理的最容易的时期——危机潜伏期，在危机突发期表现也不尽如人意，但在危机蔓延时期的表现却不错。同时，在危机解决阶段，新一场飓风“丽塔”又在美国沿海登陆，这在为美国民众检验政府在“卡特里娜”飓风后的言行提供了一个绝佳时机的同时，也为美国政府重塑一个关心民生疾苦的有责任的政府形象提供了绝好机会。所以，这一次，人们看到了一个更加积极、动作频频的布什政府。

参 考 文 献

陈向阳．2004．公关顾问专业指南．合肥：安徽人民出版社．

陈向阳．2005．第六届最佳公共关系案例．合肥：安徽人民出版社．

陈向阳．2007．第七届最佳公共关系案例．北京：清华大学出版社．

贺湘辉，何丽芳．2005．酒店公关实务．广州：广东经济出版社．

李元授．2006．公关与交际．武汉：华中科技大学出版社．

廖为建．1993．公共关系学简明教程（修订本）．广州：中山大学出版社．

娄静娴．2013．商务活动策划与运作．北京：高等教育出版社．

彭奏平，谢伟光．2004．公共关系实务．北京：清华大学出版社．

任焕琴．2007．商务公共关系学．北京：清华大学出版社．

魏翠芬，王连廷．2007．公共关系理论与实务．北京：清华大学出版社，北京交通大学出版社．

熊源伟．1999．公共关系学．合肥：安徽人民出版社．

游昌乔．2006．危机公关：中国危机公关典型案例回放及点评．北京：北京大学出版社．

张永，张景云．2006．公共关系管理．北京：科学出版社．